エリア・スタディーズ 53

北朝鮮を知るための55章【第2版】

石坂浩一〔編著〕

明石書店

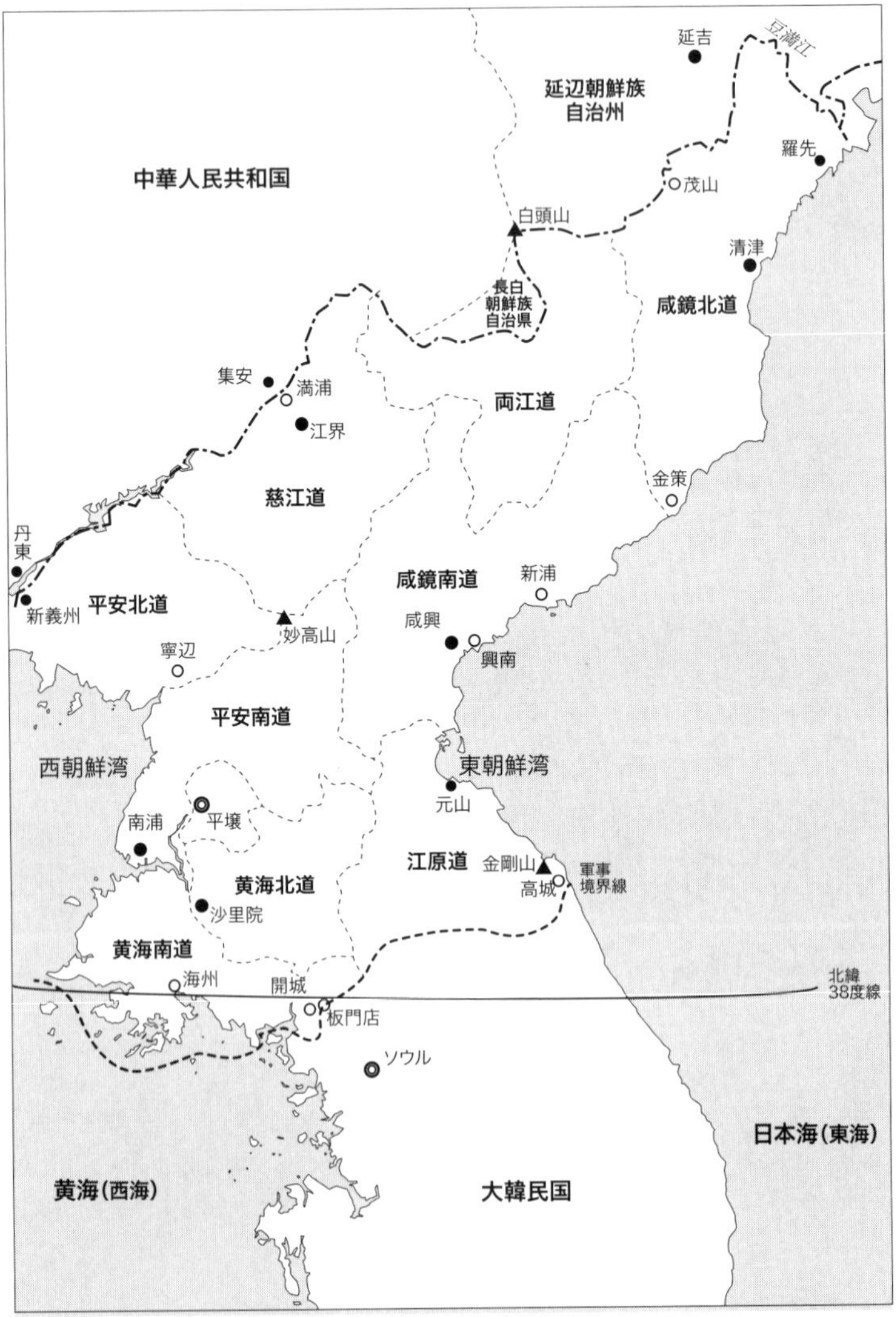

朝鮮民主主義人民共和国概略地図

はじめに

2006年2月に明石書店から『北朝鮮を知るための51章』を刊行して、すでに13年がたった。朝鮮半島問題をめぐる六者協議が2005年9月19日の共同声明に到達し、一息ついた頃であった。だがその後も朝鮮半島は激動の時期を体験し、戦争の危機が感じられた時もあった。それでも、南北朝鮮の人びとは最大の危機ともいえる2017年の緊張の高まりを克服し、18年には大転換の局面を生み出した。今こうして、緊張緩和局面で本書を刊行できるのは、幸いなことである。

『51章』では、朝鮮民主主義人民共和国（以下、北朝鮮とする）の指導者について、三代目の継承はないだろうと書いた。この見込みは見事に外れ、キム・ジョンイル（金正日）国防委員長の三男のキム・ジョンウン（金正恩）が後継の座につき、妹のキム・ヨジョン（金与正）は党中央委員会の第一副部長、キム・ジョンウン国務委員長の補佐役として活躍している。もっと早く緊張緩和の局面が開かれれば状況は変わっていただろう。執筆した者としてはお詫びしつつ、今はそのことを詮索するよりも、現局面が発展し安定するための周辺国の役割を考える時である。

朝鮮半島は、第1に日本による植民地支配のもとで近代的民族国家の形成を妨げられ、第2に植民地支配からの解放後は冷戦による分断の苦痛をなめて、世界的冷戦終息後に至るまで地域の緊張の渦中に置かれてきた。21世紀にようやく脱植民地と脱冷戦の新時代を開こうとしている。現在の朝鮮半島が世界史的転換を切り開こうとしているというゆえんもここにある。まだまだ周辺国の利害が一致するところまでは来ていないが、当事者である南北朝鮮が朝鮮半島の主役になる時代は見えてきている。
しかしながら、いまだに北朝鮮と国交さえ開いていない日本は、2018年の激動の状況の中でも、何もなしえなかった。植民地支配に対する清算も済ませておらず、朝鮮戦争を経済復興の足掛かりにした日本は、北朝鮮との和解のチャンスを逃すべきではない。このことの意義を確認しつつ、本書をお読みくだされば幸いである。

北朝鮮の正式名称は「朝鮮民主主義人民共和国」である。本書では日本における通例に従い「北朝鮮」と略記した。今後、平和定着が進めば、一つの民族の二つの社会体制に分かれた国家形態について議論がなされ、国家の正式名称は変わりうる。「北朝鮮」は過渡的な時代の略称ではないかと私は考えている。人名はカタカナを基本とし、初出で漢字を表記した。いまだに漢字表記が報道機関によって異なる人物もいるが、もはやかの地の人名を漢字で表記することにこだわる必要はない。人名は南北によって発音が若干異なるので、これはそれぞれの読み方に従っている。

いろいろな事情で本書の刊行は遅れた。執筆者の皆さんには、この場を借りて刊行が遅れたことをお詫びしたい。2018年に入ってからの動きがあまりにも目まぐるしかったため、「序章」で補足させていただき、本文の補足修正は最低限にとどめた。

本書の編集をご担当くださった明石書店の関正則さんには大変お世話になった。記して感謝したい。

2019年2月

編者　石坂浩一

北朝鮮を知るための55章【第2版】

目次

序　章

2018年以後の展開

後戻りのきかない平和の時代へと私たちは入りつつある

2018年の新年辞から平昌五輪へ

2018年1月1日、朝鮮民主主義人民共和国（北朝鮮）のキム・ジョンウン（金正恩）国務委員長は新年辞を通じて、南での民主化の前進に呼応し北南関係改善をめざすことで、2018年を「民族の歴史に特筆すべき重大な年」にすべきだという方針を明らかにした。特に、韓国で開催される平昌冬季五輪が成功することを願い、代表団を派遣する用意があると述べた。緊張緩和への突破口は、まず南北の朝鮮半島における主導権回復と見定めたのである。

新年辞は同時に、南北関係に先立って「米本土全域がわれわれの核攻撃の射程圏内にあるし、核のボタンが私の執務室の机の上に常に置かれている」と「国家核武力完成の歴史的大業」を宣言、米国はもはや北朝鮮に戦争を仕掛けることができないという論理を展開した。そのうえで、「われわれは平和を愛する核強国として、侵略的な敵対勢力がわれわれの自主権と利益を侵害しない限り、核兵器を使用しないし、いかなる国や地域も核によって脅かすことをしないだろう。しかし、朝鮮半島の平和と安全を破壊する行為には断固として対処していく」と、米国の圧迫には屈しないことを確認した。「核武力完成」は、前年11月29日に大陸間弾道弾（ＩＣＢＭ）試射を行なった際にすでに政府声明として主張していたが、米国へ対話のシグナルを送る意図があらためて感じ取れた。

韓国政府はこれを的確に読み取り、翌2日にムン・ジェイン（文在寅）大統領が新年辞に対する歓迎を表明、9日に板門店で閣僚級の南北高官級会談が2年ぶりに開催されて、五輪・パラリンピックに向けた南北の協力と交流事業実施、軍事当局者会談開催、そしてすべての問題を対話と交渉で解決することを確認した。ムン・ジェイン大統領は10日、年頭会見において、条件が整えば南北首脳会談を行なうと表明した。目前に迫っていた五輪に向け南北の話し合いは急ピッチで進んだ。ムン・ジェイン大統領は同時に、トランプ大統領ともしばしば電話で会談し対話局面に取り込むように努めた。

こうして迎えた2月9日の平昌五輪開会式には、米国からペンス副大統領、北朝鮮からキム・ヨンナム（金永南）最高人民会議常任委員会委員長に加えて、キム・ヨジョン（金与正）朝鮮労働党宣伝扇動部第一副部長が出席した。いうまでもなく、キム・ジョンウン国務委員長の妹で、兄を補佐する重要な役割を果たしている人物である。故キム・イルソン（金日成）主席の血族として初めて南の地を踏んだキム・ヨジョン副部長は、ムン・ジェイン大統領ら南の首脳部と意思疎通を深めた。北側代表団一行が10日午前に大統領府を訪れた際、キム・ヨジョン副部長はキム・ジョンウン国務委員長の特使であることをみずから明らかにし、親書を手渡した。ムン・ジェイン大統領は、南北関係発展のためにも米朝の対話が必要だと述べて、北側に米国との対話を促した。米朝の公式的接触はなかったとされたが、実務者レベルの協議が行なわれたと見られている。

25日の閉会式には米国からイバンカ大統領補佐官、北側からキム・ヨンチョル（金英哲）党副委員長が参席した。キム・ヨンチョル副委員長は25日にムン・ジェイン大統領と会談し、米国と対話を行なう十分な用意があると述べた。こうした流れを受けて3月5日には南側の特使団が北側を訪問することになった。チョン・ウィヨン（鄭義溶）大統領国家安保室長、ソ・フン（徐勲）国家情報院長に次官級や実務者を加えた10名の特使団は、キム・ジョンウン党委員長の執務室や党幹部の書記室がある朝鮮労働党中央党舎に韓国の代表団として初めて招かれ、4時間以上の会談を行なって6項目に合意した。第3回南北首脳会談を行なうことをはじめ、北側は安全が保障されるなら核を保有する意思がないこと、非核化と朝米正常化のために米国と対話の用意があること、対話が続く間は通常兵器を含め核やミサイルの実験をしないことなどが主たる内容である。6日付の党機関紙『労働新聞』をはじめ北朝鮮メディアは、大々的に南北合意を報じた。その後の朝鮮半島の動向は、この3月5日の南北合意に規定されている。

チョン・ウィヨン室長とソ・フン院長はこの成果を受け8日に米国でトランプ大統領と会談、トランプ大統領はキム・ジョンウン国務委員長が非核化を語ったと評価し、即座に米朝首脳会談を受け入れた。そして、せっかくだからホワイトハウスですぐに会見を行ない発表したらいいと勧めた。大統領みずから、ホワイトハウスの記者室に顔を出して、7時から韓国政府代表団の重大会見があると告知するほどのサービスぶりだった。

対決から対話への転換

以上はすでに日本でも知られていることであるが、前年2017年の状況を考えれば、いくつかのことがらが示唆されている。

まず、北朝鮮は２０１７年に核実験、ミサイル試射を繰り返すことで緊張を高めたが、それは建国70周年を迎える２０１８年をターニング・ポイントとするために意図的に行なっていたのではないかということである。そして、軍事専門家たちがまだ北朝鮮のＩＣＢＭは完成段階に達していないと見ていたにもかかわらず、11月段階で「核武力完成」を宣言したのは、対決局面を収束し、ここから対話局面に転換したいというシグナルだったと思われる。言い換えれば、最後の一手を打たずに「完成」を語ることで、対話への姿勢を示そうとしたのである。その具体化として、まず南北関係改善に着手した。

トランプ大統領も世界各国と摩擦を引き起こしている中、朝鮮半島で新しい局面を開く功績を残したいという願望があっただろう。すでに17年5月に中央情報局（ＣＩＡ）はポンペオ長官の下、局内の北朝鮮専門家を集めてコリア・ミッションセンターを置き、北朝鮮分析に着手していた。北朝鮮によるミサイル試射は11月まで続いたが、やはり一番の緊張の山場は9月19日にトランプ大統領自身が国連総会における演説で、北朝鮮を消滅させることもできると述べた時であった。米国のトップが公式の場で発言したのだから、北朝鮮が指摘したように宣戦布告の一歩手前にほかならない。この先は、局地的な挑発も含め実際に戦争をするか、対話に転じるか、二つに一つしかないのである。

米国が17年秋以降、水面下で北朝鮮と接触を始めたというのも、時期的に符合する。韓国政府代表団が3月に訪米した際に米朝首脳会談を即決したのも、すでに北朝鮮と水面下で一定の了解があったからだと見ることができる。米朝の秘密接触を導き出したのは、トップダウンの意思決定方式と、従来の外交手法にこだわらないCIAルートだった。米国では国務省は蚊帳の外に置かれ、コリア・ミッションセンター長のアンドリュー・キムらが北朝鮮との水面下の接触に当たったと見られている。北朝鮮はキム・ヨンチョルのラインで表向きは朝鮮労働党統一戦線部が主軸だが、接触の核は国務委員会のキム・チャンソン部長らと見られる。いずれも、トップにつながるラインにほかならない。

流れを作った韓国

こうした対話環境を生み出す下支えをしたのが韓国のムン・ジェイン政権である。ムン・ジェイン大統領は2017年5月の就任以来繰り返し、朝鮮半島で韓国政府の了解なくして戦争を行なうことを容認しないと力説してきた。トランプ政権が北朝鮮への先制攻撃の方法について研究しながら結局踏み切れなかった大きな要因は、韓国政府の姿勢にある。かつて、キム・デジュン（金大中）政権が周辺国の了解を取り付けることで包容政策を進め、初の南北首脳会談を実現したように、ムン・ジェイン政権は圧迫や崩壊論ではなく、共存と平和定着をめざす一貫した姿勢を示すことで、北朝鮮を対話の場に引き出す役割を果たした。ムン・ジェイン大統領は、韓国政府こそが朝鮮半島の平和を導きだす運転席に座る、つまりイニシアティブをとると主張してきた。韓国政府はそれにふさわしい役割を果たしている。

ところで、南北と米国による話し合いの進展で疎外感、警戒感を抱いたのは中国だった。すでに米国による韓国への高高度ミサイル防衛（THAAD）配備に対し、中国は2016年から米韓に反対を表明し、中国内での韓国企業の活動や韓国文化の広がりにブレーキをかけてきた。同時に、国連安全保障理事会の制裁に賛成してきたことなどで、北朝鮮とも関係は冷え込んでいた。ムン・ジェイン政権誕生で韓中関係は多少持ち直したものの、朝鮮半島の緊張に中国がイニシアティブを発揮できずにいる状態は変わらなかった。

南北、米朝の首脳会談が次々と決まっていく中、中国はキム・ジョンウン国務委員長の最初の訪問国となるよう水面下で熱心に働きかけたのだろう。キム・ジョンウン国務委員長は3月25日、非公式に中国を訪問し、26日に習近平国家主席と会談した。朝中は友好関係を確認し、中国は朝鮮半島問題で建設的役割を果たすと表明した。新華社通信によると、キム・ジョンウン国務委員長は、朝鮮半島の非核化はキム・イルソン主席、キム・ジョンイル（金正日）国防委員長の遺訓だと述べたうえで米国が同時的、段階的措置をとれば非核化は実現できると主張したという。キム・ジョンウン国務委員長はその後、5月7日と6月19日にも訪中し、中朝関係に関心が集まった。

中国は東北アジアにおける主導権を維持するために、かつての六者協議の枠組みを復活させたいようだ。六者は必要な場合もあるが、やはり北朝鮮の対話の相手として今重要なのは、平和協定の同意にカギを握る米国にほかなるまい。7月中旬には中国外交を統括する楊潔篪中国共産党政治局員が秘密裏に韓国を訪問した。中国を含む四者の終戦宣言の枠組みに米国が同意すれば、平和定着への前進が可視化する。中国の王毅外相は8月2日、シンガポールにおける記者会見で、朝鮮戦争の終戦宣言に前向きな姿勢を示した。

南北首脳会談と「板門店宣言」

2018年４月27日、北朝鮮のキム・ジョンウン国務委員長（左）と韓国のムン・ジェイン大統領は板門店の韓国側施設「平和の家」で南北首脳会談を行い、「板門店宣言」に合意。「板門店宣言」に署名後、握手する両首脳（写真提供：共同通信）

朝鮮労働党は南北首脳会談を1週間後に控えた4月20日、党中央委員会第7期第3次全員会議（日本の報道では「総会」）を開催した。この総会の第一議題「革命発展の新たな高い段階の要求に即して社会主義建設をより力強く推し進めるためのわが党の課題について」で、並進路線の「偉大な勝利」によりミサイル、核実験は必要なくなり、これからは「社会主義経済建設に総力を集中する」という方針が決定された。本書の本文でも説明するが、並進路線とは核開発と経済開発を二本柱として進めるものである。だが、核武力は完成したので、開発はもはや必要なくなったと北朝鮮の指導部は公言し、これからは経済建設の一本道だというのである。採択された決定書では、世界的な核軍縮の流れに合流するとまで述べられている。北朝鮮は非核化を決意したといえよう。もちろん、米国が相応の措置をとってこそのことだが。

かくして南北は4月27日に首脳会談を行ない、「朝鮮半島の平和と繁栄、統一のための板門店宣言」に合意した。昨年のミサイル試射による朝鮮半島の緊張関係を克服し、北朝鮮を国際的な場に引き出したことは、一面では北朝鮮の戦略に沿ったものではあるが、ムン・ジェイン政権の大きな功績である。周辺国の合意を引き出しつつここまで主導してきたのは、強い意志があってこそのことだ。

「板門店宣言」は、２００７年10月の第2回南北首脳会談におけるいわゆる「10・4宣言」と似ていて、これまでの南北間の合意の履行と「恒久的で強固な平和体制」という大原則がうたわれている。だが、第3項の4点目で「完全な非核化を通じて核のない朝鮮半島を実現する」という07年になかった項目が盛り込まれた意義は大きい。この合意があったからこそ、米朝首脳会談は担保されたのである。

南北首脳会談の成功で米朝首脳会談に弾みがついた。これまで水面下の交渉を担ったポンペオCIA長官は国務長官になって、公的な外交の主役として5月9日に訪朝、キム・ジョンウン国務委員長とも会談して、首脳会談の調整に当たった。この際、北朝鮮に拘束されていた米国人も解放され、ポンペオ長官とともに米国に帰った。12日には北朝鮮外務省が、核実験場の廃棄を公開で行なうと発表した。しかし、ポンペオ長官の訪朝直前の7日から8日にかけキム・ジョンウン国務委員長訪中があり、続いて米国の姿勢を批判する外務次官名義の談話が出たためか、トランプ大統領は疑心を募らせ24日には会談中止を宣言してしまった。

米朝首脳会談の意義

この後の展開は実に劇的だった。北朝鮮は、最高指導者が米朝首脳会談を重視していることを強調し会談実現を求める外務次官談話を25日に発表、韓国のカン・ギョンファ（康京和）外相も同日、ポンペオ国務長官と電話会談を行ない米朝首脳会談の機運を維持していくことを確認した。26日には南北首脳が板門店で1ヵ月足らずのうちに再び会談し、朝鮮半島の非核化と平和体制構築に向け突っ込んだ話し合いを行なった。トランプ大統領も再び前向きになった。板門店やシンガポールで準備の協議が始まり、30日にはキム・ヨンチョル副委員長が訪米してポンペオ国務長官と会談したのち、6月1日にはトランプ大統領もみずから90分にわたりキム・ヨンチョル副委員長と会談、キム・ジョンウン国務委員長の親書を受け取った。この日の会見でトランプ大統領は、予定どおりシンガポールで米朝首脳会談を行なうことを確認した。

6月12日に米朝首脳会談が開催され、両首脳は共同声明に署名した。共同声明は前文で「新たな米朝関係の確立と朝鮮半島における持続的で強固な平和体制の構築」について意見交換し、トランプ大統領が北朝鮮に「安全の保障を与えることを約束し」金正恩国務委員長は「朝鮮半島の完全非核化」を約束したと述べられた。そして、新たな米朝関係確立、持続的平和体制構築、朝鮮半島完全非核化、米兵遺骨収集・返還の4項目が合意事項として記された。

2018年6月12日、シンガポールで北朝鮮のキム・ジョンウン国務委員長（左）とトランプ米大統領（右）による初めての米朝首脳会談が行なわれた（写真提供：共同通信）

この米朝首脳会談は、実現すべき目標をトップダウンで示したことに意義がある。非核化の具体的措置が明示されていないという少なからぬ批判が、とりわけ日本のメディアから出た。だが、ポンペオ国務長官が河野太郎外相に説明したとされるように、非核化には47もの工程があり、おそらくそれを積み上げ式で議論すると、首脳会談自体がいつまでたっても始まらなかっただろう。また、南北は建国70周年を迎える

8月、9月以前に成果を出したいし、米国も中間選挙前に成果を見せたいため、いったん米朝の首脳が会うことに力点を置いたと見られる。

しかし、そもそも核保有国が核を放棄した事例は、これまでに南アフリカくらいしかない。韓国大統領府のムン・ジョンイン（文正仁）特別補佐官は、6月22日のソウルでの討論会において、1990年代にみずから核兵器を解体した南アフリカでは主要構成部品解体だけで約二年半、全般的核能力除去には10年以上かかったと指摘した。朝鮮半島の非核化、平和定着という新しい課題に取り組むのだから、これから時間がかかって当然である。

進む南北対話と取り残される日本

南北は、朝鮮戦争休戦協定締結70周年に当たる7月27日に、南北米または南北米中の終戦宣言をしたかったはずだ。しかし、ことはそれほど簡単ではなく、関係国の協議のペースは落ちた。だが、トランプ大統領は一貫してキム・ジョンウン国務委員長への信頼を表明しているし、北朝鮮側も時折米国批判を織り交ぜながらも、米国との交渉の手綱を放してはいない。8月中旬以降、韓国政府が南北首脳会談を通じて米朝対話を促進しようと努力し、9月18日から20日までのムン・ジェイン大統領による平壌訪問が決まった。

通算第5回目、キム・ジョンウン国務委員長とムン・ジェイン大統領との出会いとしては第3回目に当たる南北首脳会談においては、「9月平壌共同宣言」と「軍事分野履行合意書」が取り交わされた。「共同宣言」は、第1に朝鮮半島における敵対関係解消、第2に開城工業団地や金剛山観光をはじめとした南北の交流、協力、第3に離散家族問題解決、第4に南北の多様な分野の協力、第5に朝鮮半島の非核化と平和、第6にキム・ジョンウン国務委員長のソウル訪問、が盛り込まれた。特に朝鮮半島非核化に関連しては、ミサイルエンジン実験場と発射台の廃棄、寧辺の核施設廃棄が明示された。そして、10月1日からは板門店の共同警備区域（JSA）における地雷除去作業が始まり、ほどなく作業を終えた。南北ともに平和定着の重要性を認識し、そのための基盤整備に協力してあたっている。

米朝の第2回首脳会談は遅れ、2019年2月開催となったが、朝鮮半島の平和への流れは押しとどめることができなくなりつつある。一方で南北が具体的協力をたゆみなく進めているため、朝鮮半島の未来を決める主体としての南北の存在がこれまでになく印象づけられている。同時に、トランプ政権は制裁をすぐには解除しないようだが、中国と韓国が北朝鮮と協力する道を容認し、朝鮮半島の平和定着への枠組みが形成されつつあるように見える。2019年も年明け早々にキム・ジョンウン国務委員長が中国を訪問した。2月の米朝首脳会談、それに続くキム・ジョンウン国務委員長のソウル訪問、習近平国家主席の訪朝、そしてロシアも絡んで、サミット・シリーズによる東北アジアの緊張緩和は2019年も進むことだろう。

今後交渉が行き詰まって、米朝対話が解消されたり、2017年のような状況に戻ったりすることはありうるのだろうか。少なくとも、米国も北朝鮮もここまで進めた対話をなかったことにするのは難しい。この新しい状況を生み出すために最もまい進してきた韓国政府は、平和定着に向け不退転の立場だ。2018年は東北アジアの新しい時代の出発点だったといえるかもしれない。

だが、残念なことに安倍晋三政権は、表面的にはトランプ政権に調子を合わせつつ、北朝鮮との敵対的関係を自分たちの政策のために利用して、維持したがっているように見える。それればかりか、2018年後半からは、韓国とも対立点を際立たせ、関係国を不安にする姿勢をとっている。南北朝鮮も変化し、米国も変化し、周辺国も変わらざるをえなくなる新しい時代に、日本も逆行するのではなく、ともに手を携えることこそが重要ではないだろうか。

（石坂浩一）

※本稿は『月刊社会民主』2018年9月号掲載の拙稿「不可逆的な転換点に立つ朝鮮半島」を大幅に加筆修正したものである。

第Ⅰ部

北朝鮮を理解するために

2018年９月20日、南北首脳会談後、夫人を同伴して朝鮮半島最高峰の白頭山を訪問し、カルデラ湖「天池」でつないだ手を上げる北朝鮮のキム・ジョンウン国務委員長（左）と韓国のムン・ジェイン大統領（右）（写真提供：共同通信）

第1章

なぜ朝鮮半島では冷戦が続くのか

東アジアの冷戦終結のために

朝鮮半島では、歴史をさかのぼれば、新羅が676年に朝鮮半島の主要部分を統一して支配するようになった。その後、北方地域の渤海を統一して918年に建国され、朝鮮半島全体を支配した高麗の時代を経て、1392年に始まった朝鮮王朝は500年以上にわたって朝鮮半島を治めた。朝鮮王朝は1897年に大韓帝国と国号を変えたが、1910年に日本に併合されるまで長い歴史と伝統を保ってきた。1910年から1945年にかけての日本による植民地支配の期間も、朝鮮半島は一つの地域だった。ところが、植民地支配から解放されたのち、朝鮮民族をまったく差し置いた形で米ソ両大国が南北の分割占領を決定、実行した。これが一つの民族を何の必然性もないまま二つの政権に分かち、やがて分断を生む結果となっていった。

連合国である米国とソ連は第二次世界大戦を同じ陣営として戦ったが、資本主義と社会主義というイデオロギーの違いからくる対立はすでに芽生えていた。第二次世界大戦後に、東ヨーロッパの国ぐにが社会主義体制を選択してソ連側に立つと、東欧にイデオロギー的境界線が引かれた。その後、米ソの対立は深まり、中国の内戦で国民党が敗退して49年に中華人民共和国の成立が宣言されると、東アジアにおいてもイデオロギーの対立が顕在化した。アジアではその境界線が朝鮮半島を二分する形で引かれた。

詳しくは第6章で説明するが、朝鮮民族自身は解放当時、二つの地域に分かれて国家をなすことを想像もしていなかった。米ソの暫定的戦後処理のための朝鮮半島分割占領は、その後の米ソイデオロギー対立、すなわち冷戦を通じて、朝鮮民族内部でのイデオロギー対立を助長した。こうして1948年に二つの政治権力が生まれ、1950年に朝鮮戦争の戦端が開かれることで世界的陣営対立の最前線になってしまい、停戦後はそれが固定化してしまったのである。もちろん、朝鮮民族内部での政治をめぐる対立が存在した。しかし、その流動化を妨げ、今日に至る分断に至らしめたのは冷戦であった。停戦協定は2019年の今日に至るまで、平和協定への転換が実現できていない。

朝鮮戦争停戦後、冷戦は一定の変容を遂げていく。社会主義陣営の内部でソ連と中国の対立が生まれ、社会主義国はどちらを支持するかで二分された。1950年代に中ソのちがいが顕在化し始めた当初は、ソ連が米国との共存、緊張緩和をめざす一方、中国があくまで米国を帝国主義と規定して米国との対決を主張した。これは、社会主義圏の主導権争いに発展し、社会主義圏は分断された。ところが、70年代に入ると米中が劇的な和解を遂げるに至って、一時的、部分的な緊張緩和がもたらされた。米中和解はアジアにとって安定につながるものだったが、南北朝鮮はともに当惑し、その時代における政治的可能性を生かして和解する方向には進まず、逆に大国が方針を変えようともみずからの政権基盤を固めようとするようになった。北は唯一の指導者を立てて自主性を強調する主体思想へと進み、南は反共軍事政権の道を固めようとした。

枠組みが変わるのは80年代だった。ソ連でゴルバチョフ書記長が登場してペレストロイカを唱え国内改革を進めるとともに、世界的には緊張緩和をめざした。これをきっかけに社会主義圏はみずから解体する道を歩むこととなり、89年には東欧社会主義圏が雪崩を打つように崩壊、91年にはソ連共産党が解散、12月にソビエト連邦消滅が宣言された。

朝鮮半島の南北分断を固定化させる要因だった世界的冷戦はかくして消え去り、ロシアなど旧社会主義圏や中国は韓国との国交を正常化していった。当然、資本主義国が北朝鮮と国交を正常化して緊張緩和に努めるべき流れだった。実際、90年に南北首相級会談が、91年に日朝交渉が始まり、第一次核危機と呼ばれる緊張局面を生んだものの米国も北朝鮮との交渉に入った。91年9月には南北が国連に同時加盟した。

しかしながら、北朝鮮との交渉はその後繰り返し挫折し、日米との国交の正常化さえ実現していない。その結果が今日の朝鮮半島をめぐる対立関係になっている。国家間の国交はあるのが普通であって、二国間・多国間の葛藤があっても外交関係を保ち人的交流を積み重ねて、紛争にならないように努めることで平和を守っていくのが原則である。それにもかかわらず、中ロが韓国と国交を結び多様な経済関係も発展させている一方、米日はいまだに北朝鮮と国交を正常化せず、むしろ北朝鮮の問題点をあげつらって対決へと進んできている。このようなアンバランスがあっては、東北アジアの安定は望めない。

冷戦終結後、世界各地で紛争が発生し、「地域」という概念の重要性が指摘されている。世界レベルの冷戦が終わっても、朝鮮半島では南北のイデオロギー対立は続いており、周辺国もその解決を導き出せず、不安定な状態が残されている。何より、アンバランスな国際関係が解決されていない。もう一つ重要なのは、地域のイデオロギーなどによる対立は冷戦が終わるときれいさっぱり消え去るようなものではなく、各国の制度や社会システムに対立が刻み込まれることで内部化されてしまうことである。南北首脳会談が2回にわたって行なわれても、まだ内部には相手方を敵視したり警戒したりする法律や制度が残されていた。実際、南では冷戦時代の既得権勢力が巻き返し、朝鮮半島の緊張を高めたのであった。中台の両岸関係とは異なり、南北の人的交流も経済関係も限定的なレベルにすぎない。

南北冷戦の象徴、板門店。北朝鮮側から韓国をのぞむ。正面に見えるのが「自由の家」（写真提供：山本かほり）

だが、2018年に入って南北は4月27日の板門店における第3回南北首脳会談で「板門店宣言」に合意、5月26日に同じく板門店における第4回首脳会談、そして9月18日から20日にかけての平壌における第5回首脳会談で「平壌共同宣言」と「軍事分野履行合意書」に到達した。劇的な変化であった。そして、一つ一つはささやかでもたゆみない南北の協議と紛争防止策を進め、後戻りできない状況を作り上げようと努力している。

地域の問題が冷戦後にかえって激化する事例を、われわれは世界各地で見てきた。人種、民族、宗教など、社会主義圏で抑えられてきた要因が、崩壊後に火種となる悲劇も見られた。抑圧的な現存社会主義の崩壊は歴史の必然だったろうが、その後に顕在化した矛盾を緩和する役割を果たす国や機関はなかったのである。ボスニア紛争のような悲劇を経験した今日、地域内部で和解の雰囲気が生み出されるような国際関係を形成するのは、周辺国、関係国の重大な責任である。その意味で、朝鮮半島に関わりを持つ米日は、地域の平和に貢献する動きをしてこなかったのが現実である。日本で北朝鮮問題への理解が進まないのは、大国の動向にばかり目が行き、地域の一員としての自覚が国民に共有されていないところに一因があるのではないだろうか。

朝鮮戦争やさまざまな葛藤を経た今日に至っても、南北の政権の統治上の境界線はあくまで「国境」ではなく、休戦に際しての軍事境界線にほかならない。マスコミなどでも近年、「南北の国境」という表現がよく使われているが、正確な言葉ではない。南北が１９９１年12月に署名した「南北基本合意書」は、南北は「国と国との関係ではなく、統一を志向する過程で暫定的に形成される特殊な関係」だと規定している。２０１９年の今日まで、これ以上の適切な合意はなく、合意書においては双方について「北」と「南」という呼称を使用している。

（石坂浩一）

参考文献
伊藤亜人ほか監修『韓国朝鮮を知る事典』平凡社、２０１４年
李成市ほか編『世界歴史大系　朝鮮史2』山川出版社、２０１７年

第2章

北朝鮮はじきに崩壊するのか

外からの圧迫は団結を促す

北朝鮮はじきに崩壊するから無視していればいい、というのはしばらく前まで日本でよく語られたことがらである。しかし、1990年代半ばの多くの餓死者を出したといわれる農業生産への打撃、キム・イルソン(金日成)主席の死去などの厳しい時期を経ても、北朝鮮は崩壊しなかった。これからも崩壊しないだろう。むしろ、そうした誤った憶測、あるいは期待を抱いたために失敗したのは米国や日本の方である。

まず、崩壊説が引き起こした失敗の事例を見ていこう。米国は1994年10月、核問題解決のために北朝鮮といわゆる「枠組合意」と呼ばれる合意に到達した。北朝鮮がプルトニウムを通じた核開発を凍結するなどの見返りに、米国が中心となって北朝鮮に軽水炉を提供するというものだった。ところが、この合意の少し前の7月にキム・イルソン主席が亡くなり、米国は軽水炉を提供する必要はなくなるだろうと北朝鮮を見くびっていた。実際、北朝鮮経済は困難な状況に直面していった。一部の住民が中国に流出したといわれる。それでも、北朝鮮は崩壊せず、米国は韓国などとの多国間協力を通じて軽水炉の提供を推進し、外交交渉に取り組まざるをえなくなった。

日本政府も同様の失敗をした。２００２年9月に初の日朝首脳会談が行なわれ、歴史的な日朝平壌宣言が合意された。だが、この時に日本人拉致被害者の問題について対立が生じて、日朝交渉は膠着していくことになる。可能なところから、また他の日朝間の懸案とも合わせて冷静に交渉をつなぎ、粘り強く真相解明などにあたっていかねばならなかったはずだ。しかし、日本政府は北朝鮮政府に対してハードルを高め圧力を加えて、結局交渉を中断させてしまった。この時に語られたのが、「時間はわれわれの側にある」という考え方であった。北朝鮮は貧しく困っているので、いずれ折れてくるはずだ、そうでなくとも崩壊してしまう可能性が高いというのが、その根拠であった。だが、どうだろうか。現実には北朝鮮が頭を下げてくることも崩壊することもなく、拉致問題は解決できないまま15年の歳月が過ぎてしまったのである。

韓国ではキム・デジュン（金大中）政権、ノ・ムヒョン（盧武鉉）政権の当時、南北首脳会談をはじめ、北朝鮮とさまざまなレベルの話し合いや交流を行ない、そこで北朝鮮当局の考え方を確認するとともに、実行可能な平和定着の方法を探っていこうとした。この両政権を韓国の右翼勢力や日本のメディアは「親北」というが、オーソドックスで現実的な政策で対応したにすぎない。その後、イ・ミョンバク（李明博）政権以降、南北関係が悪化すると交流や情報の流れは先細り、再び北朝鮮当局の考え方や社会の実情を探るすべはなくなった。そして、政権発足当初は「朝鮮半島信頼プロセス」という政策を掲げたパク・クネ（朴槿恵）政権も、ほどなく旧態依然たる圧迫政策、北朝鮮の崩壊をすすんで促す方針へと進んでしまった。もちろん、その結果は失敗であった。

確かに、北朝鮮との協議が本格化すると北朝鮮は米国と話を詰めることを優先するという、韓国政府にとっては宿命的なジレンマがある。この時、自分たちと先に話し合えといって交渉の場に無理に介入しようとすると、北朝鮮側に忌避されてますます無力化する。これは、キム・ヨンサム（金泳三）政権当時の教訓である。こうした過程では、たとえすべてのプロセスの主導権をとれなくても、平和定着のための環境づくりに力を尽くしていれば緊張の高まりを回避でき、協議が進展すれば北朝鮮との関係を前進させるきっかけを再びつかめるというのが、キム・デジュン政権から引き出された教訓である。

北朝鮮経済は、核やミサイル問題による対外的関係の不振、途絶によって順調に発展しているとはいえないが、１９９０年代半ばの困難な状況は脱しており、崩壊する局面ではない。崩壊論は、崩壊させたい勢力の期待の反映以上のものではない。米国、日本などでは、東欧社会主義が崩壊した当時の様子が人びとの脳裏に残っているため、生活が苦しく政治に不満があれば体制は崩壊するという単純な図式が支配しているのだろう。だが、東欧では政府に対する批判勢力が大なり小なり存在して、人びとにそれを受け入れる素地があったから社会主義政権にノーが突き付けられたのである。

では、北朝鮮はなぜ崩壊しないのだろうか。監視社会で人びとをがんじがらめにしているから北朝鮮では不満の声も出せないのだという見方が、日本や米国でよく語られるが、それでは人びとの力を持続的に引き出すことはできない。そもそも、住民に不満がない政府は世界中どこにも存在しないだろう。北朝鮮の人びとも当然、もっと生活をよくしたいなどの不満があるはずだが、それだけで崩壊する国があるとすれば、世界中で政権崩壊が起こる。内心問題点もあると思いつつも、オルタナティブがない現状では今の指導者を支持していこうというのが、北朝鮮の人びとの率直な考えだろうと思われる。とりわけ、朝鮮戦争で全土を焼け野原にされた記憶は、身をもって知らない世代でも繰り返し学習している。ブッシュ・ジュニア政権やトランプ政権は、その過去を知らない世代にも恐怖を思い知らせるかのように、目の前で大々的軍事演習を展開し、北朝鮮を圧迫してきた。東欧では、こんな軍事的圧力を加えられる中で政権を打倒しようとしたわけではない。言い換えれば、米国や日本の圧迫が北朝鮮社会の軍事化を維持する最大の要因になっていると言えるだろう。

仮定の話になるが、もしも90年代の枠組合意が実行され、日米は北朝鮮と国交し、朝鮮半島の軍事的緊張が格段に低下していれば、米日の対北朝鮮貿易や投資は進み、韓国との経済協力も順調で、北朝鮮経済の市場化は現在とは比べ物にならないほど進行していたにちがいない。そうなれば、韓日の豊かな物資が流入し、戦争の心配もない中で人びとが豊かさを第一に追求する社会がより広く形成され、北朝鮮の指導層は市場経済の進みすぎを心配していたことだろう。またそうなれば、仮に核武力で米国と対決するなどといっても、人びとは実感を持てないし、実際にそのような政策が不可能、そして不必要になっていただろう。

北朝鮮が崩壊するというのは、そうなってほしいと思う人の期待にすぎない。その根底には、北の住民は無能で指導者の言いなりになるしかないという偏見が横たわっていると思えてならない。たとえ平壌のエリート層であっても、実際に出会って、北朝鮮の人びとが抱く自尊心に触れ、人間としての共感を持つことが、むしろ問題解決につながるのではないだろうか。

（石坂浩一）

第3章

北朝鮮の核兵器の実態は

核保有を招いた歴代米政権

北朝鮮は、１９５０年代半ばからソ連の原子力研究を平和利用の分野で学び始め、65年から寧辺でソ連が提供した研究用原子炉を稼動させた。北朝鮮は74年に、この原子炉を改良し濃縮度80％の核燃料を使用するのに成功したという。その後、80年には５０００キロワットの原子炉設計に着手、85年に臨界に達し、87年12月にこれを稼動させた。北朝鮮はこの原子炉を発電用と主張したが、主たる目的は最大稼動時に年間11キログラム生み出されると推定されるプルトニウムの確保だといわれた。核疑惑の対象になったのも、この原子炉である。

北朝鮮は80年代からエネルギー不足が深刻化し、原発に大きな関心を持っていたので、原子炉を持ち大規模な発電施設を運用したいと考えたことは自然である。一方、核兵器についても関心はあり、原子炉の研究を進めて軍事分野での開発を可能にする技術確保を考えていたと思われるが、冷戦終結まではソ連の核の傘に守られていたのであえて深入りしなかった。また、ソ連もそれを望まなかった。

北朝鮮はソ連と85年12月、44万キロワットの原子炉４基の提供、建設に関する協定を結んだ。これは北朝鮮が改良・開発した原子炉とは別物で、エネルギー不足の解決が急がれていることを示していた。北朝鮮はソ連との協定をきっかけに、85年に核拡散防止条約（NPT）に加入した。国際原子力機構（IAEA）にはすでに77年に加入していた。ところが、ソ連が91年3月に貿易決済をドル建てにすることを決定、北朝鮮は原発建設の費用を払えなくなり、92年初めに工事は断念された。社会主義圏崩壊、ソ連のロシアへの移行の余波はここにも影響を与えていたのである。

北朝鮮は、NPT条約に加入しながら、IAEAとの間で原子力施設に対する査察を受け入れる保障措置協定を締結しようとしなかった。NPTに加入した国は協定と査察を義務づけられている。協定はNPT加盟後18ヵ月で結ばれる必要があったが、北朝鮮はその内容にクレームをつけ、締結を遅らせた。北朝鮮は、米国が先制核攻撃を行なわないこと、朝鮮半島を非核化することを執拗に要求したといわれる。しかし、こうしたことをIAEAに要求すること自体、無理があった。

一方、韓国のノ・テウ（盧泰愚）大統領が88年7月にいわゆる「7・7宣言」を発表、友好国が北朝鮮と接触することを容認したことから、米国国務省は10月31日にいわゆる「穏健なイニシアティブ」を発表、北京の大使館を通じた対北朝鮮非公式連絡チャンネルを設けることを明らかにした。こうして88年12月、米国は北京で北朝鮮との参事官級接触を開始した。しかし、89年にかけて行なわれた接触でも、北朝鮮との合意は得られなかった。こうした強硬さに対し、米国は北朝鮮が核開発を進めるのではないかという危惧を抱いた。この時期に、寧辺にプルトニウムの再処理施設があるのではないかという疑惑が、偵察衛星の写真を通じて取りざたされるようになった。89年頃から北朝鮮の核開発疑惑が提起されたのは、米国が業を煮やしてリークしたためではないかと伊豆見元は指摘している。

その後、北朝鮮が望んだ米朝交渉は具体化し、第1、第2ラウンドと呼ばれる合意が形成された。しかし、北朝鮮がIAEAの査察を一部の施設で拒否し、93年3月にはNPTを脱退するに至って、米朝対立は激化、94年春にかけていわゆる第一次核危機を招来した。この危機は94年10月の米朝枠組合意によって収拾された。90年代はあくまで「核疑惑」であって、まだ北朝鮮は核兵器を持つ段階には到達していなかったと見られる。また、核開発は米国を交渉に引き出すためのカードであった。

ところが、ブッシュ・ジュニア政権は2002年10月に北朝鮮にケリー国務次官補を派遣、ウラン濃縮を通じた核開発を継続しているのではないかと追及した。北朝鮮はこれに対し、開発を肯定するかのような発言をし、米国の圧迫に対しては対決姿勢を示した。ブッシュ政権はすでに9・11テロ以降、北朝鮮を「悪の枢軸」の一つに数え上げて一方的に悪者扱いしていたが、ウラン濃縮疑惑を契機にいっそう北朝鮮への圧迫を強めていった。北朝鮮は鉱物資源が豊富でウランも産出する。枠組合意に入っていないウラン濃縮について初歩的な研究をしていた可能性はあるが、南北非核化宣言に濃縮は行なわないことをうたっており、本格的な開発段階には至っていなかった可能性が高い。

北朝鮮は少なくとも枠組合意以降、プルトニウムを通じた核開発を停止しており、原則的な意味で合意を守っていたと見られる。ところが、合意に盛り込まれなかった内容で追及されたうえに、合意内容の核心である軽水炉提供を反故にされたことに、北朝鮮指導層は憤った。北朝鮮は2003年1月にNPT脱退を宣言した。第二次核危機と呼ばれる状況が訪れた。NHKが報じたところによれば、04年5月に小泉純一郎首相と2度目の会談をしたキム・ジョンイル国防委員長は、米国が先制攻撃をすると脅してくるので生存権のために核を持つようになった、と説明した。05年2月、北朝鮮外務省は報道官声明を通じて、ブッシュ政権が敵視政策を続けていると主張、核兵器を保有したことを宣言した。

今度は90年代と違い、中国が地域における仲介者の役割を果たし、03年4月23日にまず米中朝の三者協議が始まった。これを受け、8月27日には六者協議という米国、中国、ロシア、日本に南北朝鮮を加えた多国間協議が始まり、05年9月19日の共同声明に合意した。北朝鮮が核を放棄すれば、関係国はエネルギー支援などを実行し、米日は関係を改善するとの内容だった。これが実行されれば朝鮮半島の緊張は緩和されただろうが、ブッシュ政権はこの期に及んで北朝鮮の資金ルート遮断に期待をかけ、マカオの銀行バンコ・デルタ・アジアの追及に関心を移して時間を空費した。北朝鮮は06年10月9日、地下核実験の成功を発表した。ブッシュ政権はあわてて北朝鮮との交渉に乗り出したが成果なく終わり、08年11月の大統領選挙では民主党のバラク・オバマが当選したのである。ブッシュは北朝鮮に核拡散を許し、失敗した政権となった。

オバマ政権が成立すると、北朝鮮は米国が交渉の場から離脱しないよう、強い姿勢を示した。09年4月5日、オバマ大統領が「核のない世界」を訴えたプラハ演説と時を合わせ、同じ日に通信実験衛星光明星2号を発射し、5月25日には第2回の核実験を行なった。ブッシュ政権が北朝鮮の核・ミサイルに関する強い姿勢に反応したことにならってオバマ政権を圧迫したのだが、オバマはこれによりかえって北朝鮮に向かい合う意欲を失った。オバマも北朝鮮政策について一定の対応はしたが、熱心な取り組みのないまま「戦略的忍耐」という名の無視政策に帰着することとなった。この間に、キム・ジョンイル国防委員長が亡くなり、米朝関係正常化は軌道に乗らないままだった。

その後、北朝鮮は２０１３年２月12日に第３回、16年１月６日に第４回、同年９月９日に第５回、17年９月３日に第６回の核実験を行なっている。第４回は初の水爆実験と発表され、第６回は爆発規模の大きさにより実験後も周辺地域で地震が何度も誘発される状況に至っている。ミサイル搭載のための小型化など、配備に向けて未知数はあるが、その威力はすでに十分確認されたといっていい。

北朝鮮側は故カン・ソクチュ（姜錫柱）外務次官（その後、外相）から始まってほぼ変わらないスタッフが対米交渉を担当してきた。米国では政権が代わるごとに政策が変わって当然と見ているだろうが、北朝鮮側から見ると、政権が代われば以前の約束は口実をつけて反故にし、常に圧迫に回帰する米国の朝鮮政策は敵視政策以外の何ものでもないだろう。

その意味で、核兵器によって米国と渡り合い、まさに「不可逆的」な関係改善を実現することこそ、北朝鮮指導部の悲願なのだといえる。核兵器の威力を強め、その運搬手段としてのミサイルの射程を広げ能力を高めることは、ほかならぬ米国との交渉力強化に目的があるのである。

実は北朝鮮には２０１３年に制定された「核保有国地位確立（공고화）法」という法律がある。その第１条には「共和国の核兵器はわが共和国に対する米国の持続的で度重なる敵視政策と核の脅威に対処してやむをえず保有することになった正当な防衛手段である」と規定されている。また、第２条では北朝鮮の核兵器は世界の非核化が実現される時まで「服務する」とされ、第９条では核兵器のない世界のために闘争し、核軍縮のための国際的努力を支持すると定めている。これは17年に核兵器禁止条約が議論された際に、これを支持した北朝鮮の外交姿勢の根拠になっており、トランプ政権との対立の過程でもこの原則は守られている。もちろん、北朝鮮の核・ミサイル開発は平和実現をめざす

立場からは認めがたいが、北朝鮮がそのように核政策を確立してきた理由を確認し、不安要因を除去するためのスタンスをあらかじめ設定してあったことは、決して意味のないことではなかったのである。
核保有国は自国の核兵器保有量を公表していないが、世界最大の核兵器を抱えるロシアや米国は数千発の核兵器を備えている。これまで北朝鮮の核兵器数は、黒鉛炉から生み出されたプルトニウムの量から「これくらいの核兵器が作れるだけのプルトニウムがある」という大ざっぱな推定がなされてきた。ウラン濃縮による核兵器も存在する可能性があり、また研究者によって差はあるが、推定される核兵器の数はたかだか20個程度だ。米ロと比較しても、北朝鮮の核兵器保有数は比較にならない。この程度では、他国から攻撃を受けないために抑止力として持つ意味はあるが、他国を攻撃する軍事力としては問題にならない。核兵器を持つことは容認しがたいが、北朝鮮がいう米国の敵視政策に対抗する抑止力という説明は現実に即したものと言うべきだろう。
朝鮮半島において戦争が起こらない限り、北朝鮮の核兵器が使用されることはない。朝鮮半島で戦争が起こらないよう関係国に働きかけていくことこそ、日本の役割だと言うべきである。

（石坂浩一）

参考文献
石坂浩一「北朝鮮核開発の現状と非核化の課題」『核兵器・核実験モニター』第517号、NPO法人ピースデポ、2017年4月
伊豆見元「米朝関係の軌跡と今後の行方」伊豆見元ほか『北朝鮮―その実像と軌跡』高文研、1998年
小此木政夫編『北朝鮮ハンドブック』講談社、1997年
ドン・オーバードーファー、ロバート・カーリン『二つのコリア―国際政治の中の朝鮮半島　第三版』共同通信社、2015年

第4章

北朝鮮のミサイルの実態は

交渉力強化が目的

核兵器は運搬手段がなければ武器にならない。1945年にヒロシマ・ナガサキに原子爆弾が投下された時には、米国のB29が日本上空まで運び、投下した。爆撃機の乗員はのちに放射能による健康被害に悩まされることになり、空爆の問題点が露呈した。

より速く、より正確に、遠くの目標に核兵器を到達させるために、第二次世界大戦後には核兵器を搭載するミサイル技術が競って研究されてきた。ミサイルの性能も、また搭載できる核兵器の威力も、技術発展にともない高まっていった。北朝鮮は朝鮮戦争後にソ連に対して核やミサイル技術の提供を求めたが、米国との戦争を恐れるソ連は応じなかった。北朝鮮は76年から始まった中国の弾道ミサイル研究に参加したが、これが中断されると81年にエジプトからスカッドミサイル2基を導入した。さらに、85年にはイランとミサイル開発協定を結び、スカッドの改良と輸出を進めた。その後、ソ連の崩壊で失業した核・ミサイル技術者を受け入れた北朝鮮は、多大な技術力を確保した。

1998年8月31日にニューヨークで米朝の高官級協議が行なわれているさなか、北朝鮮は初めての人工衛星光明星1号を発射したと発表した。朝鮮中央通信は地球を周回する軌道に乗ったと主張したが探知できず、日本上空を越えてハワイ方向へ飛んで落下したと分析された。米国や韓国では長距離ミサイルテポドンの発射実験であったと見なされた。2009年4月5日に北朝鮮は事前予告を行なったうえで通信実験衛星光明星2号を発射した。3段ロケットの2段目までは予告された水域に落下したが、3段目が軌道に乗ったことは観測されず、失敗とされた。続いて5月には第2回核実験を行なった。12年4月13日には地球観測衛星光明星3号を発射したが、失敗し、発射約2分後に空中爆発したと報じられた。だが、同年12月12日に南側に向けて発射された地球観測衛星光明星3号はついに打ち上げに成功、国際的にも軌道への投入が確認され、北朝鮮は国連宇宙物体登録条約に基づき人工衛星の登録申請を行なった。この発射に対し国連安全保障理事会は過去の安保理決議に違反するとして制裁決議を採択した。

日本では人工衛星発射はミサイル実験を偽装したものだという見方が流布している。だが、人工衛星を軌道に乗せる発射技術は弾道ミサイルとは異なるもので、ミサイル開発に関連した技術を得る上で役立つとしても、両者は別物であると梅林宏道は指摘している。

北朝鮮が米国に届く大陸間弾道ミサイル（ＩＣＢＭ）の開発に力を入れ始めたのは最初の核実験に成功した06年以降のことであろうが、特に09年5月に核実験を行なったにもかかわらずオバマ政権から無視されて以降、対米交渉力を高めるため開発に拍車をかけた。そして、17年にトランプ政権が登場して十分な朝鮮半島政策があるとは思えないものの北朝鮮への関心を示すと、休む間もなく頻繁にミサイル発射を繰り返した。17年のミサイル発射実験は、2月12日の中長距離戦略弾道ミサイル「北極星2」型の発射成功に始まって、11月29日の大陸間弾道ミサイル「火星15」型発射実験まで実に16

回に及んだ。

ところで、韓国の正義党所属国会議員キム・ジョンデは、北朝鮮には三つのレベルのミサイル戦争の概念があると指摘した。一つは米国本土攻撃、第2は8月のグアム打撃計画のような太平洋地域攻撃、第3は朝鮮半島南部への攻撃である。8月26日に発射された短距離ミサイルは江原道のキテリョンから約280キロメートルを低い高度で飛行したという。これはキテリョンから韓国の慶尚北道星州にある高高度ミサイル防衛（サード）基地までの距離とほぼ一致し、この基地を射程に入れたものだったことがうかがえる。7月4日と28日に発射したICBM「火星14」型は成功と発表され、特に28日のミサイルは飛距離、高度、飛行時間で4日を上回ったと報じられた。ICBM発射は11月29日にも「火星15」型が発射、成功と発表されているが、距離でいえば米本土に到達する可能性は高まっている。このあいだに位置するのがグアムや、近いところでは日本の米軍基地を狙うもので、グアム打撃計画は実行しなかったが、短距離ミサイルが発射されたばかりの8月29日に北朝鮮は中長距離戦略弾道ミサイル「火星12」型を日本上空を通過する形で発射した。キム・ジョンデは北朝鮮のミサイル戦争の体系がこうして整えられたが、これはたえず戦争を継続させる体系であり、決して長続きしないと厳しく評価した（『ハンギョレ』2017年9月2日）。

なお、北朝鮮はこのほか16年4月と8月に潜水艦発射ミサイル（SLBM）の発射実験を行なってきており、発射地点をとらえにくいこの種のミサイルの開発も引き続き進めると見られる。

2017年の新年辞においてキム・ジョンウンは、水爆や核弾頭実験が成功し、「大陸間弾道弾試験発射準備が最終段階に入った」ことで国防力がいっそう強化された、と述べていた。その後北朝鮮政府は、7月のＩＣＢＭ発射実験成功で、もはや米国は核をもって対抗する北朝鮮を攻撃できなくなったと主張した。そして、11月29日のＩＣＢＭ発射実験に際して、政府声明で「ミサイル武器体系開発の完結段階に到達した」と宣言し、キム・ジョンウンは「ミサイル強国の偉業が実現された」と評した。まだ、ミサイルの大気圏再突入にあたっての問題や、弾頭の小型化の問題など、解決したかどうかわからない点は残されているが、北朝鮮があえて「完結段階」を宣言したのは、２０１８年の建国70周年を米国との関係改善の年にしたいという意向の表現であろう。

２０１８年以降、米朝関係の進み具合によって、ミサイル発射や核実験などの波乱が起きる可能性はあるが、北朝鮮が元来対話のために核やミサイル開発に突き進んだ経緯を考えれば、トランプ政権が朝鮮半島にしっかり関与する意思があるかどうかが、未来を占うカギになるはずだ。

（石坂浩一）

参考文献

梅林宏道『ＤＰＲＫの核兵器運搬手段』（ピースデポ・ワーキングペーパー　Ｎｏ．３Ｊ）２０１６年
チェ・ヒョンス、チェ・ジヌァン、イ・ギョンヘン『朝鮮半島にサードを引き入れた北朝鮮ミサイル』（ソウル）２０１７年

第5章

東北アジアにおける危機と可能性

2017年を顧みる

以上で述べてきたように、北朝鮮が好戦的でいつ戦争を仕掛けてくるかわからないという言説は、事実に反する。北朝鮮にはそれほどの力は存在しないので、瀬戸際まで緊張を高めながら、実は極力戦争を避けようとしているのである。米国の圧倒的な軍事力にさらされ、さらに1990年以降は社会主義圏が崩壊し、韓中、韓ロ国交と交流が活発に進んでいるにもかかわらず、北朝鮮と米日との関係改善だけが進んでいないというアンバランスな国際関係に、東北アジア情勢緊張の根本原因がある。

北朝鮮の問題点は、米国をはじめとする国際政治への対応の姿勢や発想が冷戦時代そのままである点にほかならない。強い相手には強く出て対抗する、軍事力強化のために周辺国への影響もかえりみない、特に韓国の政権や市民社会が対北関係で困難に直面しても考慮しない、国家的優位のため「自主」という名のもとに自国の人民に多大の犠牲を強いる。こうした問題は、これまで東北アジアで経験されてきたことがらだ。たとえば、2010年11月の延坪島砲撃事件のような局地的挑発はこれまでも行なわれてきた。だから、核実験やミサイル発射実験は「核保有国」として米国と対等に渡り合うためのもので、極度に緊張を高めてこそ交渉力を得られるという北朝鮮の認識の反映なのである。

北朝鮮は16年7月6日に政府報道官声明を発表した。非核化はキム・イルソン主席、キム・ジョンイル国防委員長の遺訓であると久しぶりに非核化に言及しつつ、米韓当局に対して、第1に韓国にある核をすべて公開する、第2に韓国からすべての核兵器とその基地を撤去し検証を受ける、第3に朝鮮半島とその周辺にある核攻撃手段を二度と持ち込まないと保証する、第4に核による脅しや攻撃を行なわない、第5に「核の使用権を握っている米軍の撤退を宣布する」という五つの「原則的要求」を掲げた。これが受け入れられるならば、北朝鮮は相応の措置をとると言明した。

この政府声明は意味深長なものである。1991年9月に米国は海外での戦術核兵器配備中止を発表したが、その配備中止リストには朝鮮半島が含まれていた。これを前提にして同年12月に南北の非核化共同宣言が合意されたのであった。北朝鮮の「原則的要求」のうちはじめの二つは、戦術核配備中止を確認すれば済み、第3もそれを今後も継続することを宣言すればよい。第4はこの声明が出た16年夏に国際社会でひとしきりイシューになった米国の核先制不使用宣言と重なる。この先制不使用宣言は日本政府などが反対して実現に至らなかったが、オバマ大統領は意欲を持っていたといわれる。もし米国の先制不使用宣言に前進があったなら、クリアできる課題だった。最後の項目は米軍の撤退そのものではなく「撤退を宣布」となっているので、実際の撤退はすぐ行なうものではない。こうしてみると、北朝鮮政府声明の内容は米国が十分検討可能なものだったと見ることができる。しかし、残念なことに同日米財務相はキム・ジョンウン国務委員長を制裁対象に含む追加制裁を発表し、北朝鮮の政府声明を一顧だにしなかった。北朝鮮が36年ぶりの党大会とそれを受けた最高人民会議を行なった直後の提案だっただけに、考慮しなかったのは残念なことだった。おそらく、この時点ではヒラリー・クリントンが次期大統領候補になるとの見方が強く、北朝鮮としては次期政権につながる要求として提起したものだったろう。

ところが、17年に米国ではトランプ政権が登場した。世界を敵と味方のどちらかにしか認識できない人物が大統領になった。就任以前から、キム・ジョンウンと話し合うことができるなどと深い考えもなく発言したことは、慎重で新たな政策が簡単には期待できないヒラリー・クリントンと比べて、北朝鮮の期待を高めたであろう。米国の新政権に対して政府声明にあるような要求を迫っていくことはキム・ジョンウン政権の既定方針だっただろうが、トランプ政権成立を受けて、より強い姿勢で勝負をかけようと考えたことが17年の米朝関係の緊張、朝鮮半島の危機状況を生み出したと分析することが可能である。２０１８年に北朝鮮は建国70周年を迎える（韓国も同様だが）。この70周年を若き指導者の下、対米関係改善の成果をもって祝したいというのが北朝鮮の狙いであろう。

トランプ大統領は、8月8日にゴルフ場で記者団に対し、キム・ジョンウンの脅しは常軌を逸しているので、北朝鮮はこのままでは世界が目にしたことのないような炎と怒りに直面するだろうと発言した。これに先立ち、トランプ大統領に近い共和党のグラム上院議員は8月1日、トランプ大統領が「戦争になるなら向こうでやる、多数が死ぬがここではなく向こうで死ぬ」と述べたことをメディアに紹介した。さらに、トランプ大統領は9月19日、国連総会における演説で北朝鮮を完全に破壊するしか選択肢はない、と発言した。平和を守るための国連で公然と戦争を肯定する発言が出たことは驚きだった。北朝鮮はすぐに反応し21日に国務委員長声明を発表、わが国を完全に破壊するというのは歴代の米国大統領の誰も口にしなかったことで「前代未聞の極悪非道」な発言だとして、「暴悪な宣戦布告」に対して「それに相応する史上最高の超強硬対応措置の断行を慎重に考慮するであろう」と主張した。北朝鮮側の声明は「断行を慎重に考慮」というように、よく考えられた表現になっていることに注意すべきだろう。また、国務委員長声明という形式も例を見ないものであった。

これまでも米朝は激しい応酬を行なってきたが、両首脳がみずからこれだけ強い姿勢を示してしまうと、もうこれ以上の対決のしようがないことになる。戦争に突入するか、妥協の道を探るか。言葉の応酬はこれをもって峠を迎えざるをえなかった。

トランプ大統領の国連総会発言は大きな波紋を呼び、世界各国が憂慮するところとなった。17年の緊張を受け、戦争についていろいろな憶測が語られたが、北朝鮮がすすんで戦争を始めることは考えにくい。米国が全面攻撃をしてくると北朝鮮が誤った判断をして戦争に踏み切るという可能性はゼロではないが、北朝鮮側は極力回避しようとするだろう。米国は、北朝鮮に対する攻撃のさまざまな形を検討したが、韓国にいる13万人の米国人を瞬時に無事避難させる方法はないことを主たる理由として、北朝鮮攻撃を留保していると見られる。また、核兵器のある場所についてもすべては把握できないため、先制攻撃で北朝鮮の核を完全に無力化するというのもむずかしい。

米国がいかに反撃をさせないような軍事作戦を立てても、すべての反撃を封じ込める策はない。北朝鮮のミサイルがひとたび発射されれば、韓国は短距離ミサイルで、日本やグアムの米軍基地、そして都市や原発は中長距離の「火星12」ミサイルで、完膚なきまでに破壊されよう。そうすれば東北アジアは破滅する。北朝鮮のＩＣＢＭが米国の対象を正確に攻撃できるかどうかは未知数だが、米本土まで核兵器にさらされていることに変わりはない。

結局、戦争を回避し平和への枠組みづくりに取り組むしかないというのが、現在の結論である。だが、米朝ともに先に妥協の姿勢を見せたといわれたくないために、簡単に対話の席にはつかないかもしれない。そこで韓国や中国、日本などが地域における役割を果たす場面になる。２０１８年は平昌冬季五輪、20年は東京五輪、22年は北京冬季五輪と東北アジアで世界的スポーツの祭典が立て続けに予定されている。東北アジアにおける戦争はこの祭典を吹き飛ばしてしまう。日本政府が圧力一辺倒でなく、対話による平和に向け努力しなければならない理由はここにも存在するのである。実際、韓国のムン・ジェイン（文在寅）政権は18年に入って冬季五輪の成功のため、南北の協議に入ろうとしている。当然、日本もこれを支援しなければ東京五輪を開催する資格はない。

日本では、北朝鮮を米軍が攻撃し破壊してくれれば平和が保てると考える人びともいるかもしれないが、それは幻想にすぎない。完璧な破壊などありえないからだ。安倍政権は在韓邦人の避難訓練を実施したいと考えていたようだが、戦争になったときに無事な避難が可能かどうかもわからないし、韓国より日本にいた方が安全だという保障もない。戦争だけは防がなければならないと繰り返し訴えているムン・ジェイン大統領の言葉の重みをかみしめるべきだ。

（石坂浩一）

第Ⅱ部

北朝鮮国家の歴史

平壌市中心部の万寿台の上に立つ巨大なキム・イルソンとキム・ジョンイルの銅像。背後に見えるのは朝鮮革命博物館。多くの市民や観光客が訪れる平壌を代表する名所である。（写真提供：山本かほり）

第6章

植民地支配と解放、そして二つの政権

分断につながった分割占領

北朝鮮が国家として正式に誕生するのは1948年だが、その原点はキム・イルソンを中心とした抗日闘争にある。キム・イルソンは1912年に平壌郊外で生まれ、キリスト教信者の両親のもとで育ち、早くから民族意識を抱いた青年だった。キム・イルソンは中国共産党のもと、朝鮮人武装組織のリーダーとして活動した。その部隊が発足した1932年4月25日を北朝鮮では朝鮮人民軍創立記念日としている（ただし2018年に記念日が2月8日に変更されたことについては第17章参照）。1937年6月には山村の咸鏡南道（現在は両江道）普天堡を襲い、抗日遊撃隊としてその名をとどろかせた。その後の日本軍による徹底した弾圧により、キム・イルソン部隊はソ連に避難を余儀なくされ、そこで祖国の解放を迎える。北朝鮮の公式の歴史においては誇張が含まれているが、キム・イルソンが抗日武装闘争のリーダーのひとりであったことは事実である。

1945年8月15日、朝鮮民族は日本の連合国に対する無条件降伏を表明した天皇の放送を通じ、解放の日を迎えた。1910年以来の植民地支配から解放された朝鮮人は、これで近代民族国家を樹立する悲願を達成することができると信じて疑わなかった。

日本は1876年に日朝修好条規という不平等条約を朝鮮政府に強要することで、日朝の近代における不幸な出会いを生み出した。そして、明治政府は日清・日露戦争を通じて朝鮮半島を侵略、支配権を確立し、1905年に保護条約を通じ朝鮮政府の外交権を奪い、1910年には大韓帝国を「併合」して日本の領土としたのだった。植民地化に至る過程で朝鮮民族は武装闘争を含む激しい抵抗闘争を行ない、植民地化以降も朝鮮内外での粘り強い抵抗が続いた。

いまだ植民地支配下にあった1944年、日本の敗戦に備えて朝鮮ではヨ・ウニョン（呂運亨）をはじめとした民族運動指導者たちが地下組織「建国同盟」を結成した。この建国同盟が基盤となり、日本の敗戦を受けて8月15日に「朝鮮建国準備委員会」（建準）が誕生した。建準は完全な独立国家の建設、民主主義政権の樹立をその目標として掲げていた。ところが、朝鮮民族のまったく関知しないところで、朝鮮半島を分割占領する計画が策定されていた。

第二次世界大戦末期、日本は本土決戦を叫んでおり、1945年7月のポツダム会談の当時にあっても、簡単に降服するとは考えられていなかった。だが、広島、長崎への原爆投下とソ連の対日宣戦布告を経て、8月10日に日本は連合国にポツダム宣言の受諾を伝えた。米国は日本が意外に早く無条件降伏を受け入れたことを受け、1945年8月10日から翌日にかけての国務・陸軍・海軍三省調整委員会の会議において急きょ、朝鮮半島占領の分担について決断することを迫られた。米軍の将校たちは、できうる限り北側に占領の分割ラインを設定したいという国務省の意向を受け入れ、ソウルを米国の占領地域に含めることができる北緯38度線による分割占領というアイディアを作り出した。

米国当局者はこの案をソ連が受け入れないかもしれないと考えたが、ソ連政府はこれを承認した。

パク・ホニョン（左）とヨ・ウニョン（右）。二人を中心に左派勢力が結集し、1946年11月に南朝鮮労働党が結成されるが、ヨ・ウニョンらは間もなく袂を分かち離れ、残った勢力は弾圧を受けて北に逃れ、1949年6月に北朝鮮労働党と合併し朝鮮労働党が生まれる。

こうして、朝鮮民族が一切かかわらないところで米ソによる分割占領が決定されたのである。建準に集まった朝鮮人運動家たちは8月末までに全国に支部として人民委員会を結成し、9月6日には朝鮮人民共和国の樹立を宣言した。朝鮮民族自身の自治能力を示すために政府樹立が表明されたのだが、米ソはこれを承認しなかった。ソ連軍は8月に、米軍は9月に朝鮮に入った。

そもそも、１９４３年11月の米英中首脳によるカイロ宣言においても朝鮮は即時独立するのではなく、一定期間信託統治の下に置かれることが示唆されていた。１９４５年12月にモスクワで米英ソ三国外相会談が開かれ、朝鮮半島の5年間の信託統治と米ソ両軍司令官による監督が公式化された。米ソ共同委員会は46年以降、朝鮮民族による政府樹立に向けて協議を開始した。

ところが、平穏な状況は許されなかった。まず、北朝鮮ではソ連当局が朝鮮人社会主義者の急進的な土地改革をはじめとした動きをバックアップし、クリスチャンなど非社会主義者との葛藤が深まった。新義州事件に象徴される、クリスチャンや民族主義者と地域行政当局との衝突も発生し、少なからぬ人びとが南に逃れることとなった。逆に米軍が支配する南側では朝鮮共産党が弾圧され、朝鮮労働組合全国評議会など労働者・農民の運動も押さえ込まれた。しかし、当時は南でも左派勢力は強い支持を得ており、対立はおのずと激しいものとなった。46年10月1日の大邱における集会で、警察が発砲して死傷者を出し、労働者らが警察を接収するなど激しい抵抗闘争に発展した「10月人民抗争」はその典型である。朝鮮共産党などの指導者たちは北に逃れざるをえなかった。南の右翼勢力は米軍政との結びつきを強め、米国のパートナーとしての位置を確保しようとした。

おりしも46年の英国のチャーチル首相による「鉄のカーテン演説」や47年のトルーマン・ドクトリン発表を転換点として、米ソの冷戦が本格化した。これは朝鮮半島にも影を落とした。米ソ共同委員会における協議は47年10月に決裂し、米国は11月、国連監視下で南北朝鮮の総選挙を実施するという決議を国連総会で採択させた。南の中道勢力、ソ連、北の左派勢力はこうした方法による総選挙をとうてい受け入れることができなかった。事実上、この国連監視下での総選挙は、北をのぞく南での単独選挙を意味するものであったからだ。すでに社会主義的改革が進んでいた北でも、これに対抗して独自の権力形成に向けた動きが早まった。

1948年4月の南北連席会議に参加したキム・グ（右）を案内するキム・イルソン（左）（キム・ソンボほか『写真と絵で見る北韓現代史』韓国ウンジン社、50頁より）

南にいながら中道派として、国内政治の左右両派の調停、および米軍政との連携を試み、朝鮮半島が冷戦により分断されることを阻止しようとしたヨ・ウニョンらの勢力は、極端なイデオロギー対立の中で政局における主導権をとれなかった。ヨ・ウニョンは47年7月に暗殺された。南では、イデオロギーを異にする二つの権力が生まれることに反対する広範な勢力が南での総選挙に反対し、抵抗運動を繰り広げた。独立運動を行なった上海臨時政府の要人であり右派政治家のキム・グ（金九）をはじめ、南の政治・社会団体の代表は48年4月に平壌での南北連席会議に参加して5月10日の南単独の総選挙を阻止することを誓い合ったが、選挙は米軍の支援のもとに強行され、キム・グは翌年6月に暗殺された。こうして数多の犠牲を出しながら、１９４８年８月15日、南側の政権として大韓民国が成立した。北ではこれに対し９月９日、朝鮮民主主義人民共和国が成立したのである。

（石坂浩一）

参考文献

ブルース・カミングス『朝鮮戦争の起源１――１９４５年－１９４７年　解放と南北分断体制の出現』明石書店、２０１２年
和田春樹『北朝鮮現代史』岩波新書、２０１２年
武田幸男編『朝鮮史』（新版世界各国史２）山川出版社、２０００年

第7章

朝鮮戦争

冷戦下で分断が固定化

48年9月に朝鮮民主主義人民共和国が成立し、南北二つの政権が誕生すると、必然的に両者の対決が予想された。おりしも、中国では中国共産党が48年から49年にかけて攻勢を強め、10月1日には北京で中華人民共和国の成立が宣言された。国民党政権はついにこの年に台湾に脱出し、12月に首都を台北に移転した。

ソ連は朝鮮民主主義人民共和国の成立を受けて48年12月に軍隊を撤収した。米国は遅れて49年6月29日、韓国からの撤退を完了した。中華人民共和国成立後、トルーマン大統領は50年1月5日、台湾不介入を宣言し、12日、アチソン国務長官は米国の防衛線はアリューシャン・日本・沖縄を結ぶ線だと言明した。いわゆる「アチソンライン」である。

朝鮮半島の南北の境界線付近では小競り合いが繰り返されていた。南北ともに国土の統一をめざす武力侵攻の意思を持っていたのである。だが、世界的戦争に突入することを恐れる米ソは、介入せざるをえなくなることを恐れ、それぞれ南北の指導者を牽制していた。キム・イルソン首相らはスターリン首相を説得すべく心を砕いていたが、アチソン演説を聞いたスターリンは米国の介入はないとの判断に傾いた。50年4月10日、キム・イルソン、パ

爆破された漢江大橋の側の仮設の橋で逃げる避難民（米国国立公文書館所蔵）

ク・ホニョン（朴憲永）の二人の北朝鮮指導者はモスクワでスターリンらソ連の指導者と会い、結局スターリンは南への攻撃を認めることになった。

朝鮮人民軍は6月25日未明、南北の境界線付近から南に向けての全面攻撃を開始した。韓国軍はこれを防ぎきれず28日にはソウルが陥落した。イ・スンマン（李承晩）大統領は27日にソウルを脱出していた。その後、北朝鮮の朝鮮人民軍は韓国軍を圧倒し南下を続けたが、8月に洛東江付近で戦線はいったん膠着した。戦争勃発を受けて、米国は即日、問題を国連安全保障理事会に持ち込んだ。安保理は北朝鮮の侵攻を非難し38度線以北への撤退を求める決議を行なった。27日にはトルーマン大統領が、国連安保理の決定を実施するため米国海空軍の出動を命令したと宣言、7月1日以降在日米軍を朝鮮半島に投入した。7月7日には安保理で国連軍創設が米国主導により決議され、米国を中心とした軍隊が国連軍になった。当初は態勢が整わなかった国連軍は、9月15日に仁川上陸作戦を敢行し、たちまち形勢は逆転した。

国連軍が38度線でとどまるのか、あるいはどこまで攻撃を進めるのかは重大な問題であった。イ・スンマンは北進統一を強く主張し、独力でも攻め上るとして、実際に軍を北に進めた。マッカーサー国連軍司令官は北朝鮮軍を壊滅させたうえでの中国本土への巻き返し進攻まで考えていた。米国政府は中ソの動きを警戒していたが、攻撃継続の道をとりマッカーサーは10月2日、38度線を越えて進攻するとの命令を下した。国連総会は7日、全朝鮮の安定の条件を確保するとして、マッカーサーの命令を追認した。国連軍は38度線を突破しただけでなく、10月20日には平壌を占領、中朝国境に向けて進撃を続けた。すると、これに危機感を強め新しい国家の建設が妨害されることを恐れた中国は10月に義勇軍による北朝鮮支援を決定した。義勇軍の参戦により不意を打たれた国連軍は押し返され、激しい戦闘の末に、朝中軍は12月6日に平壌を回復、翌51年1月4日にはソウルを再び占領したのであった。だが、国連軍の反撃により朝中軍は3月、ソウルを放棄し後退した。その後、戦線は膠着していくが、空軍力において優位に立つ国連軍は繰り返し北朝鮮の全土を破壊した。

停戦会談にのぞむ北朝鮮側代表団、右から二人目がナム・イル（南日）（キム・ソンボほか『写真と絵で見る北韓現代史』韓国ウンジン社、96頁より）

ソ連は空軍が非公式に参戦したが、スターリンは第三次世界大戦を恐れ、米国との直接対決を回避しようとした。米国はトルーマン大統領が50年11月に原爆使用の可能性を公言、マッカーサーも12月に原爆使用の権限を米国政府に要求し、中国や北朝鮮を原爆でおびやかそうとした。トルーマンは51年4月にマッカーサーを解任したが、カミング

朝鮮戦争で生まれた戦争孤児たち（キム・ソンボほか『写真と絵で見る北韓現代史』韓国ウンジン社、95頁より）

スはこの時期に米国が核兵器の使用に最も近づいていたと指摘している。原爆が使用される可能性は現実に存在した。だが、世界的に戦争に反対する声も高まった。ピカソは「朝鮮の虐殺」を描いて告発した。米ソでこの年の半ばから停戦を探る動きが見え始めた。

　停戦会談は51年7月に開始され、並行して戦争は続けられた。2年間はほとんど戦線が膠着したまま、犠牲者だけが増えていった。ようやく53年7月27日、停戦協定が調印された。朝中と米国が署名したが、「単独でも北進する」と主張したイ・スンマンは、韓国政府としての調印をあくまで拒否した。こうして3年間の戦争は停戦に至ったが、21世紀に至る今日まで平和協定の締結には到達できていない。南北朝鮮は38度線にそった軍事境界線をはさんで60年以上対峙し、冷戦の最前線としての役割を担わされることになった。北朝鮮の指導者は南朝鮮の解放戦争に失敗した。ただし、北朝鮮では停戦協定調印の日を「祖国解放戦争勝利」の日と位置づけている。

　朝鮮戦争による犠牲者の数は正確にはわかっていないが、ハリデイとカミングスは死者数を北朝鮮の民間人２００万人、軍人50万人、韓国の民間人１００万人、軍人４万７０００人、中国義勇軍１０

0万人という最大の推定をあげている。また、戦争や対立の中で生き別れになった離散家族は南北合わせてしばしば「1000万離散家族」といわれるほど多数にのぼった。

カミングスは米空軍の資料に基づき、米国が朝鮮に63万5000トンの爆弾、3万2557トンのナパーム弾を投下したと指摘、第二次世界大戦中に米軍が太平洋戦域に投下した爆弾総量が50万3000トンであることを想起すべきだと述べている。

朝鮮戦争は朝鮮民族内部のイデオロギー対立から始まった内戦の性格を持っていた。それが世界レベルの東西冷戦とあいまって、国際戦争へと拡大したのであった。北朝鮮の指導者、一般大衆は国土を焼け野原とされた恨みと恐怖感をこの後、今日に至るまで忘れられずにいる。同時に、朝鮮半島の南北の政治権力は互いに相手方の存在を認めず、その打倒をめざす道を歩むこととなった。二つの政治権力の誕生から始まった南北分断は、朝鮮戦争を経て政治・軍事的対立として固定化されていく。第二次世界大戦の戦後処理としての便宜的・一時的な占領の分担で終わるはずの米ソの分割占領は、多くの人命を奪い、軍事的負担を周辺国に強いる結果を生んだのである。

（石坂浩一）

参考文献

和田春樹『朝鮮戦争全史』岩波書店、2002年
ブルース・カミングス『朝鮮戦争の起源2——1947年-1950年「革命的」内戦とアメリカの覇権』（上下）明石書店、2012年
ブルース・カミングス『朝鮮戦争論——忘れられたジェノサイド』明石書店、2014年

第8章

国家社会主義の成立

典型的な社会主義国としての50年代

北朝鮮においては、ソ連の占領当初から社会主義者が政治を主導した。1945年9月11日、国内に残って地下活動をしていたり獄中にあったりした国内派社会主義者を中心にソウルにおいて、朝鮮共産党再建が宣言された。南北を通じた全国の党組織であり、国内派のリーダーであるパク・ホニョンが総秘書（朝鮮の共産主義運動では日本で「書記」と呼ばれる職責が「秘書」という朝鮮語で書かれるが、以降の叙述では日本の通例にならい「書記」と表記する）となった。これに対し平壌で10月、「西北五道党責任者および熱誠者大会」が開かれ、朝鮮共産党北部朝鮮分局が創立された。国内派をはじめ、ソ連国籍やソ連共産党籍を持ちソ連軍とともに朝鮮に入ってきたソ連派、中国東北部で日本の植民地支配や中国侵略に抵抗するゲリラ活動をしていたが日本軍に圧迫されソ連に避難していて解放後に帰国した満州派が参加した。

朝鮮共産党北部朝鮮分局では12月にキム・イルソンが総書記に就任し、国内派主導の党中央に対し独自の組織として機能するようになっていった。北朝鮮には、延安に根拠地を築いた中国共産党とともに闘ってきた朝鮮独立同盟を母体とする延安派が創立した朝鮮新民党があった。46年8月に北部朝鮮分局は、朝鮮新民党と合同、「北朝鮮労働党」を結成した。キム・イルソンは党の副委員長であったが、ソ連が認める北朝鮮の指導者であり、ソ連派、延安派がこれを支えた。北朝鮮労働党は49年6月、南での活動が困難になり指導部が北朝鮮に入った南朝鮮労働党を吸収する形で朝鮮労働党になった。こうして、今日に至るまで朝鮮労働党は北朝鮮の執権政党の座にあり続けている。

１９４８年に南北二つの政治権力が成立する以前から、北では社会主義勢力主導の政治システムが作り上げられていた。すでに46年2月、社会主義者の主導により北朝鮮臨時人民委員会が発足し、委員長にキム・イルソンが就任した。３月にはこの臨時人民委員会を基盤として小作地の無償没収・無償分配という土地改革が急速に進められた。土地改革は貧しい大衆の北における社会改革への支持を拡大した。同年11月には人民委員会の選挙が行なわれ、これにより選ばれた代表１２００名は47年２月に人民委員会大会に集まって、事実上の立法機関である北朝鮮人民会議の議員２３７名を選出した。人民会議は行政府としての北朝鮮人民委員会の構成員を選出し、委員長にはキム・イルソンが就任した。北朝鮮の事実上の統治機構はすでにこの時点で形成されたのである。北朝鮮ではこれ以降、社会主義への移行期に入ったとしている。一方、急速な土地改革やキリスト教排斥は、地主層やクリスチャンとの葛藤を強め、少なからぬ人びとが南に脱出するきっかけとなった。

南では単独選挙反対闘争が熱烈に闘われていた48年2月から4月にかけて、北の人民会議第４回会議は2ヵ月あまりにわたって憲法をめぐる討論を行ない、４月29日にこれを採択した。７月９日に開かれた人民会議第５回会議はまず朝鮮半島北半部での憲法の施行を決定した。憲法に基づいて８月25日、南北朝鮮全地域でこの憲法に基づく最高人民会議（国会に当たる）総選挙が実施された。南ではど

朝鮮戦争後の荒廃から復旧に向かう平壌（キム・ソンボほか『写真と絵で見る北韓現代史』韓国ウンジン社、121頁より）

こまで実質的な選挙が行なわれたのか疑わしいが、これにより1080名の代議員が選出され、9月1日から最高人民会議第1期第1回会議が開催された。ここで憲法は正式に採択され、9日に朝鮮民主主義人民共和国の創建が宣布された。この憲法は人民民主主義憲法と規定され、72年の社会主義憲法のように朝鮮労働党の指導やプロレタリア独裁をうたってはいないが、実質的な労働党優位の体制が確立された。

朝鮮戦争は北朝鮮指導部にとって重要な全国土の解放事業であったが、これが完遂できず大きな犠牲を出したまま停戦を受け入れざるをえないことがわかってくると、内部での葛藤が浮上してきた。旧南朝鮮労働党（南労党）指導部の国内派は、53年1月以降、米国に内通しスパイ行為をしたという名目で逮捕されたが、実際のところ、戦争に勝利できなかった責任を転嫁する対象となったのであった。リ・スンヨプ（李承燁）ら南労党系幹部12人は同年8月に裁判にかけられ10人が死刑となった。パク・ホニョンは逮捕後の8月に党除名が発表され、少し遅れて55年12月にやはり死刑となった。キム・イルソンは並行してソ連派、延安派の粛清も推進し、中国東北部で抗日ゲリラ闘争を闘った満州派の仲間たちによる支配権を確立していったのである。

ところで、このような過程は東ヨーロッパの社会主義圏において普遍的に起こったことであった。キム・イルソン派の指導権確立はスターリンの支持がなければ不可能であったと和田春樹は指摘している。北朝鮮は通常の社会主義国の過程を歩んでいたのだった。

停戦協定締結後、北朝鮮は戦後復旧の段階に入った。韓国の研究者で元統一部長官イ・ジョンソク（李鍾奭）は、53年7月から61年9月の時期を戦後建設、生産関係の社会主義的改造、キム・イルソンの単一指導体制の確立という三つの柱をもって叙述している。キム・イルソンは戦後復興にあたり、重工業優先を基調として提起したが、党内部には大衆の衣食住の解決を優先しようとする考えが存在した。おりしも56年2月のソ連共産党第20回大会ではフルシチョフ首相の秘密報告によってスターリン批判が行なわれた。北朝鮮内部においてもキム・イルソンへの個人崇拝についての批判が出始めた。経済路線問題は、キム・イルソン派と反キム・イルソン派との主導権争いに結びついていった。

キム・イルソンに対抗する勢力は、6月から8月にかけてキム・イルソンがソ連・東欧を訪問する間に指導者から引きずり下ろす計画を進め、8月30日に開催された党中央委員会全員会議においてキム・イルソン批判を展開した。だが、大多数の委員はキム・イルソンを支持して、批判派はかえって孤立し、主な者は中国へ亡命するなど、政治的に敗北した。イ・ジョンソクのいう三本柱は密接に関連していたのであった。

61年9月に開催された朝鮮労働党第3回大会は中央委員の構成で見ても延安派やソ連派が減り、満州派が圧倒的になった。政治的に満州派の権力は安定を確立し、この大会は「勝利者の大会」と呼ばれた。この大会で社会主義的改造と「反宗派（分派）闘争」の終結が明らかにされ、社会主義工業国に向けた新たな飛躍という目標が掲げられるに至ったのである。この時点までで国家社会主義、言い換えれば一般的な社会主義国家の形が出来上がったと見ることができる。

（石坂浩一）

参考文献

和田春樹『北朝鮮現代史』岩波新書、２０１２年
金聖甫・奇光舒・李信澈『写真と絵で見る北朝鮮現代史』コモンズ、２０１０年

第9章

自主路線の選択

中ソへの不信感

朝鮮戦争が終わると、北朝鮮にとって復興が第一課題となった。北朝鮮では経済再建のために57年から61年にかけて国民経済発展第1次経済5ヵ年計画が実施され、農業・工業の協同化が進むとともに、高成長を達成したと報告された。「千里馬運動」が提起されたのもこの時期のことである。「千里馬」とは1日に千里（朝鮮の里単位で約400キロメートルに当たる）を走る伝説上の馬で、56年12月の党中央委員会全員会議において復興のスローガンとしてこれが提唱され、急速な経済復興がめざされた。

60年代に入ると、社会主義にふさわしい大衆指導方式として、青山里方法と大安の事業体系という二本柱が登場した。青山里方法は上部の者が常に現場に赴いて現地指導を行なう方式で、60年2月にキム・イルソン首相が平安南道青山里を指導したことにちなんでいる。全体的政治事業・方針と個別的な現場を結びつけ党・国家の事業を実現する重要なポイントが現地指導だと考えられており、北朝鮮の歴代指導者があちこちを訪問してきたのはこれに基づいている。大安の事業体系は集団主義の精神に基づく経済管理体制をさす。61年12月にキム・イルソンが平安南道南浦の大安電気工場を訪問、指示したことにちなんでいる。工場の運営

1960年2月、青山里（平安南道江西郡）で現地指導を行う金日成（キム・ソンボほか『写真と絵で見る北韓現代史』韓国ウンジン社、164頁より）

責任を支配人個人から工場単位の党委員会に移すもので、政治的指導を重視した管理体制にほかならない。こうして、戦後復興は進んでいるように見えた。

　ところが、北朝鮮にとって憂慮すべき状況が起こり始めた。ともに手をたずさえて支援してくれるはずのソ連と中国が、激しい論争を開始し政治的対立にまで立ち至ったのだ。ソ連は53年8月に水素爆弾、57年8月には大陸間弾道弾（ＩＣＢＭ）の実験にいずれも成功、10月には人工衛星スプートニク1号を発射し、米国に対抗する冷戦の一方の雄としての政治的・軍事的地位を固めつつあったが、56年10月にはハンガリーに軍事的に介入して、反政府運動を押さえ込み、他の社会主義圏への締め付けを強めた。同時に米国に対しては平和共存路線を掲げて、対米融和を進めた。

　だがスターリンの死後、平和共存と個人崇拝批判というソ連指導部の新しい方針に対して、中国指導部は不満を持っていた。中国共産党は58年5月に中国共産党第8回全国大会第2回会議において「社会主義建設の総路線」を採択、急進的な社会主義化を推し進め始めた。これがいわゆる「大躍進」と呼ばれる増産運動となり、さらに8月には党中央政治局拡大会議で人民公社の建設が決議された。58年8月に中国は台湾の金門島・馬祖島を攻撃し米国との緊張を高めた。フルシチョフは59年9月に訪米、アイゼンハワーと歴史的首脳会談を行なった。だがその帰途、中国に立ち寄ったフルシチョフは共同声明さえ発表できず、中ソの亀裂は決定的となった。

キム・イルソンは58年11月と12月の2度にわたって訪中し、中国の急進的社会主義化政策を見て、これを取り入れることとした。だが、大躍進は自然災害と重なって、59年から61年にかけて数千万ともいう餓死者を中国で生む結果となった。中国に暮らす朝鮮族の中には、一時的に国境を越えて北朝鮮に避難する者も出た。大躍進の矛盾が露呈すると、北朝鮮は59年12月の朝鮮労働党中央委員会の後、生産や開発のテンポを遅らせ、中国の政策を取り入れたことを否定するようになった。こうした中にあっても、北朝鮮は政治的には中ソどちらかへの支持を表明せず、微妙なバランスを保っていた。61年5月に韓国で軍事クーデターが起こると、キム・イルソンは7月にソ連と中国を続けて訪問し、両国と同内容の友好協力相互援助条約を結んだ。

ところが、59年にキューバで社会主義革命が起こり、カストロの率いる社会主義政権が成立した。62年10月にはケネディ大統領が、ソ連のミサイル基地が建設されているとしてキューバの海上封鎖を実行した。キューバ危機である。フルシチョフは11月にミサイルの撤去を発表し戦争の危機は回避されたが、中国はソ連がキューバ革命を裏切ったとして激しく非難、この際に北朝鮮はついに公然と中国の対ソ連批判に同調した。

しかし、経済的にソ連の支援が必要な北朝鮮は、フルシチョフが退陣すると、65年にコスイギン外相の訪朝を受け入れ、関係修復に努めた。すると今度は中国との関係が悪化していった。中国では64

平壌の大同江沿いに建つ主体思想塔。金日成の70歳の誕生日を記念して1982年に建てられた。高さ170メートル（写真提供：共同通信社）

年6月から文化大革命が始まっていたが、その渦中で北朝鮮とも葛藤が表面化した。北朝鮮の『労働新聞』は66年8月12日の長文の論説「自主性を擁護しよう」で中国共産党の教条主義を公然と批判した。

中国では67年1月、北朝鮮にクーデターが起こったとのデマの大字報（壁新聞）が現れた。続いて2月19日、北京市内各所にキム・イルソン首相を非難する大字報が登場した。キム・イルソンは「マルクス・レーニン主義を裏切り、修正主義政策をとり、フルシチョフの門弟である」というものだった。『朝鮮中央通信』は26日に中国を強く非難する声明を報道し、中国の「デマ宣伝・中傷の即時中止」を要求、「われわれは決して外からの圧力に屈せずみずからの信念に基づいて独自の立場を守る」と主張した。紅衛兵による北朝鮮批判は、北朝鮮では文化大革命が起こっていないといった荒唐無稽なもの、あるいは秘密裏に北ベトナムを支援していた北朝鮮に対して「ベトナム人民を支援していない」などといった事実に基づかないものであった。延辺朝鮮族自治州では朝鮮民族が迫害を受けた。対立は決定的となり、北朝鮮と中国は断交状態となった。69年10月に最高人民会議のチェ・ヨンゴン（崔庸健）常任委員長が率いる代表団が中国建国20周年行事に参加して、チェ・ヨンゴンが訪問中に2

回周恩来首相と会談することで、ようやく中朝関係は修復され始めた。70年4月、周恩来首相の訪朝でようやく中朝関係は落ち着きを取り戻した。

中ソとの苦い経験は北朝鮮にとって、同じ社会主義の国でもいずれにもくみせず自主路線を歩まねばならないという大きな教訓となった。67年5月17日、『労働新聞』の社説「党員たちの勤労者たちの中で唯一思想体系を徹底して確立しよう」で初めて「唯一思想体系」という言葉が現れた。6月から7月にかけて朝鮮労働党中央委員会第4期第16次全員会議が開かれ、「全党に唯一の思想体系をいっそう徹底して樹立する」ことが打ち出された。朝鮮はいずれの国にも依存せず自主路線を選択し、それを守りうるひとりの首領のもとに団結するという方針である。もちろん、首領はキム・イルソン以外にはありえなかった。こうして、国際関係の緊張の中で北朝鮮は国家社会主義の上に独特の政治体制を構築することとなったのである。北朝鮮の自主路線を象徴する言葉が「主体《チュチェ》思想」である。1970年11月、平壌において朝鮮労働党第5回大会が開催され、主体思想は党の唯一思想体系とされ、それに基づく党の統一と団結が強調された。要職は満州派によって掌握された。

(石坂浩一)

参考文献

金圭昇『朝鮮民主主義人民共和国の法と司法制度』日本評論社、1985年
和田春樹『北朝鮮――遊撃隊国家の現在』岩波書店、1998年

第10章
社会主義圏の崩壊と90年代核危機

米朝、初の対話へ

北朝鮮が中ソから距離を置く一方で協力を強めようとした対象は、1960年代に植民地支配からの独立で脚光を浴びていたアジア・アフリカ・ラテンアメリカの第三世界諸国であった。のちには非同盟諸国と呼ばれるようになるこれらの国々は、その後政治的困難に突き当たって、大きな力にはならなかったが、国連においては北朝鮮を一定程度支える存在だった。一部の非同盟諸国とは、現在に至るまで関係が維持されている。

65年に北爆が始まりベトナム戦争が本格化すると、北朝鮮は独力でも南を解放することを試みた。68年1月、北朝鮮がゲリラ部隊を派遣して韓国の大統領官邸を襲撃しようとして失敗に終わったのは、その象徴的事例である。これ以降、北朝鮮による対南ゲリラ攻撃が断続的に行なわれた。同じ1月に北朝鮮は米国の情報収集艦プエブロ号を拿捕し、米国との緊張が高まった。プエブロ号乗組員は12月に解放されたが、翌69年4月には北朝鮮が米国の偵察機を撃墜する事件があり、東アジアの緊張関係は続いた。

しかし、71年7月にニクソン大統領が翌年中国を訪問することを発表し、電撃的な米中和解が明らかになって、南北朝鮮の指導者はひとしく大国の思惑に振り回されることになった。周辺情勢に背中を押されて南北朝鮮は対話を開始し、72年7月4日には南北統一の三大原則に合意する共同声明を発表した。南北の指導者の思惑を超えて、声明は南北や海外の朝鮮民族に熱烈に支持された。だが、パク・チョンヒ（朴正煕）大統領は大国の思惑によって政権基盤が揺らぐことを恐れ、この年10月に戒厳令を発動した中で憲法改正を提起、みずからの永久執権をめざした維新憲法を12月に公布した。さらには73年8月に日本で韓国の情報機関による金大中氏拉致事件が発生、南北関係は再び冷却した。

北朝鮮は韓国に対する攻勢をやめなかったが、米日に対しては一定の柔軟な対応をした。特に72年の日中国交正常化は、北朝鮮に日朝関係改善への期待を抱かせた。だが、日本政府は日朝国交正常化について真剣に考えてはいなかった。

キム・ジョンイルは70年代から後継者として地位を固めた。キム・イルソンの子息である彼の政治経歴は64年に朝鮮労働党中央委員会に配属されたところから始まっている。キム・ジョンイルは67年5月の朝鮮労働党中央委員会第4期第15次全員会議で重要な役割を果たしたといい、その後の党内部の思想闘争を主導していった。キム・ジョンイルは72年10月の社会主義憲法を議論した党の全員会議において中央委員に選出され、73年9月の朝鮮労働党中央委員会全員会議第5期第7次会議で書記局の組織・宣伝担当書記に任命、74年2月の第8次全員会議で党の中央委員会政治委員会委員に選ばれて、キム・イルソンの後継者として公認された。

キム・ジョンイルは30台はじめの若さで党の核心である政治委員と書記に上りつめたのだが、当時この事実は対外的に一切公表されなかった。北朝鮮内部ではキム・ジョンイルが政治委員になると

「党中央」という呼称で呼んだ。キム・ジョンイルは朝鮮労働党のイデオロギー教育という最も重要な部門を担当した。こうして74年2月にキム・ジョンイルは朝鮮労働党活動家たちに「全社会をキム・イルソン主義化せよ」と指示し唯一思想体系をキム・イルソン個人への服従の方向へと導いていった。

60年代から70年代にかけて、中国では文化大革命が進行中であったが、北朝鮮はいわばこれに対抗するために独自の思想を大衆に提示しなければならなかった。中国では毛沢東思想というものが求心力となったが、それをキム・ジョンイルは主体思想という名のキム・イルソン思想で対抗しようとしたのである。その意味で、北朝鮮の国家的思想形成はきわめて国際的な影響を色濃く反映したものと見なければならない。

その後、キム・ジョンイルは80年10月の第6回朝鮮労働党大会に初めて公開的に姿を現し、党の政治局常務委員会委員、書記局書記、軍事委員会委員に選ばれたが、この党の三大機構のすべてに選ばれたのはキム・イルソンを除けばキム・ジョンイルだけであった。この党大会では構成員の世代交代もはかられ、キム・イルソン主席は健在であったものの、キム・ジョンイル後継体制は事実上確立されたのであった。だが、北朝鮮はその後、83年10月9日にビルマのラングーンで韓国政府要人たちが出席を予定していた式典に対して爆弾テロを行ない、さらに87年11月29日には大韓航空機が行方不明となる爆破事件を引き起こして、みずから国際的孤立を招いた。

おりしも、東欧社会主義圏の国ぐにでは民主化への動きが活発化し、89年にソ連の衛星国といわれた社会主義政権は崩壊した。そして、ソ連までも91年12月には解体された。ソ連のゴルバチョフ大統領は90年6月に電撃的に韓国のノ・テウ（盧泰愚）大統領と会談し、9月には国交を樹立した。中国も92年8月に韓国との国交を正常化した。社会主義圏の崩壊で政治的孤立が深まっただけでなく、北朝鮮は社会主義国同士の特恵的貿易を享受できなくなり、ロシアとの交易がドル建てになるなど、ますます困難な状況に直面した。北朝鮮は韓国、日本との関係改善に着手し、米国との交渉の機会を狙っていた。

1994年6月17日、船上で会見する米国のカーター元大統領（左）とキム・イルソン主席（右）（写真提供：共同通信社）

北朝鮮は、核兵器保有に向けた研究とエネルギー問題の解決の両面から、この時期核関連の研究を強化していった。この動きはいち早く米国の察知するところとなり、92年に入ると米朝高位級会談が始まった。これ以降、北朝鮮の核開発疑惑は国際的注目を浴びた。米国と渡り合う局面が近づくと、91年12月にキム・ジョンイルは朝鮮人民軍最高司令官に推戴された。北朝鮮が93年3月12日に核拡散防止条約（NPT）脱退を宣言すると、キム・ジョンイルは4月7日、国防委員会委員長に選出された。第一次核危機においては、米国が政府部内で北朝鮮への軍事的攻撃を検討したといわれる。危機は94年6月15日からのカーター元大統領訪朝、キム・イルソン主席との会談で回避され、初めての南北首脳会談も行なわれる運びとなったが、キム・イルソン主席が7月8日に突然死去した。しかし、米朝は8月から10月にかけてキム・イルソン主席とカーター元大統領の合意を尊重する形で交渉を仕上げ、10月21日にいわゆる米朝枠組み合意に到達した。

米朝枠組み合意は、北朝鮮が黒鉛減速炉と関連施設を凍結し、新規施設の建設放棄や南北非核化宣言履行を約束することで、米国が北朝鮮に対する核兵器による脅しや核兵器使用を行なわない「正式な保証」を与えるとともに、軽水炉の提供を保証するという内容であった。双方の首都への連絡事務所の設置という合意も含まれていた。四半世紀近い歳月がたった今日、これが実行されていれば２０１０年代の朝鮮半島の緊張はなかっただろうと考えられるが、状況は複雑化していくのであった。

（石坂浩一）

参考文献
ケネス・キノネス『北朝鮮――米国務省担当官の交渉秘録』中央公論新社、２０００年
和田春樹『北朝鮮――遊撃隊国家の現在』岩波書店、１９９８年

第11章

キム・ジョンイルと先軍政治

国防委員会が国家を指導

キム・イルソン主席死去後、権力はキム・ジョンイルに継承されることになったが、社会主義圏の消滅は既成事実であり、また米国との交渉も途上にあって、北朝鮮の前途は厳しいものがあった。さらに、95年に発生した広範な水害を契機に、傾斜地での無理な耕作や地力を収奪するばかりの営農による生産方法自体の問題点も露呈し、深刻な食糧危機が引き起こされたのである。95年以降餓死者も相当数発生し、96年元旦の『労働新聞』など三紙共同社説は、この危機を「苦難の行軍」にたとえ、革命精神をもって克服することを訴えた。「苦難の行軍」とは、抗日闘争を行なっていた1938年から39年にかけて、日本軍の攻撃を逃れ雪中を百余日歩いて行軍した出来事をさす。キム・イルソン主席の死去当時、国防委員長だったキム・ジョンイルは、事実上権力を継承してすぐに、こうした困難に直面したのだった。

97年10月、キム・ジョンイルは朝鮮労働党総書記に推戴された。98年9月、憲法が改正され、国家主席は廃止され、国防委員会を「国家主権の最高軍事指導機関であり、全般的国防管理機関」とする規定（第100条）が置かれたことで、キム・ジョンイルは国防委員長のままで国家最高位にあることが法的に確認された。

1980年10月の党中央委員会全員会議に出席したキム・ジョンイル（キム・ソンボほか『写真と絵で見る北韓現代史』韓国ウンジン社、217頁より）

キム・ジョンイル国防委員長の第一の課題は米国との関係改善を進め、国家の存立を守ることであった。国防委員会は七二年憲法までは中央委員会の部門別委員会の一つだったが、92年憲法からは独立した国家機関となった。そして、98年憲法で「国家主権の最高軍事指導機関」となることにより、国家そのものを指導する機関となった。国防委員会は、国家の全般的武力と国防建設事業の指導、国家の戦時状態と動員令の宣布などが任務とされている。政治権力の上層部にも軍部出身者が重きをなすようになった。すでにキム・イルソン主席の生前から米国との停戦状態に決着をつけることは重大課題となっていたが、軍事力に裏付けられた外交を展開していくのがキム・ジョンイル体制であった。

キム・ジョンイル時代の政治指針は「先軍政治」「先軍思想」という言葉に集約されている。「先軍政治」は、すでにキム・イルソン主席死去後間もない1995年初めから「先軍」という言葉として登場しているが、公式的には98年5月26日付『労働新聞』の政論「軍民一致で勝利しよう」で初めて使われた。キム・ジョンイルが党総書記に就任したあと、憲法改正で新体制の制度的基盤を整える前のことである。この時期はまだキム・イルソン主席死後、自然災害や経済的困難に外部からの視線が集中していた時期であり、「先軍政治」は注目されなかった。だが、この98年1月に打ち出された「強盛大国建設」という目標が定着するにつれて、指導指針としての先軍政治の重要性が浮上した。

科学百科事典出版社『朝鮮大百科事典』（簡略版、２００４年）は「先軍政治」について「人民軍隊を無敵必勝の強軍に作り上げて祖国を守り、人民軍隊を核心、模範として革命の主体をゆるぎなく構築し、人民軍隊を革命の柱として全般的社会主義建設を力強く推し進めていく政治方式」と規定している。言い換えれば、軍隊を軍事のみならずイデオロギーや社会全般の指導組織として位置づけていこうとする方式にほかならない。実際、99年頃の論説では経済強国建設は先軍政治を通じてのみ可能であると主張されている。

この先軍政治は２００２年頃から「先軍思想」という言葉に格上げして使われるようになっていった。03年の三紙共同社説においては「主体思想に基づいたわが党の先軍思想は社会主義の偉業遂行の確固たる指導指針であり、共和国の隆盛反映のための百戦百勝の価値である」と述べられるようになった。そして05年1月1日付の三紙共同社説は「全党、全軍、全民が一心団結し先軍の威力をより高くとどろかそう」と題して、社会主義の原則を守りながら「実利」を重視し経済発展をいっそう強調した内容となった。

北朝鮮が直面していたもう一つの課題は、経済の再建にほかならなかった。02年7月1日付で実施されたいわゆる7・1改革措置は経済の活性化を図ろうとする積極的施策だった。北朝鮮は中国の市場経済化を一方のひながたとし、もう一方では韓国の開発独裁型経済開発の手法を取り入れ、経済改革を進めようとしているように見られる。その際に、軍は物理的な力をもって社会の動揺を防ぐとともに、テクノクラートを養成し市場経済化を主導する役割を果たすことが想定されたのであろう。狭義の主体思想は変わらなくとも、実践イデオロギーや指導指針のレベルでは、変容や論理の読み替えがなされた。

03年8月には国会にあたる最高人民会議の第11期代議員選挙が行なわれ、687名が選出された。この選挙で代議員のうち半分の人物が交代したといい、金正日時代にふさわしい世代交代が行なわれ新しい人物が代議員となった。9月には最高人民会議第11期第1次会議が開催された。この会議で、キム・ジョンイルが国防委員会委員長に再度推戴され、副委員長はチョ・ミョンロク（趙明禄）、ヨン・ヒョンムク（延亨黙）、リ・ヨンム（李勇武）、委員にはキム・ヨンチュン（金英春）ら5名が選出された。国防委員は3名の長老が消え、2名の50代（チェ・ヨンス人民保安相、ペク・セボン）が選出された点が注目された。このほか、労働党書記局傘下の専門部署の一部幹部や内閣、地方の連合企業所など経済官僚も世代交代をとげた。

さて、実際の対米関係改善は困難の連続であった。94年の枠組合意は、北朝鮮崩壊を期待する米国、韓国の牽制で実行が遅れていった。しかし、98年に発足したキム・デジュン（金大中）政権の太陽政策、南北首脳会談の実現により、クリントン政権は遅ればせながら米朝関係に本腰を入れ始め、2000年にはチョ・ミョンロク国防委員会第一副委員長の訪米と朝米共同コミュニケの発表、オルブライト国務長官の訪朝と急展開があった。ところが、次期大統領選挙のトラブルからクリントン政権は米朝関係改善を詰め切れぬまま、任期切れを迎えた。

01年に発足したブッシュ政権は、同年9月11日の米国同時多発テロを契機にイラン、イラクと合わせて北朝鮮を「悪の枢軸」と敵視するようになり、02年には北朝鮮がウラン濃縮を行なっているとして枠組合意の無効化へと舵を切った。北朝鮮は米国に対して不可侵条約を提案したが、ブッシュ政権はこれを聞かず、クリントン政権時代に築いた関係はもろくも崩れ去った。北朝鮮は06年10月9日に初めての地下核実験に成功したと発表した。核拡散を防げなかった大統領といわれることを嫌うブッシュ政権はようやく北朝鮮との交渉に対して本気になり始めたが、またもや時間切れとなった。

08年8月にキム・ジョンイルは病気で倒れ、一時公式の場に姿を見せなかった。健康状態が悪化していることを自覚したキム・ジョンイルは、生きている間に米国との交渉を進展させたかったにちがいない。09年にオバマ大統領が就任すると、ブッシュ政権の時と同様に人工衛星発射と第2回核実験を通じて交渉のテーブルに米国を引き出そうとした。ところが、「核なき世界」をめざすと称したオバマは北朝鮮の外交手法に腹を立て、これまでの米国政府の対北朝鮮政策を顧みることなく、ほぼ無視政策を選択した。

09年3月8日に最高人民会議代議員選挙が実施され、第12期第1次会議が4月9日に行なわれて、憲法改正が行なわれた。国防委員会委員長は軍の最高司令官を兼ね、「国家全般の事業を指導する」「最高指導者」と明示された。すでに98年憲法で国防委員会委員長に関する規定が新設され、国防委員長が軍事の指導者であることは明らかであったが、国家における位置は不明確であったため、その地位が明記されたと見られる。

11年12月17日、キム・ジョンイルは志半ばにして死去した。国防委員会というある意味で臨時的ともいえる政治機構を通じて統治を行なったキム・ジョンイル国防委員長は、対米関係改善という課題を解決して国際環境を整えれば、経済再建を第一課題として平時に戻ることを考えていたのかもしれない。だが、それを果たせずに終わったため、米国と強く渡り合う政治体制は維持されねばならなかった。

（石坂浩一）

参考文献

大内憲昭『朝鮮民主主義人民共和国の法制度と社会体制』明石書店、２０１６年
『世界』編集部編「ドキュメント　激動の南北朝鮮」『世界』（岩波書店）連載中

第12章

キム・ジョンウンの政治体制

朝鮮労働党中心の政治へ回帰

キム・ジョンイルの子息としては、ソン・ヘリム（成恵琳）との間に長男のキム・ジョンナム（金正男）が、正式な結婚をしたキム・ヨンスク（金英淑）との間に長女キム・ソルソン（漢字名金雪松と推定）が、在日朝鮮人帰国者であったコ・ヨンヒ（高英姫）との間に二男キム・ジョンチョル（金正哲）、三男キム・ジョンウン（金正恩）、次女キム・ヨジョン（金与正）がいるとされている。ソン・ヘリムとコ・ヨンヒは故人であり、キム・ヨンスクは正式な夫人とされながら公式の席にも姿を現さず、その後の消息は不明だ。

長男キム・ジョンナムは偽造旅券が摘発されて日本で拘束されるなど、失態が明るみに出た。すでにそれ以前から後継者の候補を外れたと見られていたが、17年2月13日にマレーシアで謎の死を遂げたことで世界を驚かせた。北朝鮮の工作員によるものとされているものの、未解明の点は少なくない。

キム・ソルソンは、キム・ジョンイルのそばで父の身を守るために働いてきたと伝えられる。父の死後は企業経営にたずさわっているといい、一時はキム・ジョンウンの後ろ盾、あるいは政権を支える重要な地位にあるとの説も出たが、公式の職責は一切確認されておらず、彼女に関する情報は憶測の域を出ない。

キム・ジョンイルは後継者にキム・ジョンウンを選択した。思いのほか早く健康状態が悪化したキム・ジョンイルは、集団指導体制を思い描けず、米国と渡り合うという厳しい未完の任務を乗り切れる人物として三男を選んだのだろう。

キム・ジョンウンは1996年ごろからスイスに留学したことがある。08年にキム・ジョンイルが倒れ、その年の年末ごろには後継者に決まっていたと見られている。韓国では09年に入って、キム・ジョンウン後継決定が報道され、北朝鮮でもそうした気配がうかがえたが、すぐには姿を現さなかった。キム・ジョンイル国防委員長は09年には盛んに現地指導などでメディアに露出し、健在ぶりを誇示したが、そうした最高指導者の後ろ盾を明確にしてこそ、後継者を明らかにできたのだろう。10年9月28日に開かれた朝鮮労働党代表者会において、キム・ジョンウンは党中央軍事委員会副委員長に決定された。これに先立つ27日の軍昇格人事において、キム・ジョンウンはキム・ジョンイルの妹であるキム・ギョンヒ党軽工業部長、およびチェ・リョンヘ党黄海北道責任書記とともに大将に任ぜられた。この時にはまだ序列は明確ではなかったが、11年12月19日にキム・ジョンイル死去が発表された時に明らかになった葬儀委員序列はキム・ジョンウンがトップになっていた。30日には党政治局会議が開催され、キム・ジョンイル総書記の遺訓によりキム・ジョンウンを朝鮮人民軍最高司令官とすることを宣布した。

12年4月11日には党第4回代表者会が開かれ、キム・ジョンウンは党第一書記となり、13日の最高人民会議では国防委員会の第一委員長となった。党と国家における最高の地位を継承したことになるが、国家のシステムはキム・ジョンイル時代のシステムを変更しなかった。キム・ジョンウン第一委員長は１９８４年1月8日生まれとされ、父の死去当時はまだ27歳にすぎない。70年代から20年あまりにわたって体制の中心で働いてきたキム・ジョンイルと比べれば、圧倒的に経験が不足している。そのため、北朝鮮ではキム・イルソン主席以来の革命の伝統が強調されるとともに、キム・ジョンウン第一委員長は積極的に現地指導を行ない、人民に親しみを持たれるように努めた。キム・ジョンウン自身が、キム・イルソン主席のスタイルや政治のあり方を生かすよう努めていると見られる。同時に、キム・ジョンイルの葬儀の際に遺体に寄り添って後見人と見られた幹部たちは、第一線から退いたり粛清されたりして、キム・ジョンウンを縛る人物はいなくなった。

2017年10月の朝鮮労働党中央委員会総会で報告を行うキム・ジョンウン党委員長（写真提供：共同通信社）

12年に6・28措置と呼ばれる経済改革措置をとったように、キム・ジョンウンは経済再建と人民生活向上に力を入れる方針を早くから明確にした。そして13年の年頭には、キム・ジョンイル時代の年頭三紙共同社説とは異なり、指導者がみずから新年辞を読み上げるようになった。キム・ジョンウンは農業と軽工業の重視を掲げるとともに、党の役割を強調した。2月12日にはパク・クネ政権発足を前に第３回の核実験を行なった。３月31日には党中央委員会総会が開催され、経済建設と核武力建設の双方を進める「並進路線」が明らかにされた。この二つの建設課題は、ともにキム・ジョンイル国防委員長の時代から引き継いだものだ。キム・ジョンイル時代は主体思想を基本としつつも、先軍政治という考え方で対米交渉に重きを置いたが、キム・ジョンウン時代は新たな思想や政治の枠組は立てず、「路線」レベルで新時代の政治指導を行なっている。対米関係で前進を見て新たなステージに入ることができれば、キム・ジョンウン時代の新たな「政治」が示されることだろう。並進路線は、基本的には経済に重きのある方針であり、対外的に経済関係を拡大していくためのネック、とりわけ対米関係を劇的に改善する道具であり担保として核武力をもう一つの軸に据えている。むやみに軍事的、冒険主義的な意図を持った政治をめざしているわけではない。

16年5月6日には36年ぶりの第7回朝鮮労働党大会が開催された。キム・ジョンウンは軍から党へ権力の重心を移してきたので、党大会は開かれるものと見られていたが、キム・ジョンイル死去4年半を経て開催に至った。キム・ジョンウンは「党委員長」という職責を得てトップに立った。党大会を受けて6月29日には最高人民会議第13期第4回会議が開催され、キム・ジョンウンは新設の国務委員会委員長として国家最高位に就いた。こうして、軍、党、政府のすべてでキム・ジョンウンがトップになり、国民全体が彼に従っていく体制が確認されたのである。

（石坂浩一）

参考文献

『世界』編集部編「ドキュメント　激動の南北朝鮮」『世界』（岩波書店）連載中

第Ⅲ部

北朝鮮政治のしくみ

2016年5月6日から4日間、36年ぶりの第7回朝鮮労働党大会が平壌の４・25文化会館で開催された。内部はいっさい非公開。閉会後の10日には、金日成広場で盛大な祝賀パレードが行なわれ、「キム・ジョンウン」の人文字が披露された。（写真提供：共同通信社）

第13章

社会主義体制と憲法の変遷

指導者により憲法に特徴

かつて20世紀の世界を二分した社会主義体制は、1990年前後に東欧からソ連に至るまで崩れ去っていった。その後に社会主義国として残ったのは、中華人民共和国、朝鮮民主主義人民共和国、ベトナムなどアジアの社会主義に加えて、キューバをあげることができよう。これらの国ぐにには政治的には社会主義だが、経済面では大なり小なり市場経済化が進んでおり、古典的な意味での社会主義体制からは距離がある。

朝鮮民主主義人民共和国は1948年の建国当時は、国名にも現れているように自国の政治経済段階を社会主義へ向かう過程と位置づけ、まず民主主義改革を実現することをめざしていた。人口の大部分を農民が占めていた当時において、政治権力の安定を図るとともに、農業の下支えのもとに工業化へと進むために、まず土地改革は欠かせないものであった。同時に、南北二つの政治権力が誕生してしまった現実をふまえ、近代的民族国家建設に向けた統一も国家的目標であった。48年憲法は社会主義政党の政治に対する指導については明示せず、人民の民主的権利や個人、法人の生産手段所有を認めている。

その後、1960年代にかけてキム・イルソン（金日成）は、

第8章に述べたように国内政治における満州派の主導権を確立していった。同時にソ連や中国の社会主義を参考にしつつ集団化を進め、計画経済の方針により千里馬運動などの生産奨励運動を推進した。

しかし、第9章に述べたような社会主義圏の対立が生まれると、北朝鮮は自主路線を選択、72年12月には朝鮮労働党中央委員会第5期第6次全員会議で新しい憲法が議論され、同月下旬に最高人民会議第5期第1次会議において憲法案が採択された。社会主義憲法と呼ばれたこの憲法は、第1条で北朝鮮を「自主的な社会主義国家」と規定した。いかに「自主」が貴重な価値とされているかがよく表れている。第2条は「全人民の思想的統一と社会主義的生産関係と自立的民族経済の土台に依拠する」とされ、第4条では「マルクス・レーニン主義をわが国の現実に創造的に適用した朝鮮労働党の主体思想をその活動の指導的指針とする」と明記した。またこの憲法は国家の首班として主席を置き、旧憲法がソウルとしていた首都を平壌に修正するなど、南に対する独自性も明確にした。

主体思想は今日に至るまで北朝鮮の指導的思想とされている。主体思想は「革命と建設の主人は人民大衆であり革命と建設を推進する力も人民大衆にあるという思想」「自分の運命の主人は自分自身であり、自分の運命を開拓する力も自分自身にあるという思想」であり、哲学、政治、経済、芸術などあらゆる問題を包括している。北朝鮮では60年代半ばまではマルクス・レーニン思想を朝鮮革命に適用するという観点から政治路線が模索されていたが、中ソとの葛藤を経て北朝鮮の政治権力の自主性がより重視されるようになった。したがって主体思想はマルクス・レーニン思想に代わる独創的な概念で、その下に位置するものではない。72年憲法で残っていた「マルクス・レーニン主義」の「適用」という文言は92年憲法ではなくなり、「人民大衆の自主性を実現するための革命思想である主体思想」（第３条）と改められた。

１９９２年には憲法の一部改正が行なわれ、それまで中央人民委員会の一部門にすぎなかった国防委員会が国家機構へと格上げされた。

キム・イルソン主席の死後４年たった98年９月３〜４日に開催された最高人民会議第10期第１次会議は、憲法の大幅な改正を決定した。当時、キム・ジョンイルが国家主席を継承するものと考えられていたが、憲法改正で国家主席は廃止され、政務院は内閣に、最高人民会議常設会議は同常任委員会にそれぞれ改称された。キム・ジョンイルは国防委員長に再任され、最高人民会議の中でこのポストが「国家の最高職位」であると規定された。大内憲昭は、92年改正ですでに国家主席の権限縮小が盛り込まれており、朝鮮労働党委員長が国家主席でなければならない必然性はなかったと指摘している。この憲法では初めて序文が付され、キム・イルソンを「社会主義朝鮮の始祖」「永遠の主席」とたたえ、改正憲法を「キム・イルソン憲法」と位置づけた。ただし、この憲法ではまだキム・ジョンイル時代を象徴する「先軍政治」は登場していない。翌99年６月になると『労働新聞』など主要三紙の共同論説で「先軍思想」が登場し、キム・ジョンイル時代を特徴づけることになる。

２００９年の憲法改正では国防委員会の権限が強化されるとともに、第３条で「朝鮮民主主義人民共和国は人間中心の世界観であり人民大衆の自主性を実現するための革命思想の主体思想、先軍思想を自己の活動の指導的方針とする」として「先軍思想」を新たに条文に盛り込んだ。従来は第３条には「主体思想」だけが盛り込まれていた。また、北朝鮮独自の思想が強調される一方、経済や文化の項目で「社会主義、共産主義」と併記されていた部分は、09年憲法で「社会主義」だけをあげるようになったことを、大内憲昭は指摘している。

その後、2011年12月17日にキム・ジョンイル国防委員長が死去すると、30日に開かれた朝鮮労働党政治局会議においてキム・ジョンウン（金正恩）が朝鮮人民軍最高司令官に任じられ、翌12年4月13日の最高人民会議第12期第5次会議において憲法の「修正・補充」が行なわれて、序文の中でキム・ジョンイルが「永遠の国防委員会委員長」と規定され、憲法の位置づけも「キム・イルソン－キム・ジョンイル憲法」となった。また、政府機構上の職制を改編しキム・ジョンウンは国防委員会第一委員長に就任、これによって最高指導者となった。だがこれは過渡的なもので、16年6月29日の最高人民会議第13期第4次会議において大幅な憲法改正が行なわれ、国防委員会は廃止され代わりに国務委員会が「国家主権の最高政策的指導機関」とされた。キム・ジョンウンはその委員長に就任し、引き続き国家最高位を占めることとなった。

主体思想や先軍思想と並ぶ、キム・ジョンウン時代を特徴づける言葉はまだ登場していないが、政治システムを考えれば、キム・ジョンイル時代に前面に出た軍が退き、党の権限が強まる傾向がキム・ジョンウン時代に現れているといえる。

（石坂浩一）

参考文献

大内憲昭『法律からみた北朝鮮の社会』明石書店、1995年
大内憲昭『朝鮮民主主義人民共和国の法制度と社会体制』明石書店、2016年

第14章

政治の中核、朝鮮労働党

第7回党大会で機能回復

北朝鮮には朝鮮労働党のほか、朝鮮社会民主党、天道教青友党が存在しており、複数政党があるが、朝鮮労働党の優越性は不動のものである。朝鮮労働党は一つの政党でありながら、1948年以来の執権政党であり、政治権力そのものである。社会主義国ではプロレタリア独裁の考え方に基づき、指導的政党が政治全般を指導することが定式化されている。北朝鮮においても、政府をはじめ軍までも朝鮮労働党の政治路線に従うことになる。

このように党と国家が事実上一体化することは社会主義国ではごく普通のことだが、政治体制の異なる外国から見た場合、国家の職責と党の職責とが区別されないという誤解が生じる余地が生まれる。中国の国家元首は主席であるが、いまだに日本のメディアは中国共産党総書記の肩書を国家指導者のように報道することがある。北朝鮮についても日本のメディアはほとんど、キム・ジョンウンを国務委員長よりも朝鮮労働党委員長の肩書で呼ぶ。だが、国家元首というならば国務委員長がふさわしい。

朝鮮労働党は解放後、北朝鮮共産党が北朝鮮労働党へと発展、南の党を事実上吸収して49年6月に現在の名称になった。45年の北朝鮮共産党結党当初は、原則的に南の党が中央とみなされていた。だが、北朝鮮はすでに49年以来、朝鮮共産党の「西北五道党責任者および熱誠者大会」が開催された45年10月10日を朝鮮労働党創建の日と定め、祝日としている。この「大会」が、本来の朝鮮共産党中央発足よりも朝鮮労働党の始まりとして正統性があると考えてのことである。この45年10月の熱誠者大会の記録を見ると、全人民の意思を代表した主権を確立することが主たる目標として掲げられている。党はそのための闘争を正しい方向に導くための活動をめざすとされ、政治の指導的地位を占めることが当然視された。建国当初は人民民主主義を基本としつつ社会主義的改革を進めたが、72年憲法においては朝鮮労働党の国家に対する指導は厳格には明文化されず、青山里《チョンサルリ》精神（第12条）や千《チョ》里馬《ルリマ》精神（第13条）など、自国の社会主義の精神が強調されている。72年憲法により組織された政府の副主席には朝鮮民主党委員長のカン・ヤンウク（康良煜）がついており、まだ人民民主主義の名残を残しているといえよう。92年憲法になって、「党の指導のもとにあらゆる活動を行なう」（第11条）とされた。

朝鮮労働党の役割は、政治の根本精神と方向性を確立し、国民をそのために強力に教育・動員していくリーダーシップをとることである。『朝鮮大百科事典（簡略本）』（２００４年版）は朝鮮労働党について「主体思想によって指導される党であり、主体の偉業を実現するために闘争する主体の革命政党」であると規定している。とりわけ、北朝鮮が自主路線を打ち出し主体思想をよりどころとするようになって以来、党は哲学までも管掌するようになったわけで、政治のみならず社会生活のあらゆる分野にわたって力を持っている。

朝鮮労働党の最高決定機関は党大会である。党大会は１９８０年の第６回党大会以前は４年ごと、それ以降は5年ごとに召集することと党規約で決められているが、実際には46年8月、48年3月、56年4月、61年9月、70年11月、80年10月と6回開催された後、36年ものあいだ開催されなかった。党大会が開かれないあいだは、党大会が選出した党中央委員会が最高指導機関である。中央委員会全員会議は6ヵ月に1回以上開かれるように定められているが、これもキム・ジョンイル時代には開かれなかった。

56年の第3回大会以降は中央委員会傘下の政治委員会の権限が大きくなったが、66年10月に中央委員会に書記局（朝鮮語では「秘書」だが日本では「書記」としているので、通例に従う）が新設され権力の中心が移動、党運営が書記局中心のトップダウン方式の色彩を強めた。これは、唯一思想体系が採択され主体思想の強調が始まる時期と重なっている。80年の第6回大会に際して決定された党規約は、第3章に党組織の規定がある。この大会で党中央委員会傘下の政治委員会は政治局と改称され、委員19名、候補委員16名が選出された。同時に、政治局に常務委員会が新設され常務委員5名が選ばれた。本来、政治局は党のあらゆる事業を指導する核心的機関であるが、80年代以降は次第に形骸化していった。キム・ジョンイル時代の朝鮮労働党は、国防委員会中心の政治運営で本来の機能を果たせていなかったように見える。

キム・ジョンイル死去後、キム・ジョンウンは軍の指導層を入れ替え、朝鮮労働党の機能強化を図ってきた。死去を前後して、10年9月28日に第3回党代表者会、12年4月11日に第4回党代表者会が行なわれ、党規約が改正された。12年に改正された党規約では、主体思想よりも「キム・イルソン－キム・ジョンイル主義」を指導的指針と呼んだ。13年3月31日には党中央委員会全員会議が開催され、

朝鮮労働党の組織概要

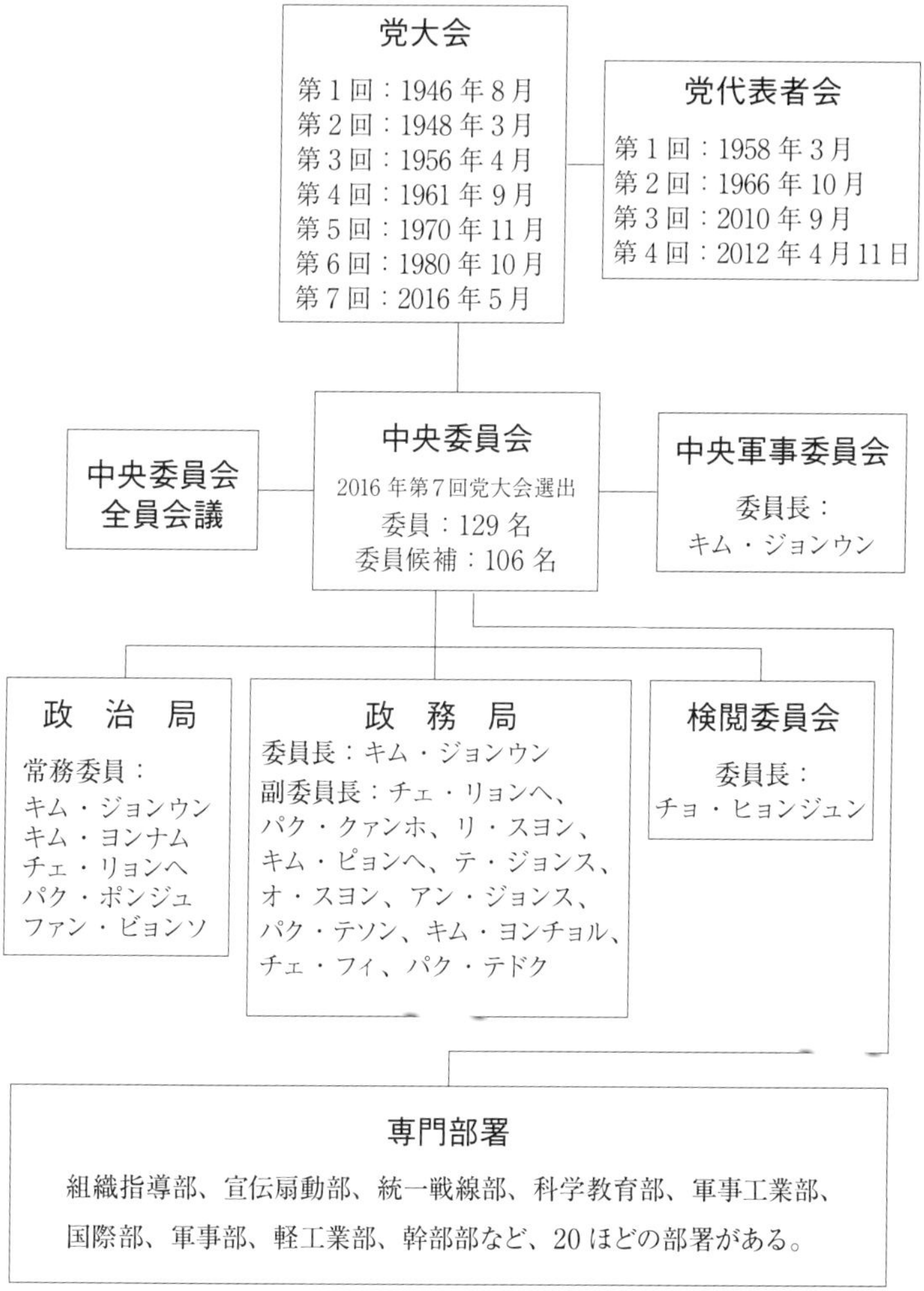

『連合年鑑2017』を筆者が整理

並進路線が確認された。

そして、16年5月6日から4日間、36年ぶりの第7回朝鮮労働党大会がついに開催された。キム・ジョンウンは長文の党中央委員会活動総括を読み上げ、党最高指導者としての地位を確認した。党最高位は「委員長」とされ、党中央委員会書記を廃止して党副委員長とすること、書記局の名称を政務局とすることなどが承認され、党中央委員会委員129名、委員候補106名も承認された。人事では党中央委員会政治局常務委員にキム・ジョンウン、キム・ヨンナム（金永南、最高人民会議常任委員長）、ファン・ビョンソ（黄炳瑞、朝鮮人民軍総政治局長）、チェ・リョンヘ（崔竜海、党書記）、パク・ポンジュ（朴奉珠、首相）5名が入り、常務委員以外の政治局委員には14名が発表された。旧書記局である政務局には、チェ・リョンへと政治局委員のうちの8名が入った。キム・ギナム（金己男、党書記）、チェ・テボク（崔泰福、党書記）、リ・スヨン（李洙墉、前外相）、クァク・ポムギ（郭範基、党書記）、リ・マンゴン（李万建、党軍需工業部長）らであるが、権力中枢は政治局に移動したと見られる。また、中央委員会委員にはキム・ジョンウンの妹のキム・ヨジョン（金与正、党副部長）が入った。

17年10月7日に開催された党中央委員会第7期第2次全員会議では、前年の党大会の時と比べて政

2018年2月12日、キム・ジョンウンに平昌オリンピックの報告をする幹部たち。右からリ・ソングォン（李善権、祖国平和統一委員会委員長）、キム・ヨジョン、キム・ジョンウン、キム・ヨンナム、チェ・フィ（崔輝、国家体育指導委員長）（写真提供：共同通信社）

治局委員の異動があり、キム・ギナム、チェ・テボクら長老が引退したと見られ、同時にキム・ヨジョンが政治局委員候補に選出されている。キム・ギナムは18年4月11日の最高人民会議で国務委員も解任された。党重視の政治運営をとるキム・ジョンウン委員長は今後も世代交代や基盤固めを行ないながら、国政運営を行なうのだろう。

（石坂浩一）

参考文献

小此木政夫・徐大粛監修／鐸木昌之・坂井隆・古田博司編集『資料 北朝鮮研究 Ⅰ政治・思想』慶應義塾大学出版会、１９９８年

第15章

統治機構　立法・行政・司法

国務委員会が最高指導機関

国務委員会

16年憲法改正により、国務委員会は最高政策的指導機関であり正副委員長と委員を置くとされたが、どのくらいの規模の実務者を備え、どのように活動しているかは、まだ明らかではない。副委員長はチェ・リョンヘ、パク・ポンジュ、ファン・ピョンソの3名、委員は8名が確認されている。国防委員会の場合、憲法で「国家の全般的武力と国防建設事業を指導する」とされていたが、国務委員会はこうした規定がない。軍部の指導力が強かった国防委員会とはちがい、軍事に関する権限は削除された。軍事を中心に据えた指導機関という位置づけは国務委員会では払拭され、国政全般の最高意思決定機関になっている。憲法上の規定として、国防委員会と同じ「決定と指示を下す」という任務が明示されており、文字どおり核心指導部ということだろう。憲法上、国務委員会は「自分の事業に対して最高人民会議に責任を持つ」と規定されている。

最高人民会議

北朝鮮において国会にあたるのが最高人民会議である。立法権を行使するほか、国家の対内外政策の基本原則の立案、国家予算と執行に対する審議と承認、条約の批准・廃棄などが任務・権限として定められている。

最高人民会議の代議員は直接・秘密選挙によって選出すると定められており、任期は１９８２年から90年だけが４年、それ以外が原則的に5年である。２０１４年3月9日に選出された代議員が第13代にあたる。第1期の代議員が朝鮮戦争をはさんで9年在任し（１９４８～57）、第9期の代議員がやはり金日成主席死後の困難の中で8年3ヵ月在任した（１９９０～98）ことが所定の任期とのズレを生んでいる。最高人民会議は1年に１、２回の定期会議と臨時会議がある。第13期代議員の選出人数は６８７人であった。

2007年4月11日、平壌の万寿台議事堂で開かれた北朝鮮最高人民会議（第11期第５回会議）。中央がキム・ジョンイル国防委員長（写真提供：共同通信社）

最高人民会議には常任委員会がおかれ、休会中は常任委員会が「最高主権機関」として立法権を行使する。この常任委員会は憲法第6章において最高人民会議、国務委員会（16年の憲法改正以前は国防委員会）の次に、最高人民会議とは別途に規定が設けられているだけあって、「国会の議長団」レベルにとどまらない重要な役割を持っている。たとえば、常任委員会委員長は「国家を代表して外国の使臣の信任状、召還状を受け取る」と定められている（第１１７条）。かつてキム・ジョンイル時代には、国防委員長が国家最高位でありながら、最高人民会議常任委員長が対外的には元首格と説明されていた。16年の憲法改正により国防委員会は廃止されたが、外国大使の信任状受取りは引き続き常任委員会の役割となっており、その位置は維持されているといえよう。

内閣

98年憲法において内閣にあたる政務院が廃止され、「内閣」と改称された上で地位と権限が強化された。政務院はかつて「最高主権機関の行政的執行機関」（92年憲法124条）と規定されていたが、98年憲法において内閣は「最高主権の行政的執行機関であり全般的国家管理機関である」（117条）とされた。また、政務院は中央人民委員会の指導の下に活動するとされたが、内閣は国家管理を統一的に指導する役割を担うものとされた。

内閣は16年6月の最高人民会議の記録などによると7委員会、31省、2局、1院、1銀行の42機関を統括している。副首相は17年に確認される限り9人が置かれており、以前よりも経済の国政における比重が高まっていることがわかる。17年現在の首相パク・ポンジュは党の軽工業部や経済政策検閲部において働いたのち、化学工業相を経て03年から07年まで首相（正式には内閣総理）、さらに党の経済関連部署に転じたが、13年に首相に復帰した。

人民武力省、国家保衛省（時代により国家安全保衛部などの名称を経ている）、人民保安省の3省は国務委員会の下に置かれている。この3省はかつてはより格の高い「部」であったものが、16年の憲法改正後に省となったもので、内閣には入らなかったのである。このほか、内閣の外に国家体育指導委員会と祖国平和統一委員会（祖平統）があり、やはり国務委員会の指導を受けているものと見られる。

司法

司法は、最高裁判所が平壌に、道（直轄市）裁判所が12、人民裁判所がすべての市、郡、区域1〜4ヵ所ごとに一つずつ90〜100程度存在している。このほかに軍事裁判所や鉄道裁判所のような特別裁判所がある。裁判所は三つのレベルを持っているが、裁判は通常二審制で、一審では判事（裁判長）と一般人の人民参審員（陪審員）2名の合計3名による合議制で進められ、二審は判事3名で進められる。この参審員制度（陪審員制度）は1945年11月に導入されて以来の制度である。民事事件はすべてが人民裁判所において審理されるが、ほとんどは離婚事件であるという。検察の制度は裁判所に対応して、最高検察所―道（直轄市）検察所―郡検察所の三段階になっている。なお、かつて北朝鮮では中央裁判所－中央検察所という名称で呼んでいたが、2010年に現在の名称に改められた。北朝鮮の法律はかつて不分明な点が少なくなかったが、2004年に法典が出版され、基本的な法律は確認できるようになった。

このほか、地方公共団体にあたるのが地方人民委員会で、地方主権の行政執行機関と定められている。地方議会にあたるのが地方人民会議で、代議員の任期は4年である。

（石坂浩一）

参考文献

大内憲昭『朝鮮民主主義人民共和国の法制度と社会体制』明石書店、2016年

第16章 政治エリートの構成

頻繁な人事のキム・ジョンウン時代

北朝鮮は最高指導者の時代ごとに人事の特徴が見られ、登用される政治エリートにもちがいがある。現在の党や政府の組織体系についてはすでに述べてきたので、もう少し踏み込んだ人的構成を考察してみよう。

キム・ジョンイル国防委員長が11年12月に死去し、キム・ジョンウンがまず朝鮮人民軍最高司令官に任命されて最高位にのぼり始めた当初、キム・ジョンイルの葬儀の行進の際に棺に寄り添っていた7名が後見人の役割を担い、若いキム・ジョンウンを盛り立てていくものと見られていた。ところが、そのうちの一人リ・ヨンホ（李英鎬）軍総参謀総長が12年7月の党政治局会議ですべての党職から解任され、総参謀長も解任された。もう一人のキム・ジョンガク（金正角）人民武力部長は12年11月に人民武力部長を解任され、13年3月の最高人民会議第12期第7次会議において国防委員からも解任されて、権力の中枢から外れた。驚きをもって受け止められたのは、13年12月8日の党政治局中央委員会拡大会議におけるチャン・ソンテク（張成沢）国防委員会副委員長に対する「反党反革命的宗派事件」の断罪であった。チャン・ソンテクはすべての公職から解任され、この日の会議場から連行される姿がテレビで放送された。12日の国家安全保衛部の特別軍事裁判において、チャン・ソンテクは「国家転覆陰謀罪」により死刑を宣告され、即日処刑されたと報じられた。チャン・ソンテクの妻は、キム・ジョンウンの父キム・ジョンイルの妹キム・ギョンヒ（金敬姫）だが、容赦はされず、キム・ギョンヒも以降公式の場に登場しなくなった。

キム・ジョンイルは、久しく父キム・イルソンを補佐してきた経験に加えて、革命の先輩を敬う形で後継者の座についたが、キム・ジョンウンは自分自身が若いこともあってか、後見役を嫌い、世代交代を強く推し進めているようだ。キム・イルソン主席死去後の第10期最高人民会議では新たに選出された人物が64％にのぼり、14年3月9日投票の13期はそれには及ばないものの55％の交代率で11期、12期を上回った。

すでに述べたようにキム・ジョンウンは各地を視察して民心をつかむために力を注いでいるが、随行する人物は執権初期にはチェ・リョンヘやファン・ビョンソら最高位幹部が多かったが、次第に40代から50代の党副部長クラスの随行が目立つようになっている。

キム・ジョンウン時代になってからの人事の傾向としていえるのは、側近、幹部たちの在任期間が短くなっているという点だ。もっとも典型的なのは人民武力相で、そもそもキム・イルソン時代から部署名が「部」と「省」の間で何度も行ったり来たりしている。人的にはキム・ジョンイルの死去後に異動が多い。09年2月に国防委員会副委員長キム・ヨンチュンが就任したが、キム・ジョンイル死後の12年4月にキム・ジョンガク、11月にキム・ギョクシク（金格植）、13年5月にチャン・ジョンナム（張正男）、14年6月にヒョン・ヨンチョル（玄永哲）がこのポストに就いたことが確認され、15年

平壌の高層住宅街「黎明（リョミョン）通り」（写真提供：山本かほり）

4月にはこれまで野戦軍出身者が就任してきたこのポストに軍総政治局組織副局長だったパク・ヨンシク（朴永植）が任じられていると確認された。ヒョン・ヨンチョルは銃殺されたとの情報が韓国で流れた。

キム・ジョンイル時代から引き続き中枢にいる指導層の人物のうち、キム・ヨンナム、キム・ギナム、チェ・テボクらは高齢で忠誠度も高く、キム・ジョンウンにとって脅威にならない存在と考えられているのだろう。キム・ジョンイル時代からキム・ジョンウン時代にかけて、一時第一線から退いたものの17年現在まで実力を誇っているのがチェ・リョンへである。１９５０年生まれで父はキム・イルソンのパルチザン同志、元人民武力部長のチェ・ヒョン（崔賢）だ。北朝鮮指導層にはチェ・リョンへのように抗日闘争第二世代にあたる人物もいるようだが、中国の太子党（中国共産党高級幹部の子弟グループ）のような権力構成を左右するような集団とまでいえるかどうかは、はっきりしない。

キム・ジョンウン時代を特徴づけるエリートは科学技術者やテクノクラートである。ミサイルや核兵器などの兵器開発に限らず、ＩＴ技術など先端産業に関わる関係者は成果を出すことを期待され、優遇されている。こうした科学技術者たちのために平壌には14年に衛星科学者住宅地区や金策工業総合大学教育者住宅、15年に未来科学者通り、17年に黎明《リョミョン》通りという高層住宅街が建設された。科学技術分野で功績があれば、こうした最新の高級住宅に入居することができる。科学重視路線は近年の新年辞においてキム・ジョンウンが強調する点である。

もう一つ、キム・ジョンウン時代に重視されるようになったのが青年組織である。キム・ジョンウン自身が若く、社会の中枢を担う世代の交代を促したいという意図があるのだろう。同時に、彼を補佐するチェ・リョンへも1960年代後半くらいに社会主義労働青年同盟に加入、副部長となり、86年には同中央委員会委員長に就任しており、青年団体に関わりが深い。ちなみに、青年同盟は1946年に北朝鮮社会主義青年同盟として発足、64年に社会主義労働青年同盟へと発展し、96年1月にキム・イルソン社会主義青年同盟と改称した。15年5月には18年ぶりに開かれた青年美風先駆者大会にキム・ジョンウンみずから出席、青年への期待を表明した。

14年3月選出の最高人民会議代議員は、40歳から59歳が66・9%、60歳以上は29・2%、その他は3・9%であった。北朝鮮の指導層は高齢で世界の情勢に疎いのではないかと思われていたが、すでに50台以下の人びとが指導層の中枢をなす状況が来ている。朝鮮人民軍総参謀長や人民武力部長を歴任したキム・ヨンチュンは2018年8月16日に死去したが、葬礼に際してリ・ヨンギル（李永吉）が軍総参謀総長の肩書で登場した。前任者リ・ミョンス（李明秀）参謀総長（1934年生）より21歳若いといい、世代交代を象徴していよう。『労働新聞』は14年5月にキム・ジョンウン時代を「若返る時代」と表現しており、今後も政治における世代交代は進むだろう。

（石坂浩一）

参考文献

『連合年鑑』各年版（ソウル）

第17章

朝鮮人民軍と軍事力

旧式兵器に継戦能力も疑問

北朝鮮の憲法では、国家武力の使命について、革命の首脳部を守り、勤労人民の利益を擁護し、他国の侵略から社会主義制度と祖国の自由、独立を守ることであると規定されている。そして朝鮮労働党規約第46条において、朝鮮人民軍は「抗日武装闘争の革命伝統を継承した朝鮮労働党の革命的武装力」と規定されている。キム・ジョンイル時代に入って軍の位相が高まり、党が相対的に力を低下させていたが、「党の軍隊」という位置づけ自体は変更されなかったし、キム・ジョンウン時代になって、よりいっそう党が軍隊を掌握、指導する本来のあり方に立ち戻ってきている。

キム・ジョンイル時代には国防委員会が国家の全般的武力を指揮・統制し、国防建設事業を指導していた。しかし、キム・ジョンイルの死後、13年2月と8月、14年4月、15年2月と8月に党中央軍事委員会拡大会議が開催され、15年8月には中央軍事委員会非常拡大会議も行なわれた。もともと朝鮮労働党の中央軍事委員会が、全般的な武力指揮から党の軍事政策までを決定し、軍を指揮するとともに軍需産業を管理する役割を持っていた。キム・ジョンウン時代には、「党の軍隊」という本来の指揮体系に戻りつつあるといえよう。

第17章

朝鮮人民軍と軍事力

北朝鮮における軍事力の沿革を簡単に見ておこう。1945年10月、ソ連軍司令部はそれまでに存在した朝鮮人のあらゆる武装組織を解散させ、新たに保安隊を置くという声明を発表した。これに基づいてソ連軍出身の朝鮮人の赤衛隊を中心に保安隊が組織され、これが朝鮮人民軍の母体となった。その後、軍隊は次第に拡大され、47年には人民集団軍と改称、48年2月8日には朝鮮人民軍と改称され正規軍の設立が宣布された。朝鮮民主主義人民共和国建国の7ヵ月前のことであった。これにより1977年までは2月8日が人民軍創建日として記念されてきたが、78年からはキム・イルソンが抗日遊撃隊を創設したとされる1932年4月25日に軍の創立記念日が変更された。このように主体思想の確立によって、人民軍の性格もキム・イルソンの抗日闘争の記憶に原点をさかのぼるようになり、キム・イルソンの軍隊へと純化されていった。ただし、2018年1月22日に朝鮮労働党中央委員会政治局は1948年2月8日を「建軍節」とすることを発表した。40年ぶりに朝鮮人民軍創建の日に回帰することとなった。

北朝鮮は建国以来、軍事面ではソ連からの支援に大幅に依存してきた。だが、1962年のキューバ危機以来、「自衛路線の本質は自力更生の革命精神を発揚し、みずからの革命武力で自国を守りあらゆる軍事問題を主導、みずからの力に依拠し自国の実情に合わせて解決していく」という軍事的自衛路線を強調するようになった。そして、62年12月の党中央委員会第4期第5次全員会議において「人民経済の発展において一部制約を受けようとも、まず軍事力を強化しなければならない」との国防力強化の方針が決議され、これを体系化して、全軍の幹部化、全軍の現代化、全人民の武装化、全国の要塞化という四大軍事路線が決定された。

米国の攻撃の脅威は継続し、社会主義国の支援も期待できるかどうかわからないという周辺国への不信感から、北朝鮮は情勢を緊張したものとしてとらえ、経済建設と軍事を並行して推進するとしつつ、軍事優先に傾斜していった。62年以降、北朝鮮の軍事費は国民総所得の20〜25%に達したと見られる。その後、予算に占める軍事費の割合は低下し、06年以降のこの10年ほどを見ると、基本的に15%台にとどまっている（13年のみ16・0%）。ただし、国家予算規模が拡大しており、ドル換算では06年が29・7億ドルだった軍事予算は16年に73・4億ドルにのぼり（北朝鮮ウォンベースでは4193億ウォンから7779億ウォン）、軍事費の絶対額での増大を確認できる。それだけでなく、旧社会主義国家の例を見れば、国家財政の中で人件費や武器・装備の研究開発費などが軍事費以外の名目で計上されており、実際の軍事費は公式の金額を上回ると見られる。南北朝鮮の軍備に関わるデータは世界のいくつかの機関が分析しているが、韓国国防部が刊行した『2014国防白書』によれば、次頁の表のようになっている。なお、核やミサイルについては第Ⅰ部で述べたので、ここでは省略する。

2015年10月10日、平壌の金日成広場で行われた軍事パレードに参加する北朝鮮の女性兵士（写真提供：共同通信社）

南北軍事力比較

	兵力（人）			
	陸軍	海軍	空軍	総計
南	49.5万	7.0万（海兵隊2.9万含む）	6.5万	63万
北	102万	6万	12万	120万

	主要戦力							
	陸軍							
	部隊			装備				
	軍団（級）	師団	機動旅団	戦車	装甲車	野戦砲	多連装/放射砲	地対地誘導兵器
南	12	44	14	2400	2700	5600	200	60
北	15	81	74	4300	2500	8600	5500	100

	海軍				
	戦闘艦艇	上陸艦艇	機雷戦艇	支援艦艇	潜水艦
南	110	10	10	20	10
北	430	260	20	40	70

	空軍			
	戦闘機	哨戒機	空輸機	訓練機
南	400	60	50	160
北	820	30	330	170

北朝鮮の兵力は約１２０万人で、韓国のほぼ2倍だが、装備は旧式でエネルギーも不足しており、戦力としては劣勢である。その他、装備についても数の上で北朝鮮が勝っていても、それだけで優位にあるとはいえない。たとえば、北朝鮮では空軍パイロットの訓練時間が燃料不足のため十分行なえないなどの困難があると伝えられている。通常兵器のリニューアルもままならない北朝鮮にとって、核とミサイルは自国の存亡のためにぜひとも必要なものだったと見ることができる。

北朝鮮は48年憲法第28条で国民は「祖国を保衛しなければならない」と定めており、72年憲法はさらに第86条で「祖国防衛は公民の最大の義務であり栄誉」と規定した。この内容はその後の憲法にも受け継がれているが、北朝鮮では建前は志願兵制であった、それが03年の最高人民会議において「全民軍事服務制」が法制化され、徴兵制度がはっきりと根拠あるものとなった。満14歳になると兵役対象者として登録され、15歳で2度の身体検査を受ける。そして、日本の中・高等学校に相当する中学校卒業後、軍に入隊する。この全民軍事服務制により徴兵期間は男子が10年、女子が7年になった。

（石坂浩一）

参考文献

韓国国防研究院『2016東北アジア軍事　力と戦略動向』2017年（ソウル）

第 Ⅳ 部

南北関係と外交関係

2018年4月27日、首脳会談を前に、韓国のムン・ジェイン大統領（右）と板門店の軍事境界線を越える北朝鮮のキム・ジョンウン国務委員長（左）（写真提供：共同通信社）

第18章

北朝鮮の南北統一認識

統一の前提に平和定着

朝鮮半島は歴史的に一つのまとまりをなしてきたことから、大韓帝国を受け継ぐような近代民族国家を成立させることは悲願と考えられてきた。だが、日本による植民地支配と第二次世界大戦後の民族分断により、この悲願はいまだ達成されていない。そして、70年にわたる分断が統一という課題をより難しくしている。南北の社会的ちがいに加えて経済的格差が広がり、南北をすぐに一つの国にしようとするには無理があるからだ。これまで南北間で、どのような統一の方法や目標が語られてきたのだろうか。

分断当初は基本的に南北の政権双方が、相手方の存在を認めていなかった。そのため、相手を吸収する以上のイメージを持っていなかった。先に統一の方法について提起したのは北側のほうだった。キム・イルソン（金日成）首相は1960年8月14日、「連邦制統一案」を発表した。南側が南北全体の自由な総選挙を受け入れられない場合、現在の二つの政府を当面そのまま存続させながら両政府代表で「最高民族委員会」を組織、経済・文化交流などを通じて統一を実現していくというものである。この年の4月に韓国ではイ・スンマン（李承晩）大統領を退陣に追い込む4月革命が起こっており、統一問題にまで人びとの関心が広がっていくことが予想されていた。韓国で軍事クーデターが発生して、この統一案は南北で議論されることがなかったが、北朝鮮の統一政策の出発点となった。

その後、米中の和解を背景として72年7月4日、南北共同声明がソウルと平壌《ピョンヤン》で同時発表された。この声明で、統一は自主的、平和的、かつ思想や制度、理念を超越した大同団結の三原則によって進めることに南北が同意した。分断後、南北の当局者が初めて相手方の存在を認め対話を通じて成しとげた合意として、重要なものであった。だが、同年10月に韓国は戒厳令を宣布し憲法を変えて、パク・チョンヒ（朴正熙）大統領は永久執権への道を歩み始めたし、北朝鮮も73年8月のキム・デジュン（金大中）拉致事件をきっかけに南との対話を打ち切り、双方ともに対話への十分な意思を備えていなかったことを示した。

73年6月23日、パク・チョンヒ大統領は「平和統一外交政策宣言」を通じて、南北の国連同時加盟を提案した。北朝鮮は同日、キム・イルソン主席が平壌での大衆集会で行なった演説において、同時加盟に反対し「高麗連邦共和国」の名称で単一国家としての国連加盟をすべきだと表明した。75年9月22日、国連総会の一般演説において米国のキッシンジャー国務長官は、米日が北朝鮮を承認し、中ソが韓国を承認することで朝鮮半島の安定を図るクロス承認論を提起した。パク・チョンヒ大統領の国連同時加盟提案はクロス承認論と連動しており、韓国政府はこれを受け入れた。だが北朝鮮は、クロス承認は二つの国家を固定化してしまうもので、統一を望まないものだと強く反対した。

北朝鮮は非公式的には、韓国の政権を倒し南を軍事力によって解放するという戦略を久しく維持してきた。時期によってちがいはあるが、68年1月にソウルの大統領府に対するゲリラ部隊による襲撃作戦を実行して失敗したように、1960年代後半にはベトナム戦争の情勢をにらみつつ軍事的な試みに傾斜した。同時に韓国内に呼応する勢力を広げようとする活動も展開された。その後、米中和解の中で、冒険主義的動きは後退したものの、70年代に韓国の民主化闘争が高揚すると、これを南に対して政治的優位に立つことができる材料としてとらえ、韓国社会への働きかけを強めた。

このような動きは、韓国社会の政治対立や在韓米軍の撤退など、政治・軍事的に有利な状況が到来すれば、決定的時期に奇襲攻撃を行ない戦争の主導権を掌握、米軍の増派以前に朝鮮半島全土を席巻するという、北朝鮮の短期速戦即決戦略と関連している。米軍と比較するとき、圧倒的に弱体な軍事力のもとで南を解放するという軍事目標を抱けば、こうした戦略以外ありえないといえよう。しかし、80年代以降、経済的・政治的に次第に韓国に遅れをとる中で、こうした戦略は現実性を失っていった。83年のラングーンにおける韓国の要人暗殺未遂事件、87年の大韓航空機爆破事件のようなテロ事件はいまだ事件の詳細が解明されたとはいえないが、北朝鮮の攻撃的戦略の最後の試みであったと見ることができるだろう。その後、北朝鮮は公式的に軍事戦略を変更してはいないが、現実的には不可能になっている。

80年10月10日、キム・イルソン主席は朝鮮労働党第6回大会において「高麗民主連邦共和国」統一案を提起した。これは、統一を実現するには南の軍事ファッショ統治を清算し民主化を実現しなければならないとしつつ、民主化された南と北とがその体制のちがいを存続させながら連邦制の形で一つの国家をなし、これを統一の形とみなそうとする緩やかな統一モデルであった。韓国では79年10月のパク・チョンヒ大統領射殺事件以降、民主化の動きが高まったが、80年5月の軍事クーデターでそれが押さえ込まれた。北朝鮮は南の民主化勢力などにアピールするために、以前よりも柔軟な提案を行なったと考えられる。

その後、北朝鮮はテロ事件などによって国際的信頼を失い、社会主義圏の崩壊にともなってさらに厳しい状況に置かれた。北朝鮮は89年になって韓国が提案した首相級会談に呼応し、予備会談を経て90年から92年にかけて8回にわたり会談が行なわれた。その過程で、南北は91年12月13日に南北基本合意書に署名した。同年12月31日には朝鮮半島非核化共同宣言も署名された。

ところが、こうした合意はその後、北朝鮮にとって米朝間の交渉が中心になることで、ほとんど実施に移されなかった。キム・デジュン政権成立後、ようやく2000年6月、南北初の首脳会談が実現し、キム・ジョンイル（金正日）国防委員長とキム・デジュン大統領との間に南北共同宣言が署名された。南北の問題の自主的解決、統一への志向、人道問題の解決、経済協力をうたい、この歴史的首脳会談で南北はゆるやかな連邦制で一致したと共同宣言に盛り

2000年6月13日、キム・デジュン韓国大統領が平壌国際空港に到着し、出迎えのキム・ジョンイル国防委員長（右）と握手を交わし、初めての南北首脳会談を行なった。（写真提供：共同通信社）

込まれた。だが逆にこれ以降は、統一へ向かうロードマップを描くことがいかに難しいかを南北が経験する過程にもなった。

しかし、北朝鮮にとって民族統一が至上課題であることに変わりがないし、そのアプローチも次第に現実的なものになりつつあると考えられる。2018年の新年辞においてキム・ジョンウン国務委員長は「今こそ北と南が過去にとらわれず北南関係を改善し、自主統一の突破口を開くための決定的な対策を立てるべきことを要求しています」と述べているのである。

2018年4月27日に行なわれた第3回南北首脳会談においては、「板門店宣言」が合意された。板門店宣言は、第1項で総論として共同繁栄と自主統一がうたわれたが、第3項ではより踏み込んで「恒久的で強固な平和体制の構築」が、停戦協定の平和協定への転換や核のない朝鮮半島の実現などの内容をもって盛り込まれた。2007年の第2回南北首脳会談においても平和体制の構築についてはは終戦宣言がうたわれているが、平和協定や非核化は米朝間の問題だとして、南に関与させなかった。今回、北は平和協定を南北宣言に盛り込むことを受け入れ、南も4月20日の朝鮮労働党中央委員会全員会議で使われた非核化が「北側がとっている主動的措置」だとする表現を受け入れた。双方が配慮を示して、板門店宣言は出来上がったのである。南北の当事者が朝鮮半島の運命を決定していく当たり前の時代が来ることが予感されている。

（石坂浩一）

参考文献

林東源『南北首脳会談への道――林東源回顧録』岩波書店、2008年
金大中アジア太平洋平和財団編『金大中平和統一論』朝日新聞社、2000年

第19章

紆余曲折の南北関係

南北関係安定に期待

南北関係の原点となるべき合意は1991年に調印された南北基本合意書である。合意書の前文には「双方の間の関係が国と国の間の関係ではなく統一を指向する過程で暫定的に形成される特殊関係という点を認め、平和統一を成就するために共同の努力を傾注する」と述べられている。これは、7・4共同声明以来の、南北関係を前進させる合意であった。体制の相互承認と干渉・中傷・転覆活動の中止、休戦協定の遵守と武力不行使、軍縮の実現、そして交流と協力の活性化など、重要な内容が盛り込まれている。

その後、南北関係はしばらく進展がなかったが、98年2月にキム・デジュン政権が成立して以降、韓国側の太陽政策（包容政策）に北朝鮮が応じて、2000年6月15日には初の南北首脳会談が開催された。これに先立ち、98年11月には北朝鮮のアジア太平洋平和委員会（ア太委）と韓国の現代《ヒョンデ》峨山《アサン》の協力で金剛山観光が始まり、韓国の東海から船に乗って金剛山を観光できるようになっていた。

南北首脳会談が実現すると、南北間の交流や経済協力が具体化していった。南から原材料を持ち込んで北で完成品にし、韓国製品として輸出する賃加工が増加し、その流れで02年11月には北朝鮮の最高人民会議で開城工業地区法が採択され、翌03年6月に工業団地造成に着工、04年6月までに第一次敷地造成が完成し、韓国企業18社が入ることになった。同年10月に開城工業地区管理委員会が発足、開城で生産された製品の初めての搬出が行なわれた。賃金高騰や人手不足に悩む韓国の中小企業にとって、開城工業団地は救いの神だった。12年3月現在で進出企業数は、繊維72、化学9、機械金属23、電気電子13、食品2、紙・木材3、非金属鉱物1の123社にのぼった。16年1月に韓国貿易協会が明らかにしたところによると、15年の南北交易額は史上最大の27億1349万ドルに達し、前年比15・8％増だった。開城工業団地で働く北朝鮮労働者は当初6000人から始まり、工場設立が進むにつれ次第に増加して12年1月には5万人に達した。開城工業団地は、韓国から近いため物流費がかからず、また労働者の教育水準が高く作業効率もいいという利点があげられる。しばしば、開城は北に軍事費を与える回路だ、施しをしているようなものだ、といった声が韓国内外で聞かれるが、実は韓国企業にとってはみずからが開城によって救われており、政治的な視点で開城を見てほしくないというのが本音である。

2007年10月2日にはノ・ムヒョン（盧武鉉）大統領が訪朝し、4日に第2回の南北共同宣言が合意された。この共同宣言は2000年の第一回共同宣言よりさらに具体的課題を列挙しつつ、解決の方向性を示す内容になっている。第1に2000年の南北共同宣言の具体化、第2に信頼醸成と法的・制度的整備、第3に軍事的緊張緩和と偶発的衝突防止のための協議、第4に停戦体制を終息させる平和体制の構築、第5に経済協力事業の拡大・発展、第6に社会・文化分野の交流協力、第7に離散家族再会などの人道的事業の推進、第8に国際舞台での南北協力と在外同胞の権利擁護、という内容である。

しかし、イ・ミョンバク（李明博）政権成立以降、南北関係は逆行を始めた。まず、金剛山観光については08年7月、立入禁止区域に入った韓国女性が兵士に射殺される事件が発生、金剛山観光が中断されることになった。次いで、10年3月26日には哨戒艦天安が沈没する事件があり、韓国政府は5月20日に北朝鮮の魚雷攻撃によるものだと断定、24日に「5・24措置」と呼ばれる制裁を決定した。制裁は、開城を除く南北交流協力を中止し、米韓合同軍事演習を実施する内容であった。天安艦事件については、北朝鮮は関与を否定したし、現場の地形などから北朝鮮の攻撃とするには無理があるとの見方も強かったが、韓国政府が北朝鮮によるものと断定したことで南北関係は悪化した。11月23日に北朝鮮は黄海上での挑発を理由に延坪島に砲撃を加え、対立は決定的になった。

開城工業団地は唯一維持されていたが、13年3月21日に米韓合同軍事演習に反発する朝鮮人民軍最高司令部報道官が声明を通じて「われわれを標的にした実働核攻撃訓練をしている」と米韓を非難、緊張が高まった。さらに、韓国の『朝鮮日報』など右翼メディアが北朝鮮は外貨欲しさに開城の閉鎖を避けていると報じたことに反発、北朝鮮の中央特区開発指導総局は3月30日に報道官談話を通じて韓国のメディアを非難、4月3日には韓国側関係者の入境を禁止し、8日には対南担当のキム・ヤンゴン（金養建）朝鮮労働党書記が談話を通じて労働者の撤収と操業暫定中断を宣言した。開城工業団地は9月16日に再開され、関係者もいったんは胸をなでおろしたが、半年近い操業中断で一部の企業は撤収に追い込まれた。その後、16年1月に行なわれた北朝鮮の第4回核実験を受けて2月10日に韓国政府は開城での投資や賃金が核・ミサイルの高度化に使われたとの理由から開城工業団地の全面操業中断を発表、北朝鮮の祖国平和統一委員会は11日にこれに抗議しつつ、開城を軍事統制区域とすることを明らかにした。ホン・ヨンピョ（洪容杓）統一部長官は14日のテレビ番組で開城労働者の賃金の7割が党に上納されており、証拠もあると述べたが、事実とすれば韓国政府自身が国連安保理の制裁決議に違反していたことになり、翌日の国会で追及されると証拠があるわけではないと告白した。パク・クネ（朴槿恵）大統領は16日の国会演説でこれ以上北朝鮮の欺瞞と脅しには騙されない、開城への賃金や投資が北朝鮮の核に転用されたと述べ、北朝鮮の政権を変化させることで真の平和を築くべきだと対決姿勢を鮮明にした。

開城工業団地は2018年を迎えた今日まで閉鎖が続いている。17年にムン・ジェイン（文在寅）政権が成立し、前政権の不正などを調査する過程で、開城閉鎖が何らの検討を経ずにパク・クネ大統領の一言で決定されてしまったことが明らかになり、韓国内で議論を呼びつつある。開城工業団地の操業中断で、板門店の南北通信チャンネルは16年2月12日以来、途絶していたが、18年元旦にキム・ジョンウン（金正恩）国務委員長が新年の辞で南北関係改善を表明したことから、1月3日に再開された。平昌《ピョンチャン》オリンピックを契機に南北関係の復元に期待が集まっている。

なお、韓国政府では統一部が対北窓口の役割を果たすが、北朝鮮では祖国平和統一委員会（祖平統）が国務委員会の指導の下、対南関係の窓口となっている。祖平統は16年までは党統一戦線部の傘下にあったが、国務委員会傘下の政府機関となった。

（石坂浩一）

参考文献

キム・ジニャン『開城工団の人々――毎日小さな統一が達成される奇跡の空間』地湧社、2017年

第20章

離散家族再会

高齢化する当事者たち

朝鮮半島分断の犠牲者の典型が、離散家族だといわれる。だが、離散家族の範囲や定義は実はきちんと定まっているわけではない。韓国の研究者キム・ギオク（金貴玉）は離散家族の範疇別分類を試みた。若干簡略化してその表を掲げてみよう。

〈朝鮮半島内〉越南・越北者：越南者とその家族／越北者とその家族
被拉致者：拉北者とその家族／拉南者とその家族
軍人捕虜：未送還韓国軍捕虜とその家族／未送還人民軍捕虜とその家族
工作員：未帰還北派工作員とその家族／未帰還南派工作員とその家族
〈朝鮮半島外〉海外離散：海外離散人民軍捕虜とその家族

このうち、「越南者」とは、北から南に来た者という意味で、停戦後は「北韓離脱住民」と呼ばれた。その略語が日本でも知られるようになった「脱北者」にほかならない。「越北者」はその逆だが、停戦後北朝鮮では北にやってきた人たちを「義挙入北人」と呼びならわした。越南・越北者は基本的に自由意志で来た場合で、拉致は言葉どおり強制されて来た場合というのが基本的なちがいだが、この差もまた、あいまいな部分がある。本人が自由意志を主張しても、家族が拉致を主張する場合があるからである。

たとえばキム・ギオクは、２０００年8月の第一次再会に加わった越北者で映画俳優リ・レソンのケースを紹介する。南に残った家族は人民軍に連れ去られたものと思い込んでいたが、本人は志願して北に行ったと主張した。現在の政治状況では、真相を簡単に見極めることはできないが、本人の気持ちを家族が知らないこともありうるというべきであろう。

南北ともに、境界を越えた本人だけでなく、残された家族も辛酸をなめた。ある者がいなくなった家族は、北ならば「反動分子の家族」、南ならば「アカの家族」と周囲から後ろ指を差され、進学や就職などで社会的差別をこうむった。単に故郷が敵対する側にあるだけでも、スパイとなった縁者が密かに訪ねてくるのではないかと疑いのまなざしを受けることは、珍しくなかったのである。南または北に戻って拘束されたり国外に行けなくなったりした、あるいは祖国の南または北を訪問することが禁じられた在日コリアンも、広い意味での離散家族だということができる。韓国統一部の推計では、離散家族は三世代まで含めて韓国に６７６万人、北朝鮮に約３００万人いるという。

分断によって、南北や海外の離散家族は朝鮮戦争後、久しく会うすべがなかった。特に北朝鮮の住民の場合、海外に出る機会が限られていた。１９８４年に南の水害に対して北から救援物資が送られたのをきっかけに南北赤十字会談が再開され、ようやく85年に初めての離散家族故郷訪問が実現した。南北双方から50名が禁断の地を訪ね、平壌とソウルにおいて家族との涙の再会を果たしたのである。

2018年8月22日、北朝鮮の金剛山で行なわれた南北離散家族再会事業で、北朝鮮の家族（右）との別れを惜しむ韓国の男性（左）（写真提供：共同通信社）

だが、これは1回だけで終わってしまい、その後再会の場は作られなかった。

2000年の南北首脳会談で、ようやく離散家族再会事業が合意され、8月に再開された。基本的に再会事業の対象者は越北者・越南者とその家族で、85年と同様、南北への相互訪問形式、人数は双方から100人ずつが故郷のある側を訪問した。第2回（2000年11月）と第3回（2001年2月）は相互訪問形式で開催、第4回（2002年4月）からは金剛山で、南北の申請者が前後して面会を果たす方式になった。第5回は02年9月、第6回は03年2月、第7回は同年6月、第8回は同年9月、第9回は04年3月、第10回は同年7月に行なわれた。

しかし、1回に会える人数には限りがあり、韓国側では面会所の設置による定常的な面会の実現、消息確認作業の推進などを北側に提起し続けた。03年5月の南北赤十字会談において金剛山に韓国側が面会所を建設し運営していくことで合意した。南北関係は一時冷え込んで、面会所の建設も遅れ気味だったが、05年6月の第15回南北閣僚級会談で、第11回離散家族再会と面会所着工を8月に実施することが合意された。

第2回再会で、87年に漁に出ていて北側に抑留されたという南の漁民が、北から離散家族として再会を認められソウルを訪れた。このように、北朝鮮は建前としては自分の意思での越北者のみ訪問を認めるとしつつ、実質的には範囲を広げる姿勢を

これまでの離散家族再会事業

0		1985.9.20～23	離散家族故郷訪問団
1	金大中政権	2000.8.15～18	第1回離散家族再会
2		2000.11.30～12.2	第2回離散家族再会
3		2001.2.26～28	第3回離散家族再会
4		2002.4.28～5.3	第4回離散家族再会
5		2002.9.13～18	第5回離散家族再会
6		2003.2.20～25	第6回離散家族再会
7	盧武鉉政権	2003.6.27～7.2	第7回離散家族再会
8		2003.9.20～25	第8回離散家族再会
9		2004.3.29～4.3	第9回離散家族再会
10		2004.7.11～16	第10回離散家族再会
11		2005.8.15	第1回離散家族テレビ再会
12		2005.8.26～31	第11回離散家族再会
13		2005.11.5～10	第12回離散家族再会
14		2005.11.24～25	第2回離散家族テレビ再会
15		2005.12.8～9	第3回離散家族テレビ再会
16		2006.2.27～28	第4回離散家族テレビ再会
17		2006.3.20～25	第13回離散家族再会
18		2006.6.19～30	第14回離散家族再会
19		2007.3.27～29	第5回離散家族テレビ再会
20		2007.5.9～14	第15回離散家族再会
21		2007.8.13～14	第6回離散家族テレビ再会
22		2007.10.17～22	第16回離散家族再会
23		2007.11.14～15	第7回離散家族テレビ再会
24	李明博政権	2009.9.26～10.1	第17回離散家族再会
25		2010.10.30～11.5	第18回離散家族再会
26	朴槿恵政権	2014.2.20～25	第19回離散家族再会
27		2015.10.20～25	第20回離散家族再会
28	文在寅政権	2018.8.20～26	第21回離散家族再会

少しずつ見せている。また、離散家族の住所や生死の確認作業について、北朝鮮側は実行までにかなりのためらいを示したが、01年1月に199人、2月に1068人の確認が行なわれた。3月には南北双方300人の手紙の交換が行なわれた。さらに、05年8月の赤十字会談では朝鮮戦争時に行方がわからなくなった人びとの消息確認作業と離散家族のテレビ再会の実施が試験的に行なわれることで南北の合意がなされた。とりわけ、この行方不明者の消息確認は北朝鮮で捕虜になった、あるいは北に拉致されたという人びとを含めた消息確認を行なうことを意味しており、キム・ギオクがいう広義の離散家族の再会を北朝鮮も認めるようになったのである。

キム・デジュン、ノ・ムヒョン政権下で積極的に進められた離散家族再会事業だが、イ・ミョンバク政権期は2回（第17回09年9〜10月、第18回10年10月〜11月）、パク・クネ（朴槿恵）政権期も2回（第19回14年2月、第20回15年10月）しか実施できなかった。パク・クネ政権期までの実績は直接面談再会が20回、テレビ再会が7回であった。ムン・ジェイン政権は成立後に離散家族再会事業の再開を北側に呼びかけ、18年4月27日の南北首脳会談において8月の離散家族再会が合意された。第21回離散家族再会は金剛山において8月20日から26日にかけて行なわれた。年々離散家族の高齢化が進んでおり、事業の進め方も問われている。

（石坂浩一）

参考文献

キム・ギオク『越南民の生活経験とアイデンティティ』ソウル大学出版部（ソウル）、1999年
金貴玉『朝鮮半島の分断と離散家族』明石書店、2008年

第21章

脱北者と人権問題

圧迫ではなく実質的な改善を

１９９０年代以降、北朝鮮の経済難によって数多くの北朝鮮住民が食糧難や政治的理由から居住地を脱出し、中国をはじめとした近隣国家に滞留するようになった。日本ではあまり関心を持たれていなかったが、２００２年5月に中国・瀋陽の日本総領事館に北朝鮮から逃れてきた5名が駆け込みをはかって、これがテレビを通じて放送され、大きな注目を浴びるようになった。

こうした人びとは韓国で「脱北者」と呼ばれ、流動的であるため正確な数字は把握されていない。韓国政府は１９９９年10月、第三国にいる脱北者の推定数を1万から3万と発表したことがある。中国政府は1万程度と見ているようだが、韓国などの民間団体の中には30万などという大きな数字をあげるところもある。中国の国務院傘下の研究所が作成した報告書によると、中国が北朝鮮に送還した脱北者は96年５８９人、97年５４３９人、98年６３００人という。延辺朝鮮族自治州の朝鮮民族は約２００万であるから、この２００万の中に30万が隠れ住むのは無理がある。

脱北者のめざす国は韓国が最も多くなっている。言語が共通であり、一定の生活保障があることが大きな理由である。脱北者の韓国入国は、中国で官憲の摘発が厳しくなり安定した生活が営め

韓国入国脱北者の推移（人）

年度	～'01	'02	'03	'04	'05	'06	'07	'08	'09	'10	'11	'12	'13	'14	'15	'16	'17.9（暫定）
男	565	510	474	626	424	515	573	608	662	591	795	404	369	305	251	302	153
女	478	632	811	1,272	960	1,513	1,981	2,195	2,252	1,811	1,911	1,098	1,145	1,092	1,024	1,116	728
合計	1,043	1,142	1,285	1,898	1,384	2,028	2,554	2,803	2,914	2,402	2,706	1,502	1,514	1,397	1,275	1,418	881

（出所）韓国・統一部ホームページ

る土地をめざしたというのが第１の理由である。同時に、韓国への亡命を推進する団体の組織的支援、仲介するブローカーの存在も大きく作用している。北朝鮮の非人道性や食糧難を国際的にアピールするために、脱北者の亡命を図るいわゆる「企画亡命」も韓国では指摘されている。後述するが、韓国政府が脱北者に支給する定着支援金がブローカーの懐に入る構造ができている点も見逃すことができない。

しかし、北朝鮮を出て韓国に向かう人の流れがひたすら増えているというわけではない。17年10月末までに韓国に入った脱北者の人数は男８９５８人、女２万２１３５人、合計３万１０９３人だが、06年から11年まで毎年２０００人を超していた（ピークは09年２９１４人）ものの、12年から16年は１０００人台にとどまっている。韓国以外への移住を希望する者、中国を主たる活動の場としつつ周辺国を往来する者もあるといわれる。

韓国政府は従来から北からの亡命者を優遇する政策をとってきた。脱北者の増加にともない、韓国政府は97年７月に「北韓離脱住民の保護および定着支援に関する法律」を制定、99年７月に韓国での定着を支援するための教育機関「ハナ院」を開設、入所者には３ヵ月の教育プログラムを実施した。だが、入国者の急増に施設が追いつかず、02年9月には民間施設を賃貸してハナ院分院を設けた。当初は定着支援金として、少なからぬ定着支援金を支給していたが、事業に失敗してじきに使い果たしてしまったり、ブローカーにだまし取られたりする事例も相次いだ。

こうしたことから韓国政府は２００４年12月、支援金を減額し、その代わりに職業訓練や斡旋に力を入れる方針を決め、05年から実施した。脱北者出身ブローカーもおり、当局は取り締まりに力を入れることとした。一方で、韓国社会においても脱北者に対する偏見が存在し、差別されたり就職できなかったりする脱北者が多くなり、韓国に対する失望も強まっていった。脱北者が韓国の情報機関によって利用され、時にはスパイの汚名を着せられるケースも明らかになっている。韓国に入る脱北者が減少している背景には、こうした現実があると思われる。

第20章で紹介したキム・ギオクは脱北者について「帰郷権」という興味深い提案をしている。難民は本来的に亡命する権利と帰郷する権利を有しているが、これまで、脱北者については亡命の権利ばかりが語られてきた。しかし、韓国の受け入れ能力に限界が見えたことを踏まえ、韓国での定着に莫大な経済的・社会的費用をかけるよりも北朝鮮の経済的安定に投資を行ない、脱北者がそれに貢献できるシステムを作るほうが合理的ではないか、というのである。当然ながら、そのためには脱北者が帰郷し生活を営む権利を、南北当局が認めることが必要になる。北朝鮮当局が脱北者を迫害せず受け入れることがまず必要だが、同時に韓国側でも、脱北を誘導し北朝鮮を国際的に不利な立場に追い込もうとするような動きが社会的に否定されるような合意形成が求められよう。

「朝鮮民主主義人民共和国における人権に関する国連調査委員会報告」（２０１４年２月）は、北朝鮮に思想・表現の自由がない、出身による差別がはなはだしい、政治犯収容所はこの時点で少なくとも4ヵ所が確認され8万人から12万人が拘束されている、外国からの拉致が行なわれている、などの問題をあげている。詳細はともあれ、北朝鮮にこうした人権問題が存在することは事実であろう。問題は、これを解決するにはどのような方法、プロセスがふさわしいかということだ。

では人権問題はどのように解決されるべきか。もしも北朝鮮という国家を徹底的に非難すれば問題が解決するならともかく、日本や米国でそうした非難を展開しても、北朝鮮の閉鎖的政策を強めるばかりで展望はない。ソウル大研究教授のソ・ボヒョクは『北朝鮮の人権——理論・実際・政策（改訂版）』で、北朝鮮の人権問題を取り上げる際、そこには問題にする側の利益追求と人権問題そのものの改善という二つの側面が絡み合っており、それを区別する基準を論議する必要があると指摘している。また、韓国の市民団体である参与連帯は2003年12月の討論会を通じ、北朝鮮内部にオルタナティブな勢力が形成されるのを待ち、そうした人びとが力を発揮する国際的環境を作ることが韓国の団体のできることではないかと問題提起した。それは、北朝鮮社会の人びとの変化の力を信じるということでもあるだろう。

（石坂浩一）

参考文献

ソ・ボヒョク『北朝鮮の人権——理論・実際・政策（改訂版）』、図書出版ハヌル（ソウル）、2014年
キム・ギオク「「帰郷権保障」など南北の協調で解決法を見出そう」『月刊マル』（ソウル）、2004年9月号

第22章

北朝鮮の外交

162ヵ国と国交

北朝鮮は世界で孤立した国というイメージが強いが、162ヵ国と国交を持つ。世界の国・地域は196（2017年末現在）であるから、8割がたの国ぐにと国交を持っていることになる。北朝鮮と国交がないのは、欧州ではフランス、北米では米国、ラテンアメリカではアルゼンチンなどの諸国、中東ではサウジアラビアなどの親米国、アフリカではボツワナなど、そして東北アジアでは日本である。朝鮮戦争に際して国連軍は、北朝鮮および中国の軍隊と戦った敵であったが、1991年9月に国連に南北が同時加盟してからは、国連の一員として北朝鮮は役割を果たしている。47ヵ国に大使館を置いているが、17年後半に米国が北朝鮮との関係を断つよう関係国に圧力をかけたことから、北朝鮮の外交官を追放したペルー、メキシコなどの国もある。しかし国交を断絶したわけではない。平壌に大使館を置いている国は24ヵ国である（『東京新聞』2017年11月5日）。

80年代まで社会主義圏との外交が中心だったのに対し、社会主義圏崩壊後はそれら諸国との関係は不振になり、90年代以降は米国が外交における重要なターゲットとなった。第24章で述べるように、対米外交は社会主義圏とちがい模索の連続で、当初は米国の外交政策や機構についてレクチャーを受けるところから始まったといわれる。対米外交ラインの中心人物となったカン・ソクチュ（姜錫柱）、キム・ゲグァン（金桂寛）、リ・ヨンホ（李容浩）らは、その後党の上層部に進んでおり、対米関係が北朝鮮の政治においていかに重視されたかを物語っている。

ところで、韓国の北韓大学院のク・カブ教授は、北朝鮮の対外政策が「一国がほかの国との関係において一定の政治的目的を実現するため実施する政策をいう。対外政策は国家の本質から出る、対内政策の延長として、どのような階級が政権を握っているかにより、その性格が規定される」（社会科学院『政治用語辞典』）と記述されていることを引き、北朝鮮が「対外政策を国内政治の延長として考えて」いることを指摘した。

ク・カブは同時に、北朝鮮は自国内では国家と市民社会が分離不可能な一つの有機体であるという考え方をとっているが、他の国では国家と市民社会が分離していることを前提にしているという。そして、外国の反政府的な政党や階級に代表されるような市民社会と、マルクス－レーニン主義でいう一時的な同盟ではなく「自主をめざすすべての人びとを包括するもっとも幅広い」統一戦線を形成することをめざしていると指摘する。これを北朝鮮では「下層統一戦線外交」と呼び、主体思想を海外に拡散する活動が中心をなす。北朝鮮が日本の社会団体と交流する際に「チュチェ思想研究会」のような団体を重視するのも、こうした理論的背景がある。21世紀に入って「下層統一戦線外交」の概念が有効であり続けるかどうかは疑問だが、ク・カブが指摘する北朝鮮の考え方は外交を分析する上で参考になる。

ちなみに、北朝鮮は日本でチュチェ思想研究会のような団体との関係を密接にするあまり、日朝の幅広い外交がかえって妨げられてきた側面を指摘せざるをえない。あるいは、90年頃までの日本における社会主義連帯に依拠した日朝交流も、歴史的意義はともあれ、力を持ちえていない。遅すぎたとはいえ、問題点を検討すべきだろう。

第10章で若干言及したように北朝鮮は、アフリカ諸国との第三世界外交の名残で今でも外交的交流が比較的多い。また、キューバとも友好関係にあり、15年7月に米国がキューバと国交を回復した後も、9月に訪朝したキューバ政府代表団とキム・ジョンウン国防委員会第一委員長（当時）が会見している。キム・ジョンウンが外国の要人と会見したのは、公式的には12年8月の中国共産党対外連絡部部長王家瑞が最初で、15年10月に朝鮮労働党創建70周年で派遣された中国共産党の劉雲山政治局常務委員やキューバ代表団など、2017年までは数えるほどしかなかった。ただ、米国の元プロバスケット選手デニス・ロッドマンは17年6月に訪朝するまでに少なくとも5回北朝鮮を訪れ、キム・ジョンウンとも会っている。

北朝鮮としては、若き指導者の外交的デビューの場をどのように設定するかが大きな課題であったが、2018年に入ってこれは劇的に実現した。キム・ジョンウンは韓国のムン・ジェイン大統領と会談したのをはじめ、韓国の代表団とも顔を合わせた。また、北朝鮮の指導者として初めて米国のトランプ大統領と会談し、米朝関係の今後に期待を抱かせた。中国にも3回訪問している。30代の指導者としてはしっかりとした振る舞いを見せ、国際的な評価は決して低いものではない。同時に、妹のキム・ヨジョン（金与正）党第一副部長が補佐する姿も印象的であった。また、キム・ジョンウン外交を担う人びとも何人か明らかになりつつある。今後の外交に期待できるであろう。

北朝鮮外交でロシアも重要であるが、ソ連時代のように政権党としての党同士の関係は消滅したため、比重は下がっている。キム・ジョンイル時代の2000年2月9日に北朝鮮は朝ロ友好善隣協力条約を結び、プーチン大統領が同年7月に訪朝、キム・ジョンイル国防委員長が01年7月、02年8月、11年8月に訪ロしている。ただ、ロシアは東北アジアにおける急激な変動を辞さないトランプ政権との関係では17年以降、やや積極的に発言しているように見える。また、非公式な軍事面での関わりは注意する必要があろう。

なお日本では、北朝鮮は恐ろしい国で誰も行くことができないかのように考えている人もいるようだが、中国を経由すれば観光で入国するのは難しくない。15年7月に北朝鮮国家観光総局は国連傘下の世界観光機構（UNWTO）と覚書を締結し、観光産業の活性化をめざしていると見られている。正確な統計は明らかではないが、中国を中心に外国人観光客が北朝鮮を訪問している。しかしながら、度重なる国連安保理制裁決議により、特に17年以降は観光客が減少しているものと見られる。

（石坂浩一）

参考文献

ク・カブ「北朝鮮の外交政策と東北アジアの平和――安保と経済、そして市民社会」『平和・コミュニティ研究』第4号、立教大学平和・コミュニティ研究機構、2014年

第23章

中国との友好と軋轢

微妙ながら欠かせぬ関係

中国と北朝鮮は朝鮮戦争でともに戦った同志であり、ことのほか手厚い友好関係で結ばれていると理解されてきた。ところが、実際はそれほど単純な関係でないことをよく知っておく必要がある。日本で北朝鮮にとっての中国の存在を実際以上に大きく見る傾向が強いのは、北朝鮮はしょせん中国を頼っているという偏見も作用していよう。

キム・イルソンは1930年代に中国共産党の下で抗日武装闘争を戦ったが、この時には朝鮮人兵士が日本のスパイと疑われて処刑された「民生団事件」と呼ばれる出来事で多数の朝鮮人が犠牲になった。国を出て独立のために命を懸けながらこうした仕打ちを受けたことを、朝鮮人兵士たちは忘れることができなかったであろう。また、朝鮮戦争時、中国からの義勇軍の支援を受けざるをえなくなった朝鮮人民軍は、それまでの作戦の失敗から司令官を中国軍の彭徳懐に譲らざるをえなくなった。朝鮮側から見て、中国との関係は厳しい経験の連続だった。

中朝関係については平岩俊司の著作が流れをよく説明している。中国と北朝鮮の立場に共通性が多かったのは、朝鮮戦争から60年代にかけてである。中国にとって国民党政権から台湾を解放し統一を成し遂げることは、北朝鮮にとっての南朝鮮解放とパラレルなものであった。このような立場に立つとき、米国は統一を妨害する妥協しがたい勢力にならざるをえない。中国も米国を常に警戒し、対決姿勢を当然とする理由があった。61年5月に韓国の軍部がクーデターを起こし4月革命を挫折させたのを受けて、キム・イルソンが7月にソ連、中国を訪問し「友好協力相互援助条約」を結んで、中ソとの関係を軍事的レベルまで公式に引き上げたのは、南での軍部の動向を警戒し、背後に米国の思惑があるのではないかと疑ったからである。

だが、中ソ対立と文化大革命、そして米中和解は、北朝鮮に中国への根本的疑念を抱かせることとなった。第9章で述べたとおりである。中国は社会主義国の盟主を争う過程で、北朝鮮にも服従を求めた。北朝鮮が望んだのは、中ソが意見の違いはあっても反帝国主義の国際連帯の大義にのっとり、北朝鮮を一致して支持することであった。そのとおりに行かなかったことは歴史が証明している。そして、中ソが国境問題を抱えていたように、中朝は国境問題、民族問題を抱えており、文化大革命を契機に対立を深めた。近年、平岩に続いて沈志華らの研究が中朝関係についての研究を前進させた。北朝鮮が情報公開をしていないためとはいえ、中国側の視点に立った研究である。

東北アジアの将来を考えるときに重要なのは、21世紀に入っての中国の役割である。中国は1992年8月24日に韓国と国交を正常化し、北朝鮮とはぎくしゃくした関係になった。まだ国際関係に十分関与する準備ができていなかったこともあり、90年代の第一次核危機でとりたてて役割を果たせなかった。ところが、中国は一転して2000年代には朝鮮半島をめぐる六者協議を主導することになった。南北朝鮮に、中ロ、そして米日を加えた六者協議の枠組は、ブッシュ政権が悪の枢軸の一つとして北朝鮮を圧迫し始めて緊張が高まり、必要性が認識された。02年12月に北朝鮮は、朝鮮半島エネルギー開発機構（KEDO）による重油供給の約束が果たされなくなったことから、凍結していた核施設を再稼働することを宣言、年が明けて03年1月10日には、核拡散防止条約（NPT）を脱退し、国際原子力機構（IAEA）の拘束を受けないと宣言した。ちょうど10年前の第一次核危機が再燃したかのようであった。中国は米朝間の緊張を緩和すべく4月に北京で米中朝三者会談を開催したが、成果を出せなかった。中国は日本、ロシア、韓国を加えた六者協議を招集し、8月に最初の会合を開いたのをはじめ、04年2月に第2回、5月に作業部会、6月に第3回、05年7月に第4回の六者協議を実施した。05年2月、北朝鮮外務省スポークスマンはブッシュ政権が敵対視をやめていないとして六者協議参加中断を宣言、核兵器を製造したと初めて公式に表明した。北朝鮮の核兵器保有で東北アジア情勢が緊張することを避けようとした中国は、協議の前進に尽力し、ブッシュ政権も前向きなところを見せて、第3章で述べたとおり同年9月19日には六者協議共同声明が合意された。北朝鮮をめぐるこれまでの国際的合意の集大成というべき内容であった。だが、米朝の不信感からこの合意は生かされなかった。

2019年1月8日、北京の人民大会堂での北朝鮮のキム・ジョンウン国務委員長（左）と中国の習近平国家主席（右）。キム・ジョンウン国務委員長は2018年に3回訪中し、これが4回目の訪中となった。（写真提供:共同通信社）

中国の功績は、それまで二国間関係の集積であった東北アジアに21世紀に入って多国間協議の枠組みを形成したことであった。だが、中国の役割が大きくなるにつれて、米国には、朝鮮半島は中国に任せておけばいいという責任逃れが生じるようになった。オバマ政権では北朝鮮を管理するための下請けとして中国が期待されるかのようであった。トランプ政権になると、北朝鮮問題は中国と北朝鮮の問題であると公然と主張するようになり、中国が北朝鮮にいうことを聞かせるように迫った。大国間の取引としか国際政治を理解しない発想に中国も抵抗して、「北朝鮮問題は米朝間の問題」だと反論しつつも、米中の協調を維持するため決定的対立を回避しつつ、北朝鮮への制裁に表面的に協力する姿勢を見せている。中国国内でも北朝鮮の自己主張を厄介に思って、排除したいと考える傾向が現われてきている。東北アジアという地域の問題を大国の思惑だけで解決しようとする考えが決して成功しないことを、あらためて直視すべきではないだろうか。

（石坂浩一）

参考文献

平岩俊司『朝鮮民主主義人民共和国と中華人民共和国――「唇歯の関係」の構造と変容』世織書房、２０１０年
沈志華『最後の「天朝」――毛沢東・金日成時代の中国と北朝鮮』（上・下）岩波書店、２０１６年
林聖愛『中韓関係と北朝鮮――国交正常化をめぐる「民間外交」と「党際外交」』世織書房、２０１５年

第24章

米朝交渉の変遷

後戻りのない正常化への期待

北朝鮮では朝鮮戦争について、米国を敗北させた「偉大な歴史的勝利」と位置づけている。元来、朝鮮戦争は南北のイデオロギーをめぐる内戦から始まっているが、北朝鮮は公式にはそうした見方をとらず、米帝国主義の朝鮮半島への介入という見方をとり続けている。これは、米国は敵だが南北の民族同士は和解できるというロジックを生みだす。朝鮮戦争が米国との和解なしに平和協定へと導けるはずがないのは確かに事実だが、このロジックは民族内部の矛盾、言い換えれば北が南に対して持つ矛盾、葛藤を二次的問題に格下げし、米国を敵として民族の団結を主張できる機能を持つ。この時の「民族」は北が主導、構想する共同体として語られることがあり、南から警戒される要因となってきた。他方、北朝鮮の黄海南道で朝鮮戦争のさなかに発生した信川虐殺は、北朝鮮では米軍による蛮行として糾弾されてきた。しかし、この虐殺は主として韓国側によって行なわれたと見られている。南との直接的葛藤を回避する機能としても、このロジックは働くことがある。

1953年7月27日に調印された朝鮮戦争の停戦協定においては、協定が発効して3ヵ月以内に「より高級な政治会議」を開き、

第24章

米朝交渉の変遷

外国軍隊の撤退と朝鮮問題の平和的解決について協議することが盛り込まれていた。しかし、当事者間の交渉が進まず、米英仏ソの4ヵ国外相会議の合意を通じ、54年4月26日からようやくジュネーブで政治会議が行なわれた。全朝鮮での自由な総選挙と外国軍隊の6ヵ月以内の撤退を掲げた北朝鮮提案は国連軍側の国ぐにの支持も集め、会議が進展しそうな勢いだったが、米韓はこれを嫌い6月15日、「共産主義者」は国連の権威を否認し拒絶しているなどと主張する国連軍側16ヵ国の共同宣言を発表、会議を打ち切ってしまった。その後、国連で朝鮮問題は繰り返し提起されたが、進展はなかった。63年の国連総会までは毎年朝鮮問題が上程されていたが、当時はまだ中華人民共和国も国連に加盟しておらず、社会主義圏の国連未加盟は世界的課題であった。

68年1月23日に北朝鮮は元山沖で米国艦船プエブロ号を拿捕、米国との間に緊張が走ったが、12月にようやく乗組員釈放に応じた。この時期、北朝鮮はベトナム人民にならい南朝鮮を独力で解放することを考えていた。ところが、一転して米中和解局面が現れると、北朝鮮は73年にニューヨークに国連代表部を設置、74年に停戦協定を平和協定へと転換させるための米朝直接交渉を提案した。米朝二間で朝鮮戦争を終結させようとする方針はこれを出発点としている。これに対し、米国からは米日が北を、ソ中が南を承認するクロス承認が提起された。だが、北朝鮮は分断を固定化するものだと主張して、これを受け入れなかった。南北に和解の条件が整っていなかったのは第10章でふれたとおりである。

北朝鮮は83年10月9日、ビルマのラングーンで韓国の大統領一行を狙ったテロを行ない、世界を驚かせた。ところが84年1月10日には一転して、国会と政府にあたる最高人民会議と中央人民委員会が

2018年6月12日、シンガポールで初めての米朝首脳会談が行なわれた。共同声明に署名後、笑顔で握手する北朝鮮のキム・ジョンウン国務委員長（左）とトランプ米大統領（右）（写真提供：共同通信社）

南北米の三者会談を提案した。米中はこれを受けて中国も加わる四者会談を望ましいものとしたが、これは実現に至らず、87年11月の大韓航空機爆破事件により対話の条件はまた消滅した。韓国が88年に友好国に対して北朝鮮との接触を許容する方針を示したことから、米国国務省は10月に「穏健なイニシアティブ」を発表して北朝鮮との非公式接触を始めたが、第3章に述べたようになかなか進展がなかった。その後、韓ソ国交樹立という衝撃に見舞われた北朝鮮は、韓国や日本との対話を足掛かりに、核問題をきっかけとして92年1月に初めての米朝高官級会談を実現した。この当時、北朝鮮側は米国の政治の仕組みも理解しておらず、初歩的なレクチャーから始めねばならなかったと、当時国務省で交渉を担ったケネス・キノネスは回顧している。ここからは、クリントン政権、ブッシュ政権が北朝鮮と有意義な合意に到達しながら、最後の締めくくりを欠いて関係改善に失敗したことはすでに指摘してきた。

ブッシュ政権で大統領補佐官、国務長官を務めたコンドリーザ・ライスは、米国政府が第二次核危機とその後の収拾過程において相当に悩んだことを彼女なりの視点から回顧した。軍事オプションは「平壌に対しては良策とは言えなかった」し、「相手が参るまでとにかく締め付けるという案は魅力的ではあったが、成功の見込みは低かった」ので選択肢は限られていていてむずかしかったと率直な感想を残している。結局、ブッシュ政権は懲罰的措置を基礎にして多国間外交に望みを託すという方法を選んだ。ライスの自己評価は、北朝鮮の出方に対して米国が責任を問われることはないくらい外交的努力はしたが、北朝鮮が核を保有するという危険な状況は残ったというものであった。自己弁護も含まれているが、ブッシュ政権は二期目に北朝鮮との交渉にそれなりに努力したとはいえるだろう。そして、オバマ政権は交渉したといえるほどのものも残せなかった。

それに続いたのが米朝の緊張である。だが、2018年には大反転が到来して、東北アジアは対話の可能性を開いた。米朝対話の行方は2019年初めの時点ではまだわからないが、トランプ政権もだんだんと不可逆的な道のりへと踏み込もうとしているように見える。

米国は朝鮮戦争を終結させる責任をとらねばならない。そして、それは北朝鮮をまとめているキム・ジョンウン政権との交渉にならなければならないだろう。安定した国際情勢が作られてこそ、朝鮮人民がその次の未来を選択できるはずである。

（石坂浩一）

参考文献

『統一朝鮮年鑑』統一朝鮮新聞社、1965年
コンドリーザ・ライス『ライス回顧録——ホワイトハウス激動の2920日』集英社、2013年

第25章

東北アジア非核化への道すじ

地域における合意と国際的な枠組みを重ねて

以上検討してきたように、北朝鮮の核・ミサイル問題は朝鮮半島をめぐる70年の歴史を持っており、単に北朝鮮に圧力を加えて屈服させれば解決する問題ではない。同時に、北朝鮮の崩壊を待つというのは非現実的であり、具体的な人道問題を考えれば時間の浪費になる可能性が高い。東北アジアが核のない平和な地域になるように、その構成員は努力を求められているのだが、そのためにはどのような道すじが考えられるだろうか。

北朝鮮の核・ミサイル実験を契機に米日と北朝鮮はチキンゲームの様相を呈しているが、まずは対話を復活させることが第一段階になる。17年の状況に対し、中国やロシアは米韓合同軍事演習の中止と北朝鮮の核・ミサイル実験中止の条件で対話に入るよう促してきた。これに対し、北朝鮮が核廃棄の姿勢を示さないと無条件では対話には入れない、と米日は主張していた。さんざんオバマ政権を批判してきたトランプ政権だが、奇妙なことに対話にこうした条件をつける点では、オバマ政権と同じになっている。ところが、平昌《ピョンチャン》冬季五輪のため、18年1月に南北はテーブルについてしまった。韓国主導で米韓合同軍事演習を延期することにより、北朝鮮は核・ミサイル実験をしばらく行なわないという方向へと状況は進みつつある。対話は相手方に責任をなすりつけることで進展するものではなく、政治的意志の問題であることがあらためて確認されたと思われる。

２０００年代は中国が場を取り持って六者協議が進められたが、北朝鮮が中国の介入を嫌っていることからすると、六者という枠組みに戻ることはそれほど有益ではない。課題ごとに二者、三者の対話を復元し、それに連動しておのずと必要な課題において六者の関与が可能になるような流れを形成するのが望ましいだろう。

米日が国連安保理を通じて実行してきた制裁を緩和し、米国が核兵器先制不使用と不可侵を約束すれば、北朝鮮が核・ミサイルのモラトリアムとともに不可侵、あるいは挑発の中止という形で対応し、相互の信頼醸成に努めれば、第2段階として平和定着の枠組み作りへと踏み出すことができる。北朝鮮の主張でいえば、それはまさに平和協定締結ということになるが、これまでの不信感が強いことを思えば、米日が平壌に連絡事務所を置き、人道問題の解決など、懸案を進展させてこそ、国交正常化を実現し、平和協定を語ることができるようになると思われる。

平和定着に向け、よりどころとなるこれまでの合意は少なくない。六者協議のレベルでは05年9月19日の共同声明がある。北朝鮮が核を放棄する代わりに、米国は朝鮮半島に核がないことを確認し、先制攻撃をしないことを誓っている。米日は北朝鮮との国交を正常化し、六者協議関係国は北朝鮮の発展に協力するという内容である。

また、米朝間では94年10月の枠組み合意、２０００年10月の米朝共同コミュニケが、米国による先制不攻撃、国交正常化、北朝鮮へのエネルギー支援を盛り込んでいる。日朝間では02年9月17日の日朝平壌宣言が、日本が植民地支配の歴史を踏まえ国交正常化をめざして経済支援を進めるとともに、北朝鮮は核・ミサイルについてモラトリアムに応じ人道的諸懸案解決に努力することが明記されている。

南北間ではすでに言及したように、南北基本合意書、非核化宣言、南北首脳会談を通じて合意された2度の南北共同宣言がある。非核化、相互不可侵などはこれらの合意に当然含まれているのである。今後の交渉で問題になりうる点は、北朝鮮がみずからを核保有国と認めるよう要求する点であろう。北朝鮮の狙いは米国から攻撃されない担保を得ることなので、実は核そのものに重きがあるわけではないが、米国との交渉が相当進展するまでは、核兵器を放棄するわけにはいかないだろう。また、韓国や日本で核保有論を誘発する可能性があるので、国際的に扱いにくいイシューであることはまちがいない。北朝鮮が核を放棄して平和的な方向へ進むよう促すためには、周辺国が北朝鮮を口実にして軍備を強化したり、核保有を主張したりしないことが前提となる。

そこで、17年7月7日に国連で122ヵ国の賛成により採択された核兵器禁止条約のような、大きな枠組みで関係国の平和への取組みを促す必要があろう。現在、北朝鮮をはじめ核保有国はこの条約に加入していないが、この条約は保有する国が負う責任を示して、現実的に核軍縮に向かおうとするもので、これまでの核拡散防止条約（NPT）が保有国中心だったのと比べて、新たな可能性を期待できる。世界的な枠組みと地域における取決めで東北アジアの平和と非核化を進めようとすることは、決して夢物語ではない。

こうした段階を経れば、朝鮮戦争を停戦協定から平和協定の体制へと進めることができよう。停戦協定では北と中国、米国が調印したが、平和協定にはもちろん韓国が加わらなくてはならない。この時に、核のない東北アジアを地域の人びと、国ぐににより作り上げようとする機運が高まれば幸いなことである。そして、朝鮮民族自身の統一という課題もこの段階で具体化することになるだろう。これからどれだけの歳月が必要かはわからないが、その時点での朝鮮半島の構成員が一つの国をめざすか、当面異なる体制の共存を維持するか、当事者自身が決定すべき事柄である。そして、朝鮮半島問題を教訓として東北アジア地域の地域共同体、あるいは協力機構も必要になることだろう。

（石坂浩一）

参考文献

石坂浩一「北朝鮮核開発の現状と非核化の課題——発想を変え、ロードマップを描くとき」『核兵器・核実験モニター』第517号、NPO法人ピースデポ、2017年4月1日

第Ⅴ部

北朝鮮の経済と暮らし

平壌市郊外の公園で野外の宴会を楽しむ平壌市民たち（写真提供：金秀煥）

第26章

地理と自然

変化に富んだ気候と豊かな天然資源

位置

北朝鮮は、アジア大陸の東方に位置する朝鮮半島の北半部と周辺諸島で構成されている。緯度上では、北緯38度から43度付近に位置する。面積は、12万３１３８平方キロメートルである（朝鮮半島全域の面積22万３３７０平方キロメートルの約55％）。北朝鮮の東側には東海《トンヘ》（日本海）を挟んで日本列島があり、西側には西海《ソヘ》（黄海）を挟んで中国がある。また北側には鴨緑江《アムノッカン》と豆満江《トゥマンガン》を挟んで中国とロシアと接しており、南側は軍事境界線を挟んで韓国と接している。

時間

日本の植民地支配からの「解放70年」を記念して２０１５年８月15日から「平壌時間」として、標準時でＵＴＣ（協定世界時）＋８：30としていたが、２０１８年４月27日の南北首脳会談で、キム・ジョンウン国務委員長が「時刻の南北統一」を提案し、翌５月５日から韓国や日本の標準時と同じＵＴＣ＋９：00となった。

気候

温帯気候地域であり、四季の区別がはっきりしている典型的な温帯気候である。朝鮮半島全体の年平均気温は10度であるが、北部に位置する北朝鮮の年平均気温は３～６度である。

地域間の温度差は大きく、西海岸に比べて東海岸の方が、また内陸地域に比べて海岸地域の気温が高い。とくに、南部の海岸地域の１月の平均気温は約２度であるのに対して北部の高原地域では氷点下18度にも達する。

冬季は約５ヵ月間で、韓国に比べて長い。中国およびロシアと接する河川である豆満江と鴨緑江は冬季には３～４ヵ月以上にわたって凍る。しかし、夏季の平均気温の地域別温度差はそれほど大きくなく、全国的に20～25度程度である。年平均降水量は１０００～１２００ミリであり、そのうち53～63%が６月から８月の３ヵ月のあいだに降る。

地形

地形は、山地、平地、渓谷、海岸、高原など変化に富んでいる。陸地の平均標高は４４０メートルで、世界の平均８７５メートルに比べると低い。全領土の80%が山地で、高山は主に北部と東部に偏在しており、西に向かってなだらかに下っている。白頭山から韓国の南海《ナメ》に向けて白頭大山脈をはじめいくつかの大きな山脈がはしり、標高２０００メートルを超える山岳は50余に達している。最高峰は中国との国境地帯の白頭山《ペクトゥサン》（２７５０ｍ）である。約１００万年前の噴火によってできた山で、頂上の噴火口には白頭山天池（自然湖）がある。平野は比較的少なくて主に西部と南部に広がり、東海岸地帯には河川の下流にいくつかの小さな平野があるにすぎない。

動植物

変化に富んだ気候と自然条件により、多種多様の動植物が生息している。動物は脊椎動物１４３４

種、無脊椎動物７０３１種で、固有種は朝鮮キタタキ、朝鮮トラ、キバノロなど20余種がある。亜寒帯性高山植物から亜熱帯性常緑植物に至るまで植物の種類は多様で９５４８種に達し、朝鮮の特産種は８００余種である。世界に1属1種として知られる金剛《クムガン》フサシモツケと金剛ツリガネ草が金剛山に、三防《サムバン》タテスミレが東海岸の三防渓谷に生えている。

山林資源

北朝鮮の山林面積は９２０万ヘクタールで、全面積の74％である。植物の種類は６７１０種、高等植物は４０００余種である。山林植物種は１０６９種でうち用材用は１００種、薬用９００種、山菜３００種、山果実30種、飼料１６０種、香料60種、繊維10種、蜜源１７０種、園芸３００種、工業用４５０種、油脂用50種、染料用80種といわれている。このうち朝鮮特産種は１００種、変種５００種などとなっている。

地下資源

長い地殻運動と侵食、堆積作用によって幾多の地層が形成されており、地殻変動の影響による多様な鉱物が埋蔵されている。代表的な資源としては、石炭、鉄、鉛、亜鉛、金、銀、雲母、タングステン、マグネサイト、モリブデン、重晶石、蛍石、チタン、コバルト、モナズ石、高陵石などの埋蔵量が豊富であり、輸出も行なっている。また、西海の海底資源として原油が埋蔵している可能性があるとされ、試掘も行なわれている。『朝鮮地理全書』と『朝鮮中央年鑑』（２００４年版）などの現地資料に示されている地下資源の埋蔵量は、次頁の表のとおりである。

水産資源

表　主要地下資源の埋蔵量

区分	埋蔵量	主要分布地
鉄	50億トン	咸鏡北道の茂山郡、咸鏡南道の利原郡と虚川郡、黄海南道の殷栗郡と載寧郡、平安南道の价川市
タングステン	20～30万トン	黄海北道の新坪郡、平安南道の大興郡と陽徳郡、平安北道の昌城
モリブデン	5万4000トン	咸鏡北道の遂安郡、咸鏡北道の穏城郡、江原道の金剛郡
マンガン	30万トン	咸鏡北道の富寧郡、江原道の金剛郡
ニッケル	1～2万トン	咸鏡南道の定平郡、咸鏡北道の羅津地域
石炭	205億トン（うち無煙炭は45億トン）	平安南道の順川と徳川と价川市と安州市、平安北道の球場郡、咸鏡南道の高原郡、咸鏡北道のセッピョル郡
亜鉛	2万1000万トン	咸鏡南道の瑞川郡、平安南道の成川郡と价川市、慈江道の龍林郡と松源郡と渭原郡
金	2000トン	平安北道の東倉郡と雲山郡、黄海北道の遂安郡と延山郡、咸鏡南道の虚川郡、江原道の金剛郡
銀	5000トン	平安北道の東倉郡と雲山、黄海北道の遂安郡と延山郡、咸鏡南道の虚川郡、江原道の金剛郡
マグネサイト	60億トン	咸鏡南道の瑞川郡、両江道の白岩郡、雲興郡
石灰石	1000億トン	咸鏡北道の会寧郡、咸鏡北道の江原郡

（資料）『朝鮮中央年鑑』（朝鮮中央通信社）各号より。

東海には暖流と寒流の潮目が発達するので、ニシン、メンタイ、サバ、タラ、カレイをはじめ６００余種の魚類が確認されている。西海では２５０余種といわれている。淡水魚は１５８種が知られる。ウニ、ハマグリ、カキ、ワカメ、コンブの水揚げが多く、制裁が発動される２００６年以前は日本へも輸出されていた。

水力資源

地形に富んだ自然条件により豊かな水力資源を備えている。地形の関係から多くの大河は東から西に流れている。河川を利用した人口湖が数多くあり、水力発電、灌漑用水、養魚場、風致湖として利用されている。水力資源は１００

0万キロワットといわれている。

（文浩一）

参考文献
『光明大百科事典：朝鮮の地理』百科事典出版社、２００７年
朝鮮対外経済投資協力委員会編『朝鮮民主主義人民共和国投資案内』外国文出版社、２０１６年

第27章

人口動向と構成

少子高齢化時代への突入

北朝鮮は、それまで人口統計を体系的に発表してこなかったが、1985年から国連人口基金（UNFPA）との協力が始まってから、徐々にではあるが各種の人口統計を公表するようになった。1989年には医療保健関連統計を含む各種の資料を公表し、また1994年の1月3日から15日にかけてUNFPAからの支援により建国以来の初の人口センサス（1993年期末基準）を実施し、その内容を公表している。その後、2008年10月1日基準で第2回センサスが実施され、2018年には第3回センサスを予定している。2016年には、1万3250世帯と1万35人の結婚歴のある女性と7128人の高齢者を対象にサンプル調査を行ない「2015年社会経済および人口健康調査」を公表した。

一連のデータをもとにすると、北朝鮮の総人口は2550万人程度と推計され、その人口動向は、〔第1期〕建国後1970年代中盤までの高い増加率、〔第2期〕1970年代中盤以後、1995年頃までの安定した人口増加、〔第3期〕1995年以後今日までの低い増加率の3段階に区分できる。

第1期の高い人口成長は、いわゆる「ベビーブーム」によるもので、とくに朝鮮戦争（1950～1953年）により多くの人命が失われたことを背景に政府が積極的に出産を奨励したことが強くはたらいている。当時、合計出生率（女性が生涯をつうじて産む子どもの数の平均）は国連推計によると6〜7に達する時期もあった。これにあわせて戦後の医療衛生環境が好転したことにより、人びとが長生きするようになり、結果、人口が急速に成長することになった。

第2期の安定成長の時期は、女性が子どもを以前ほど産まなくなったことが要因である。当時、北朝鮮では経済の急速な拡大にともない労働需要が増大したが、これにたいして供給が追いつかないという状況であった。そのため、専業主婦らを含む多くの女性たちがあいついで就業していった。仕事と育児は相反する関係にあるから、出生率の低下は必至であった。これに併せて建国後の教育制度が発達し、女性たちも教育の機会を得ることができた。これにより多産による健康状態への影響および避妊手段などの知識が個々の女性たちに普及し、また教育で学んだ知識を労働現場で発揮したいという要望も高まった。結果、合計出生率はピーク時の半分以下に落ちた。

第3期は、食糧不足を背景に人びとの健康状態が悪化したことによる人口成長停滞の時期である。1995年の自然災害を契機に、北朝鮮では食糧供給が需要に大きく満たなくなり、結果、食糧配給システムが崩壊した。また、1980年代末から1990年代初めにかけての旧ソ連・東欧の社会主義諸国の崩壊により経済全般が低迷したことを背景に、医療・衛生環境も悪化していた。すなわち1990年代後半の北朝鮮は、飢饉によって人びとの生存環境が脅かされていた。この間の飢饉の規模については、文浩一（2011）と韓国統計庁（2011）では33万6000人ほどが飢餓状態に陥ったと推計されている。

現在は、食糧需給や医療ケアへのアクセスは一時ほど深刻ではなくなり、死亡率は改善しつつある。平均寿命は、第1回センサス（1993年）の時は73・2歳であったのが飢饉を挟んで行なわれた第2回センサス（2008年）では69・3歳まで落ち込んだが、直近の2015年のサンプル調査では72・1歳まで回復している。

一方、出生率については年々低下傾向にある。1993年センサスでは合計出生率は2・1であったが、2008年には2・01に、2015年のサンプル調査では1・89となった。これは、他国でも見られるように社会経済発展にともなう一般的な傾向として子どもを少なく産み手をかけて育てようとする要求が高まったためであると思われる。しかし、政府は低出生率は好ましくないと考えており、出産奨励や避妊の規制などの各種人口増加政策を講じている。

なお、北朝鮮の人口動向の一つの特徴として男児選好が強くないことがあげられる。通常、なんらかの人為的な操作が加えられない限り、出生性比（男児／女児）は1・05〜1・06の割合

平壌市の金正淑紡績工場付属託児所での子どもたち（写真提供：山本かほり）

表　北朝鮮の公表人口　(単位＝千人)

年度	総人口	男（a）	女（b）	性比（a／b）
1946	9257	4629	4628	100.02
1949	9622	4782	4840	98.80
1953	8491	3982	4509	88.31
1956	9359	4474	4885	91.59
1960	10789	5222	5567	93.80
1963	11568	5633	5934	94.93
1965	12408	6067	6341	95.68
1969	13630			
1970	14619	7127	7492	95.13
1975	15986	7433	8553	86.91
1980	17298	8009	9289	86.22
1982	17774	8194	9580	85.53
1985	18792	8607	10185	84.51
1986	19060	8710	10350	84.15
1987	19346	8841	10505	84.16
1989	20000			
1991	20960			
1993	21213	10329	10883	94.91
1994	21514			
1996	22114			
1997	22355			
1998	22554			
1999	22754			
2000	22963			
2008	24052	11722	12330	95.07
2014	24200			

（出所）・1946年から1963年は『朝鮮民主主義人民共和国経済発展統計集』（朝鮮民主主義人民共和国国家計画委員会中央統計局編、国立出版社、1965年）
・1969年は朝鮮労働党第5回大会報告（1970年）
・1970年から1987年は *The Population of North Korea* (N. Eberstadt & J. Banister, 1992, Institute of East Asian Studies, Univ. of California, Berkeley)。
・1989～1991年および1994～1999年は「朝鮮中央年鑑」各号。
・1993年と2008年は人口センサス。
・2000年は北朝鮮の国連提出資料（Core Document Forming Part of the Reports of State Parities. United Nations Human Rights Instruments. May. 15, 2002）
・2014年は *DPRK Socio-Economic, Demographic and Health Survey 2014*（中央統計局、2015年12月）

となる。ところが、かつて韓国ではこの比率が異常に高かった。それは人びとが女児よりも男児を強く好み、妊娠期間に超音波検査などによって女児であることが判明した場合、堕胎してしまうケースが多いことに起因する。その理由としては儒教による男尊女卑の考え方や農業における労働力確保のため、あるいは老後の保障制度が脆弱なため息子に養ってもらおうとする考えなどいくつかの仮説がある。北朝鮮においても韓国と同様に儒教の影響を受けており、また農業社会が長くつづいたため、同様の現象があったと思われるが、いずれのセンサスにおいても出生時の性比は1・05とノーマルな値が現れている。北朝鮮の場合、韓国とはちがって家系を示す族譜の慣行が弱いことや、相続制度においても建国後から一貫して男女平等政策を強く推進してきたことなどが関連していると思われる。

（文浩一）

参考文献

文浩一『朝鮮民主主義人民共和国の人口変動――人口学から読み解く朝鮮社会主義』明石書店、２０１１年

第28章

基本的経済システム

企業責任管理制の導入

現在の北朝鮮では、社会主義企業責任管理制（以下、企業責任管理制）のもとで経済が運営されている。これは、これまで中央政府によって全面的に経済が管理――行政的には国家計画委員会が集中的に経済を管理――されてきたのと対比をなす。

従来の制度では、企業はあらゆる生産活動を国家計画にもとづいて行なうことになっていた。その場合の計画の策定は3段階あり、予備数字、統制数字、計画数字である。予備数字とは生産現場から当該の指導もしくは監督機関（たとえば、履物工場であるなら軽工業省の当該機関）に提出されるもので、当該機関ではその妥当性を審議して国家目標である統制数字も加味して計画を生産現場に差し戻して再調整し、それが国家計画委員会に提出され、最終的に計画数字として確定する。計画数字の段階では法的な性格を有し、それに反した場合（達成できなかった場合）は法的に罰せられることになっている。

企業責任管理制のもとでは、従来は国家計画にもとづく指標、すなわち国家指標として単一であったものが、国家指標と企業所指標に分かれることになる。この場合、国家指標に関しては従来どおり上記の3段階を経て最終的に法的義務を負う生産計画となるが、企業所指標については企業の裁量に任せることになっている。このことから、企業は計画権を付与されたことになる。これ以外にも、企業責任管理制では、労力調節権、人材管理権、製品開発権、品質管理権、貿易・合弁合作権、財政管理権が付与された。

労力調節権というのは、企業の判断のもと、労力を減らすことも増やすこともできる権限である。労力を増やす場合は、企業所が労働行政機関に提起する。労力を減らす場合も同じ手続きである。具体的には、労働省に提起する。道・市・郡に労働局が設置されているのでそこに提起する。ただし、自由経済貿易特区である羅先市では、以前からこの制度が機能している。

うち、管理機構に関しては、企業が、国家が定めた標準管理機構にそくして、自らの実情に合うように管理機構を組織することができる。国家が定めた標準管理機構では、企業には支配人と技師長がおり、その下に計画や生産、技術を担当する専門部署が置かれる。企業は、その専門部署を自らの判断のもとに統合したり、なくしたりすることができ、スタッフの数を必要に応じて増減させることもできる。また、企業では技術機能級数を独自に定めることができる。技術機能級数は、基本給の基準となり、労働の量と質を評価する基準にもなる。たとえば「旋盤1級」といえば、これまでは国家資格であり、政府の当該機関が資格を付与してきた。現在は、一定の試験基準を与えてその水準に到達したと判断すれば、該当級数を企業所が独自に与えることができるようになった。

人材管理権というのは、企業が人材を自ら発掘、育成して生産現場で能力を発揮できるように、たとえば企業の権限で大学へ推薦し卒業後に自らの企業に受け入れることができる権限である。

製品開発権は、文字どおり製品を開発する権限であり、国家計画にない製品の開発も企業の裁量に

平壌カバン工場での縫製作業（写真提供：金秀煥）

よってできるようになった。

品質管理権には、一般に第三者保証と生産者責任制があり、これまでは第三者保証であったといえる。つまり、国家中央監視委員会の監督員が品質を直接検査して合格、不合格を判定して等級をつけてきた。これは国家による第三者保証という意味では高い水準の品質管理といえるが、生産者の立場からは品質にたいする責任がおろそかになりかねない。そのような問題を回避するために、国家が品質管理の基準と方法を定めてその枠組みにしたがって企業が自ら品質管理と検査をする。すなわち生産者イコール検査員としての責任も負わなければならないことになった。万一、消費者に被害が生じた場合、それはすなわち生産者の責任となる。

貿易・合弁合作権は企業が独自に外国との貿易取引や外国企業との合弁あるいは合作事業をする権限である。従来は、行政機関の省ごとに貿易会社が置かれ、企業は上部機関である省の貿易会社を通じて貿易取引をしてきた。また、一部大規模企業では独自に貿易会社を置いて貿易取引をすることもあった。しかし、２０１４年からは小規模の企業も独自に外国との貿易取引のみならず、合弁事業や合作事業ができることになった。たとえば平壌ホテルで大規模な補修や経営拡張のために外国資本を誘致するなら、平壌ホテルが独自に判断して契約を結んで推進することができるということである。

図　経済計画の推移

		1950～53			1960			1977		1985~86		1994~
経済計画	2ヵ年計画	朝鮮戦争	3ヵ年計画	5ヵ年計画	調整期	7ヵ年計画	6ヵ年計画	調整期	第2次7ヵ年計画	調整期	第3次7ヵ年計画	調整期
計画期間	1949～50		1954～56	1957～61		1961～67	1971～76		1978～84		1987～93	
遂行年度	中断		1956	1959 2年短縮		1970 3年延長	1976		1984		未達成	
工業*成長率			41.7	36.6		12.8	16.3		12.2			

＊工業成長率は年平均増加率（%）で金額ベース

財政管理権というのは企業が経営資金を独自の裁量で工面して利用する権限である。資金の源泉は収入から国家納付分（法人税に相当）を納付した後に残る企業の自己充当金である。この自己充当金について企業は全面的な管理権限を持って生産拡大や労働報酬の支払いに利用することができることになった。労働報酬の支払いに利用する場合も上限はなく、これまでの100倍でも200倍でもよく、「全体の何％」という制限もない。

このように、現在は経済の運営において企業の裁量に依存するところが増え、国家による集中的な計画的管理が減ったため、従来のような長期経済計画は策定されなくなった。その代わりに登場したのが国家による戦略的経済管理であり、具体的には朝鮮労働党第7回大会（2016年5月）では経済発展5ヵ年戦略（以下、5ヵ年戦略）が提示された。

経済発展5ヵ年戦略では、国家は上から計画的に数値目標を示すのを避け、企業体の能力と意欲を向上させる環境や条件の準備を進めるようになった。

国家が実際に環境や条件を準備する手段としては、財政・

金融政策や法的規制と優遇措置などを考えているようだが、まだ、手探り段階の部分がある。いずれにしても、「これまでは法的義務としての生産計画を企業に課して国家経済を管理してきたが、今後は党が経済戦略を提示し、国家はそのための環境を整えたうえで経済的梃子をつうじて企業体をコントロールしていく」（人民経済大学の金勝哲副総長、２０１６年11月面談）方向に舵を切ったことは間違いない。

（文浩一）

参考文献

文浩一「生産部門の経営における変容」中川雅彦編『国際制裁と朝鮮社会主義経済』アジア経済研究所、２０１７年

第29章

工業化の推進

国防工業優先から民生重視へ

北朝鮮は工業化を進めるにあたって重工業に優先的に力を入れてきた。重工業とは生産手段を生産する生産部門のことで、具体的には電力工業、石炭工業、鉱業、金属工業、機械製作工業、化学工業、建材工業などをさす。重工業に対して軽工業という分類があり、これは消費財を生産する生産部門で、食料品や繊維工業などがある。軽工業部門で生産された物は消費で終わってしまうが、重工業部門で生産された物は、機械や設備など生産のために利用されるので最終消費財とはならない。

通常、日本を含む世界的な産業分類の標準は、国民経済計算体系による第一次産業（農林水産業）と第二次産業（鉱工業と建設業と電気ガス水道）と第三次産業（サービス業）である。北朝鮮でも統計制度上、この分類を採用しているものの、経済政策的には今もなお重工業・軽工業の分類にしたがっている。

北朝鮮が重工業優先の経済政策を進める理由は、マルクス経済学に基礎を置く。マルクス経済学では、経済部門を重工業と軽工業に分類し、この2部門間のうち、重工業部門が成長してこそ経済は拡大再生産をつづけると体系化している。経済開発の目的は、最終的には人びとの生活を豊かにすることにあり、この限りにお

表　北朝鮮の工業化計画と実績（計画初年度比、%）

	5ヵ年計画		第1次7ヵ年計画	
	計画（57～61）	実績（57～59）	計画（61～67）	実績（61～70）
工業生産高	260	350	320	330
重工業部門	290	360	320	370
軽工業部門	220	330	310	280

（出所）高昇孝『現代朝鮮経済入門』（新泉社、1989年）p.104
（資料）朝鮮労働党第4回大会決定および第5回大会報告

いては軽工業部門が直接的な役割を果たす。しかし、軽工業部門が経済力を十分に発揮するためには、この部門に機械設備や原材料などの生産財を潤沢に供給できるだけの十分な重工業が完備されなければならず、そのために重工業の優先的成長を唱えるというのが北朝鮮の政策当局の考え方である。これは日本や韓国でも高度成長期に推進してきた重化学工業化と通ずるものがある。

政策当局のもう一つの考え方は、工業化において「自立的民族経済建設路線」を遵守するということである。この路線は、他国に隷属せず、かつ国際動向に左右されない経済構造をつくりあげるため、資源や技術、資金などあらゆるものを自国のものに依存するというものであり、第二次大戦後、多くの新興独立国で採用された「輸入代替工業化政策」と共通する。輸入代替とは、これまで輸入に依存してきた財についてそれを輸入しなくてもすむように、国内で生産することを目的とした工業化のことである。

北朝鮮における工業化は5ヵ年計画（1957～1961年、2年短縮）と第1次7ヵ年計画を通じて完成されたとされている。建国からそれまでの期間は、主要企業の国有化や朝鮮戦争（1950～1953年）の復旧に費やされた。公表された統計を整理すると、上の表のとおりである。

表の内容は、計画初年度比の増加率を示しているにすぎず、経済統計としては粗いレベルのものではあるが、発表によると、この間、国民所得のうち工業の比率は１９５６年の25％から１９６９年には65％に増加したという。また、工業総生産高のうち、機械製作工業の占める比重は解放前の１９４４年の１・６％から１９６７年には31・４％に高まり、経済に占める機械・設備の自給率は１９６９年には98・２％に達したとされている。政策当局の目的どおりに重工業部門の優先的成長が達成され、また自立の度合いも高まったということになる。これを通じて北朝鮮は、第１次７ヵ年計画の終了によって経済の工業化が完成したと宣言した。こうして、北朝鮮はキム・イルソン時代に工業国になったとされている。

キム・ジョンイル時代には重工業優先路線が「国防工業優先路線」へと継承された。金日成総合大学の教科書『政治経済学』（２０１０年版）では、「先軍時代の経済構造（国防工業優先路線）は……、再生産を保障するための社会生産物実現の条件を規定するうえで、生産手段と消費財を国防工業に優先的に保障し、その残りで民需生産部門間の再生産を保障する」と指摘しており、有事に備えた性格が強く、人民生活の犠牲も覚悟したものであった。当時、「金正日国防委員長は、国防力強化のための重大な文書にサインをし、いま勝利の最終的な段階を迎えつつある今、人民にすべてを話そう、人民はなぜベルトしっかり締めなければならなかったのかを知ることになるだろうと熱く話した」（『月刊ピョンヤンレポート　２０１７・９』）という。

これに対してキム・ジョンウンは初の演説（金日成生誕１００周年記念式典）で「わが人民が二度とベルトを締めあげずにすむようにする」と指摘した。そして、先代が示した国防工業優先路線は「新しい並進路線」として継承し、「この路線のもとでは、軍事費を追加的に支出する必要はなく、経済建設を同時に進めることができる」と宣布した。しかし、今もなお核開発とミサイル発射実験を繰り返していることから、実際に軍事費の追加支出がないのかについては議論の余地はある。

ただし、キム・ジョンウン時代になってから、文繍《ムンス》プール公園や馬息嶺《マシンニョン》スキー場など大規模娯楽施設が相次いで建設されたり、創光《ソングァン》通りなどの国営商店に大量の国産品が供給されているところを見ると、人民生活を犠牲にしないという政策当局の試みは、現在のところ維持されているようである。もとより、キム・ジョンイル時代の投資によって核兵器やミサイル開発の基礎がすでに築かれたことと、軍需工場でも独立採算制が強化されていることから公的資金を従来ほど投入しなくてもよくなったので、民需部門に投資可能な経済環境にあるともいえよう。

ところで、北朝鮮は工業国になったといっても、統計的に見ると依然として第一次産業の比重が高い。公表された最新の２０１３年基準では、国内総生産（２４９億９８００万ドル）に対し、第一次産業は12・65％、第二次産業は54・87％、第三次産業は32・48％となっている（２０１７年の韓国は、第一次産業２・36％、第二産業38・86％、第三次産業58・78％）。このことは、長期的に見ると、北朝鮮の工業化のスピードが１９７０年代以降ダウンしていることを示している

（文浩一）

参考文献

中川雅彦「自力更生による経済建設」『朝鮮社会主義経済の理想と現実――朝鮮民主主義人民共和国における産業構造と経済管理』日本貿易振興機構アジア経済研究所、２０１１年
三村光弘「北朝鮮の産業」『現代朝鮮経済――挫折と再生への歩み』日本評論社、２０１７年

第30章

農業の社会主義的変遷と模索

圃田担当責任制の試み

北朝鮮では建国前の1946年に土地改革を行ない、農民を地主の搾取から解放するため、地主から土地を無償で没収し、農民に無償で分配した。したがって、当時の農民は農地を所有する個人農であり、政府は農業現物税として農民から生産高の一部を徴収していた。

北朝鮮の建国後、政府は工業部門を含むすべての経済部門を社会主義的に改革するため、朝鮮戦争後の1954年から農業協同組合を組織してこれに農民が加盟することを促した。

初期の協同農場には三つの形態があった。第1は、農作業のみを協同で行ない、土地・耕作機械などの所有権はそのままにする形態で、第2は、土地を協同所有とするがその他の耕作機械などは私有として出資した土地と働いた量（労働）にもとづいて分配を実施する形態で、第3は、土地・耕作機械などすべてを協同化して労働による分配を行なう形態である。第1形態と第2形態は、農民が土地を手放したがらないという実情を考慮したものであるが、1958年までにすべての農民が協同組合に加盟し、またその形態もすべてが第3形態に移行し、今日の協同農場制度ができあがった。したがって、営農方法は、すべてが集団農業であり、日本のような個人農はいない。農業の生産単位は、協同農場と呼ばれる。

この制度下で農業生産高は当初は順調に伸びていったが、1980年代以後、農業部門の成長は鈍化していった。1984年に穀物生産高1000万トンを達成したという発表があった後、当局による穀物統計の公式の発表は中断した。そして1995年に国連食糧農業機構（FAO）と世界食糧計画（WFP）が調査したところによると、北朝鮮は1994年時点で国内供給量が需要量を下回るという事態に陥っていたことが明らかになった。

農業生産の鈍化の要因の一つとして指摘されているのが、農民へのインセンティブ問題である。働く側にとって、インセンティブは主に分配システムによって規定されるが、協同農場では決算分配方式が適用される。これは、農民一人当たりの働いた量（これを「労力工数」という）を計算して現物または現金を支給する方法のことであるが、実質的には、誰がどれだけ働いたかを計算することは容易ではない。実際に田畑に出ていたとしても、汗水流して一生懸命に働いているのか、あるいは手抜きの作業をしているのか、などその者の働き具合を正確に評価するには、観察費用だけでも無駄なコストがかかるし、実際の判断も難しい。一方、実際の分配は、収穫によって増減はあるが、農民一人当たり穀物を一日当たり400kg（扶養家族一人当たり300kg）が1年分、決算分配時に基本的に保証される。働き具合とは別に最低必要量が保証されるという期待から、いわゆる「フリーライダー（＝経済学で用いられる「働かずして利益を得ようとする無賃乗車のこと」）が発生し、農民の営農活動への貢献が弱まり、結果、農業生産は非効率的になる。また、国から協同農場に与えられた計画を超過達成した場合には報奨が与えられるが、これも十分なインセンティブとして機能しなかった。超過達成分に対しては買上げ価格をベースにした貨幣所得で与えられるが、現実には買上げ価格は非常に低かったことがその一因である。

こうしたことから、近年、農民へのインセンティブを拡大するためいくつかの新しい措置が講じられている。最も新しい農業管理方法は、「圃田《ポジョン》担当責任制」と呼ばれるものである。

北朝鮮の協同農場は地域ごとに組織され、その傘下に作業班（数百人）を設け、さらにその傘下に分組（20人程度）で運営されてきた。しかし、実際の農作業は一定の農地を数人で担当してきており、この単位を「圃田《ポジョン》」と呼ぶ。

従来は、圃田を担当した農民がいくら収穫を上げても、その他の圃田を含む分組で分配が平均されてしまうため、フリーライダーが発生してしまう余地が存在した。そこで、圃田担当責任制のもとでは担当する圃田を基準に農地と農民を明確にし、当該の圃田での収穫を基準に分配することで、農民に対するインセンティブをいっそう高める効果を狙っている。

圃田担当責任制が適用される前は、農民に対する分配は、穀物基準で一人当たり260キログラムとされ、そのほかは国家に買い上げてもらうことが義務であった。その買い上げ価格もかなり低いため（お米の場合はキログラム当たり44ウォンで、市場価格の5000ウォン程度と相当の開きがある）、農民にとってはたいした利益にもならなかった。

圃田担当責任制のもとでは、農民に対する分配は次頁の図のとおりとなる。ここでは、現物分配以外の諸納付と共同蓄積は、協同農場傘下の分組単位で計算され、作業班での集計を経て協同農場単位で納付される。農民の手に渡るのは諸経費を省いた部分であり、その量は圃田ごとの収穫に応じて差

図　圃田担当責任制のもとでの分配構成

<table>
<tr><th colspan="4">諸納付</th><th>共同蓄積</th><th>現物分配</th></tr>
<tr><td>土地使用料</td><td>灌漑使用料
電気使用料</td><td>営農資材代金
（肥料や農薬）</td><td>支援労働力</td><td rowspan="2">翌年以降の農業用の種子/作業班・分組の管理</td><td rowspan="2">圃田ごとの収穫に応じて配分される</td></tr>
<tr><td>生産高の平均15%</td><td colspan="3">利用状況に応じて</td></tr>
</table>

（出所）筆者の訪朝時の聞き取り

表　北朝鮮の主要作物

	2015/16年			2014/15年		
	面積	反収	生産量	面積	反収	生産量
	千ha	トン/ha	千トン	千ha	トン/ha	千トン
主作	1,260.7	3.8	4,778.2	1,253.2	4.3	5,347.1
稲	465.2	4.2	1,945.8	525	5.0	2,626.4
トウモロコシ	559.8	4.1	2,287.8	531.8	4.4	2,349.1
ジャガイモ	32.3	5.2	168.3	28.2	5.6	157.5
大豆	158.4	1.4	222.0	142.5	1.1	160.4
その他	45.0	3.5	156.3	25.6	2.1	53.7
裏作	173.0	2.1	363	144.0	2.1	301.0
大麦・小麦	47.0	1.4	66	37.8	1.0	36.1
ジャガイモ	126.0	2.4	279	126.7	1.8	233.0
小計	1,433.7	3.6	5,141.2	1,397.2	4.0	5,648.1
傾斜地	550.0	0.4	203.0	550.0	0.4	220
自留地	25.0	3.0	75.0	25	3.0	75.0
合計	2,008.7	2.7	5,419.2	1,972.2	3.0	5,943.1

（出所）FAO, "GIEWS Update, The Democratic People's Republic of Korea, Outlook for Food Supply and Demand in 2015/16 (November/October)," 2016. 4. 27.

別化される。つまり、高い収穫を達成した圃田ほど受け取る分配量も多くなり、しかも分配はすべてが現物で、その利用は自家消費と販売を問わず農民にゆだねるとされている。

農業の現状について目を向けると、北朝鮮の穀物の栽培面積は126万ヘクタールとされている（2015年基準の国連報告資料）。毎年500万トンから600万トンの穀物が生産されている。主要作物は、稲、トウモロコシ、大豆、ジャガイモなどであり、各々の生産量は右の表のとおりである。

（文浩一）

参考文献

文浩一「現地報告　朝鮮民主主義人民共和国の経済改革」『アジア経済』第45巻第7号、日本貿易振興機構アジア経済研究所、2004年
食糧農業機関（FAO）および世界食糧計画（WFP）の調査報告書（“Special Report: FAO/WFP Crop and Food Supply Assessment Mission to the Democratic People’s Republic of Korea”）各号

第31章

社会主義圏の崩壊と経済の破綻

工業の低迷と相次ぐ自然災害

北朝鮮は、「経済の自立」を重視した開発戦略を追求してきた。しかし、完全に自国の資源だけに依拠するというのは不可能であり、政策当局もまたそのことを認識していた。このため、自国にないものや自国で生産できないものを輸入する際に必要な外貨を獲得する手段として輸出を行なうという、消極的なスタンスから貿易を推し進めてきた。しかし、貿易のほとんどは社会主義諸国との取引が圧倒的に多く、しかも取引価格は国際市場価格ではない、いわゆる「友好価格」で行なわれてきた。このため、社会主義圏の崩壊は、直ちに北朝鮮の貿易が激減することにつながる。周知のように、1980年代末から1990年代初めにかけて旧ソ連・東欧の社会主義諸国が相次いで崩壊し、北朝鮮の貿易取引の多くは断ち切られることになった。北朝鮮では、このことを「社会主義市場の消滅」と呼んでいる。

社会主義市場の消滅が北朝鮮経済に与えた衝撃の代表的なものの一つがエネルギー輸入問題である。これは、輸入物量と輸入価格の両面にわたる。

社会主義市場の消滅当時、北朝鮮は原油輸入の3分の2ほどを旧ソ連と中国に依存していた。しかし、旧ソ連と中国は1990

年から原油輸入代金をドルなどのハードカレンシーで支払うことを要求し、また価格も友好価格ではなく国際市場価格水準へ引き上げた。旧ソ連からの原油輸入量は、旧ソ連崩壊の1991年には前年比10分の1まで急減した。当時、中国との間では原油輸入量は減少していないが、輸入単価は1990年には1トン当たり57ドルであったのが1991年には126ドル台まで上昇し、国際市場価格水準となった。こうして北朝鮮の原油輸入量は、社会主義市場消滅前は250万トン水準であったのが、消滅後は140万トン水準まで落ち込んだ（原油関連統計の出典は、『中国海関統計』および『ソ連対外経済関係』）。

経済統計などの十分な情報がないため、原油輸入減による衝撃の波及経路は明らかではないが、これが工場の稼働率ばかりでなく、輸送能力や発電力などの経済活動の基礎部分にも衝撃を与えたことは想像に難くない。当時、北朝鮮は第3次7ヵ年計画（1987‐1993年）を遂行中であったが、社会主義市場の消滅によりもはや達成不可能であると総括した（朝鮮労働党中央委員会第6期第21回大会、1993年12月）。これまで、経済計画を予定どおり達成できずに延長したことはあったが、未達成に終わったのは、これが初めてである。

政策当局は1994年から緩衝期を設けて社会主義市場の消滅の衝撃から経済を立て直すことを目的に対外経済関係の改善・拡大をはかる貿易第一主義政策などを講じたが、その翌年に大自然災害が北朝鮮を襲った。『朝鮮中央通信』の報道（1995年9月6日）によると、同年の7月31日から8月18日までの豪雨により、八つの道（日本の都道府県に当たる）、145の郡（日本の市町村に当たる）が被害を受け、被害面積は国土の75％に達した。被災者は520万人（死者68人）で、被害総額は150億ド

表1　社会主義圏崩壊後の経済動向

	1992	1993	1994	1995	1996
GDP（100万ドル）	20833	20934	15422	12802	10587
農業	4551	4689	3223	2228	1556
工業と建設	9122	9483	7341	6042	5283
サービス他	7160	6762	4858	4532	3748
一人当たりGDP（ドル）	1005	994	721	590	481
人口（100万人）	2073	2106	2138	2170	2202

（出所）北朝鮮の農業復旧および環境保護円卓会議（国連開発計画）提出資料（1998年4月30日）

表2　社会主義圏崩壊以降の人口統計

	1993年	1994年	1996年	1998年	1999年	2000年	2002年
総人口（1000人）	21214	21514	22114	22554	22754	22963	23313
出生率（1000人当たり）	20	—	20.1	18.2	17.8	17.5	16.22
死亡率（1000人当たり）	5.5	6.8	6.8	9.3	8.9	8.8	9.07
5歳未満乳幼児死亡率（出生数1000人当たり）	27	28	40	50	48	—	—
平均寿命（歳）	72.7	—	70.1	—	66.8	67.1	67.21

（出所）1994～2000年は『朝鮮中央年鑑』各号、1993年はセンサス、2002年は筆者の訪朝時（2004年8月）の北朝鮮人口研究所提供資料

ルに達するという大災害であった。これにより、北朝鮮では食糧配給システムが維持できなくなった。それまでは、平時では労働者一人当たり一日平均700グラム程度が配給されてきたが、1996年の国連の調査によると、それが200グラム以下まで低下したとされている。

こうして北朝鮮経済は、工業と農業の双方への相次ぐ衝撃により、経済全般が低迷することになった。北朝鮮の国家中央統計局が国連に提出した資料によると、一人当たりのGDPは、1992年の1005ドルから1996年には481ドルと半分以下に落ち込んだ。とくに、農業部門の低迷がひどく、1992年対1996年の下落率は65・8%にも達している。

これは、日本などでも経験される「不況」というレベルの状況ではない。人びとは食に事欠くばかりでなく、工業全般の低迷は医薬品など医療設備の供給にも影響し、また上下水道などの衛生環境の修繕・補修なども追いつかない状況であった。この時期の北朝鮮経済は人びとの生存環境そのものが脅かされるレベルであったのである。北朝鮮の平時の平均寿命は73歳前後である。これが、北朝鮮の公表値によると、水害直後の1996年には70・1歳まで低下し、1999年には66・8歳と6歳も寿命が縮んだのである。死亡率は1000人当たり5・5人であったのが、1998年には倍近くまで上昇した。北朝鮮当局自身は飢饉について明らかにしていないが、人口統計学的な計算によると、1995年から2000年の間に33万6000人ほどが飢饉によって犠牲になったと推計されている(飢饉推計に関しては、文浩一『朝鮮民主主義人民共和国の人口変動』明石書店、2011年、参照)。

この時期を北朝鮮では「苦難の行軍」の時期と呼んでいる。「苦難の行軍」の語源は、日本の植民地時代のパルチザン活動において、雪中を一〇〇日余り行軍したことに由来する。1996年の朝鮮労働党機関紙『労働新聞』では社説をつうじて、「苦難の行軍精神」で刻苦奮闘することを全国民に呼びかけた。「苦難の行軍」は２０００年の朝鮮労働党結成55周年を機に公式に終了宣言がなされるまで、実に５年以上の歳月にわたって続いた。

（文浩一）

参考文献
文浩一「飢饉推計」『朝鮮民主主義人民共和国の人口変動』明石書店、２０１１年
文浩一「北朝鮮経済――実利主義への転換」『世界』第７０８号、岩波書店、２００２年12月

第32章

キム・ジョンイル体制下の経済改革

苦難の行軍から経済の再建へ

北朝鮮が「苦難の行軍」の終了を公式宣言したのは2000年10月3日付の『労働新聞』の正論「われわれは永遠に忘れない」を通じてである。この日からちょうど1年後の2001年10月3日に、キム・ジョンイル（金正日）総書記は、経済機関のスタッフへの談話「強盛大国建設の要求に合わせ社会主義経済の管理を改善強化することについて」を行なった。この談話の全文は公式には公開されていないが（非公式に入手された全文は、岩波書店『世界』2004年11月号に掲載）、こんにちの北朝鮮の経済改革につながる教書として位置づけられている。

談話では、経済を立て直すうえで経済運営の方法（経済管理）を改善することが重要であるとし、①社会主義の原則を守りながら最大限の実利を得ること、②計画経済にいっそう現実性と科学性を持たせること、③分権的に裁量権を与え、経済全般の生産性と経済主体のモチベーションを向上させること、④経済システムに柔軟な対応性を持たせること、⑤経済単位の経営結果にたいして応分の評価（罰則を含む）を与えること、などが指摘されている。この談話に即して経済計画からその実行、生産、消費にいたるすべてを包括した改革が進められていった。

消費の面からみると、2002年7月1日付けで賃金と物価の大幅な引き上げが実行された。諸外国ではその施行日をもって「7・1改革措置」と呼んでいる。

北朝鮮では、「苦難の行軍」と呼ばれる厳しい時期に市場で物価が上昇したため、これに公定価格を合わせる必要があった。食糧価格を例にとるなら、改革以前の公定価格は米1キログラム当たり0・08ウォンであったのに対し、非国営流通網では40～50ウォンで売買されていた。このレベルまで米価は引き上げられている。

そのうえで、人びとの食糧消費を保証するために生活費（賃金）を改定した。具体的には、一般労働者一人当たりの生活費は2500ウォン程度とした。これは平均的な世帯、すなわち共働きで2人の子どもをもつ4人世帯を基準としている。これだけの生活費があれば、食に事欠かないばかりか衣食住の基本的な問題を解決できるという計算である。

改革の主な内容の第2点目は、企業の生産管理の改善である。これは、生産面からの改革といえる。改革では、「稼ぎ高」という指標が新たに導入された。「稼ぎ高」は、「販売収入のうち賃金コストを除いたもの」と定義される。

「稼ぎ高」指標導入の目的は二つある。第1は、文字どおり「稼ぎ」を意識した生産活動を促す目的である。改革以前は、国からの指令にもとづき、たとえば石炭を何万トンとか繊維製品を何着生産したか、などの物的指標が重視される傾向が強かったが、稼ぎ高指標では実際の販売によって得られた収入により評価される。つまり、生産されてもそれが売れなければ経営評価の対象とならない。生産単位は需要にそくし、良質のものを生産し、かつ稼ぎ高を増やすためにコスト削減に努めるインセンティブがはたらく。

「稼ぎ高」指標導入の第2の目的は、分配構造の改善である。従来は生産が不振に陥るなどのリスクに対する負担者は誰なのかが曖昧であった。というのも、企業の経営が悪化しても賃金は保障され、また赤字も国家からの補助によって補填されるからである。改革では、企業の経営赤字に対する国からの補償金制度は撤廃された。そして、政府と企業と労働者のいずれもが当該の役割にもとづいて結果を出さなければ応分の利益を享受できないシステムの構築を図っている。具体的には、利益は比率に応じて配分されるので、収入の増減に応じて配分結果も増減することになる。たとえば、極端な場合、賃金がゼロの場合もありうるということである。

このように企業へのインセンティブ向上と生活費の引き上げによる購買力の上昇によって、生産と消費を連関させて経済を好転させることを試みたものの、政策当局が意図したとおりに経済が動いたとは言いがたい。

第1に、企業は「稼ぎ高」という評価指標を達成するため、目先の利益を狙った投資に急いだ感がある。この時期に、平壌ばかりか地方都市でも相次いで食堂が増えたのも、稼ぎ高指標の副作用かもしれない。一方で、政策当局は「先軍時代の経済路線」のもとで国防建設と重工業を重視していたが、実際の生産現場は必要以上に軽工業部門に偏重してしまったといえよう。その結果、実利を評価する最も効果的な指標とされていた「稼ぎ高」は撤廃された。

第2に、カンフル的に価格を調整して需要部門を刺激しても、十分な供給がともなわない限り、その成果は一時的であるということである。2002年に生活費と価格を調整して、労働者は与えられ

表　北朝鮮の物価および賃金引き上げ状況（単位:朝鮮ウォン）

1．物価の改定	従来の価格	改定後の価格	引き上げ幅(倍)
米（kg当たり生産者価格）	0.8（1）	40（1）（2）	50
米（kg当たり消費者価格）	0.08（1）	44（1）（2）	550
トウモロコシ(kg当たり生産者価格)	0.5（2）	31（2）	62
トウモロコシ(kg当たり消費者価格)	0.07（2）	33（2）	471.43
冷麺（1杯）	15～20（2）	150～200（2）	10
男性用シャツ	25（2）	225（2）	9
バス、地下鉄乗車運賃	0.1（2）	2（2）	20
月刊誌『朝鮮文学』	1.2（4）	35（4）	29.17
松涛園海水浴場入場料（大人）	3（4）	50（4）	16.67
スニーカー（1足）	18.0（4）	180（4）	10（4）
工業製品価格平均	…	…	2500（4）
石炭（トン当たり）	40～50（3）	1600（3）	32～40
	34（4）	1500（4）	44.00（4）
電力（1,000キロワット当たり）	35（4）	2100（4）	60.00（4）
ガソリン(オクタン価95、1t当たり)	922.86（4）	64600（4）	70.00（4）
2．賃金の改定	**従来の基本賃金**	**改定後の基本賃金**	**引き上げ幅(倍)**
一般労働者	110（1）	2000（1）	15～20（2）
鉱山労働者	…	6000（1）	
炭鉱夫（2.8直洞炭鉱）	350（3）	3000～6000(3)	8.6～17.4（3）
政府機関事務職員	180～200（2）	3500～4000(2)	19～20
内閣相級		5000～5000(5)	
社会科学院室長級		4500（5）	
大学教授	200（2）	4000～5000(2)	20～25
大学教授（博士以上）	…	7000～8000(2)	

（出所）中川雅彦（2003）を基本に訪朝時、社会科学院でのヒアリング内容を補填。詳細は次のとおり。
（1）は『朝鮮新報』ホームページ朝鮮語版2002年7月26日平壌発記事、
（2）は『環球時報』（中国）2002年8月15日に掲載された平壌での国家発展計画委員会副局長インタビュー
（3）は『朝鮮新報』ホームページ朝鮮語版2002年10月11日
（4）は在日本朝鮮社会科学者協会の姜日天常任理事による平壌訪問者からの聞き取り（姜日天[2003]）
（5）は筆者の訪朝時、社会科学院での聞き取り（2002年12月2日）

た生活費で十分な消費生活をおくれるはずであったが、物価はすぐに上昇してしまった。生産が十分に回復していない状況のもとで、価格を調整しても経済を好転させるには限界があるということである。２００９年には１：１００の割合で貨幣交換を断行して再び物価の調整と人びとの購買力の向上を試みたが、ここでも生産による供給の回復をともなわなかったため失敗に終わり、物価はすぐに上昇してしまった。

しかしながら、キム・ジョンイル（金正日）時代は、「科学重視思想」のもと、研究部門に重点的に投資を行ない、また先軍路線のもと国防工業完成の礎を築いた。のちにキム・ジョンウン（金正恩）時代になって進められている生産設備の近代化や、人民生活を犠牲にしないという国防工業と経済建設の「新しい並進路線」は、キム・ジョンイル時代に行なわれた先行投資を前提にしているともいえる。

（**文浩一**）

参考文献

文浩一「朝鮮民主主義人民共和国の経済改革」『アジア経済』第45巻第7号、アジア経済研究所、２００４年
文浩一「貨幣交換とマクロ動向」中川雅彦編『朝鮮労働党の権力継承』アジア経済研究所、２０１１年
平井久志「金正日は北朝鮮経済をどう改革しようとしているのか」『世界』岩波書店、第７３３号、２００４年11月号
姜日天「「7・1経済管理設置」一年の評価と再考」高麗大学北朝鮮研究所第４回国際学術セミナー発表論文「7・1経済管理改善措置の評価と今後の展望」２００３年6月26日

第33章

キム・ジョンウン体制下の経済改革

経済建設と核開発の「新しい並進路線」の行方

キム・ジョンイル国防委員長の永訣式（葬儀）の日に、キム・ジョンウン委員長は関係幹部の前で、「生産者が主人としての責任と役割を果たせる経済管理を速やかに完成しなければならない」と指摘したという（2012年12月、社会科学院経済研究所のキム・チョル［金哲］所長との面談）。このときのキム・ジョンウン第一委員長の発言の全文はこれまでのところ公表されていないが、翌年の2012年4月6日にキム・ジョンウン第一委員長は、党中央委員会の幹部たちに、「経済事業において社会主義原則を固持して生産と建設と担当者である勤労者の責任性と役割を高めて生産を最大限に増やすことに力を入れなければなりません」と、上に述べた発言と同じ趣旨の発言をしている（『労働新聞』2012年4月19日）。

その後、いくつかの単位で新たな経済管理制度の試験的な導入と試行錯誤が繰り返された。工業部門では、2012年下半期から電力、石炭、金属、機械工業などの各部門に対して、中央、道、地方のそれぞれ2～3級企業で試験した。2012年下半期の初期には100余りの企業で、年末には200余りの企業で試験した。このなかには、326電線工場、平壌紡織工場、船興食料工場などが含まれる（2012年12月、社会科学院経済研究所のキム・チョル所長との面談）。

こうして「社会主義企業責任管理制」という新しい経済管理方法が確定し、全国的に導入された。2016年5月の朝鮮労働党第7回大会では、党中央委員会事業総括報告でキム・ジョンウン第一委員長が「社会主義企業責任管理制」について言及している。その内容は、本書28章「基本的経済システム」で指摘したとおりである。

企業責任管理制の導入は、キム・ジョンイル時代の経済改革の教訓にもとづいている。2002年7月の生活費と価格の大幅な引き上げや、1対100の比率で行なわれた貨幣交換（デノミ）などは、カンフル的なショック療法の性格が強く、経済の実態は期待どおりに改善しなかった。具体的には、価格を強制的に調整することで国営部門の拡大と市場部門の縮小を狙ったが、国営部門の生産の回復にまでは至らなかった。

これに対してキム・ジョンウン体制下では、企業責任管理制を通じて企業に対するインセンティブを強化して生産部門そのものを強く刺激することで経済を供給面から回復させようとしているように思える。

これまで商店には中国製品などの輸入品が大半を占めていたが、現在は国産品に置き換わっている。この様子については、『朝鮮新報』が現地取材を通じて積極的に報道してきたが（たとえば、「軽工業省の申在明局長へのインタビュー　国産化した消費財をより多く、より質的に」『朝鮮新報』2017年2月1日付）、同紙は管制メディアという性格もあり、あまり注目されなかったかもしれない。しかし、最近ではデイリーNKなど北朝鮮に批判的なメディアでも「国産品が北の市場で50％を占める　国営・個人間の競争が熾烈」と報道するに至っている（『デイリーNK』2017年9月27日付）。

キム・ジョンウン体制のもとでは、2013年3月に朝鮮労働党中央委員会全員会議が開催され、そこでは核開発と経済建設を同時に進める「新しい並進路線」が発表された。会議で演説を行なったキム・ジョンウン委員長は、今後も核武力を柱とする国防建設を推し進めるものの、人民生活を決して犠牲にすることはないという政策スタンスを明らかにした。

「新しい並進路線」というからには当然、過去にも並進路線が追求されたのだが、当初の並進路線は経済建設の犠牲を覚悟のうえ推進された。

初期の並進路線について、キム・イルソン（金日成）主席は次のように述べている。「われわれの防衛力を鉄壁のように整えなければならず、敵の不意の侵攻に対処できるよう万端の準備をしなければなりません。もちろんそのためには多くの人的・物的資源を国防に向けなければならず、これはわが国の経済発展をある程度遅延させざるを得ないでしょう」（「現情勢とわが党の課題」朝鮮労働党代表者会で行なった報告、1966年10月5日）。

これにたいして「新しい並進路線」では、核開発と経済建設を並進させることで、経済建設はより効率的な運営が可能になると明言している。

キム・ジョンウン委員長は、次のように指摘している。「経済建設と核武力建設を並進させる戦略的路線は、われわれの実情にそくして国の経済発展と国防力強化において最大の効果を発揮できる現実的な路線です。……新しい並進路線は国防費を追加的に増やすことなく少ない費用で国の防衛力をいっそう強化しながら経済建設と人民生活向上に大きな力を回することができるようになります」

（朝鮮労働党中央委員会全員会議での報告、２０１３年３月31日）。

実際に、この間の国家予算の推移を見ると、国防費の割合が増加していないことが確認できる。たとえば、１９６６年の国防費は３億５７１４万ウォンであったが、この年に並進路線が決まり翌年の国防費は12億ウォンへと４倍近くに増えた。これにともない人民経済関連予算は24億４３７８万ウォンから19億７０１７万ウォンへと減った。１９７０年には国防費は国家予算全体の３割に達した（この時がピークで以後、10％台に落ち着いている）。

一方、キム・ジョンウン時代の国家予算は絶対額が公表されていないので断片的にしか確認できないが、その間の国家予算の推移を見ると、国防費は全体の15％程度に落ち着いている。キム・ジョンウン体制下で「新しい並進路線」をとることができた背景としては、次のことが考えられる。

第１に、キム・ジョンイル時代の国防工業優先路線による先行投資によってある程度の国防工業の基礎が築かれたからである。国防部門は国家機密なので詳細なデータが得られないのは当然であるが、「偉大な領袖の賢明な領導のもとにわれわれがこれまでに築いた国防工業の威力は強力です」とするキム・ジョンウン委員長の発言（２０１２年４月15日）からも、十分な基礎が築かれているという認識であることは間違いない。

第２に、核兵器は、通常兵器に比べて維持コストがかからないということも関係している。通常兵力の場合、とくに兵士を維持するのに通常的に費用がかかる。現在の朝鮮人民軍は人口統計学的に70万人程度と推測されるが、この人員に対しては衣食住の世話ばかりでなく常時、軍事訓練のための費用も必要となる。これに対して核兵器やミサイルは、初期投資はかかるものの、一度完成するとその後の維持費用はそれほど必要ないという認識が政策当局にはある。２０１７年から12年制義務教育がスタートし、義務教育年限が16歳から17歳に引き上げられたことで、近い将来、兵士の数そのものが減ることになるのだろうが、これも、新しい並進路線との関連がある。

第３に、この間に企業責任管理制のもとで独立採算制が強化されたことが背景にある。従来、国防工業部門は「予算制企業」として国家予算で運営されていたが、国防工業部門でも独立採算制が強化されている。各々の軍需工場では現在、民需部門の商店などと注文契約を締結して一般消費財の生産を行なっていることが、報道から確認されている（たとえば、『朝鮮新報』２０１５年12月２日付報道の創光商店の事例）。このことから国家予算を従来ほど必要としない体制が築かれたといえよう。

ところで、キム・ジョンウン体制下の経済改革を象徴する経済管理の名称が「企業責任管理制」として、党大会を含む公式文献で公表されたことには意味がある。キム・イルソン時代に登場した工業部門においては「大安の事業システム」、農業部門においては「分組管理制」などが、今なおその名称とともに、朝鮮式経済管理制度の根幹をなすものとされている。一方、キム・ジョンイル時代には経済管理の改善措置は試みられたが、新しい名称として登場することはなかった。このたびの「社会主義企業責任管理制」については、最高指導者によって名称が確定したことから、今後も経済管理制度の根幹としての意味を持つといえよう。

（文浩一）

第34章

都市化と人口問題

緩やかだが確実に進行する平壌への集中

都市化

「都市人口」が総人口に占める割合をもって「都市化率」というが、その「都市人口」とは行政区分上の「都市」の人口である。当然のことであるが、国ごとに行政区分が異なるので「都市人口」の基準も異なる。朝鮮民主主義人民共和国（以下、北朝鮮）では、行政区分上、洞、邑、区、市の人口を「都市人口」と定義しており、その基準は「3000人以上の人口を有する行政区域」とされている。

表1は、植民地期末期から現在までの都市化率の推移をそれぞれ示したものである。植民地期には行政区域上の「府」がいわゆる「都市」とされ、そこに暮らす人口は北朝鮮の9％弱にすぎなかったが、現在では6割以上が都市に暮らしている。

都市人口が増えた主な要因は、経済開発にあったと見てよい。北朝鮮では、朝鮮戦争後から重工業優先の経済開発を推し進めた結果、農業以外の就業人口が増加した。公式統計によると、1946年には「労働者・事務員」の占める割合は18・7％にすぎなかったが、1956年には40・9％、1960年には52・0％へと上昇している（『朝鮮中央年鑑』1961年版、321頁）。就業構造

表1　北朝鮮の都市化率

	総人口（1000人）	都市人口（1000人）	都市化率（%）
1944	9585	839	8.8
1953	8491	1503	17.7
1956	9359	2174	23.2
1960	10789	4380	40.6
1965	12408	5894	47.5
1970	14619	7924	54.2
1975	15986	9064	56.7
1980	17298	9843	56.9
1982	17774	10362	58.3
1985	18792	11087	59.0
1986	19060	11265	59.1
1987	19346	11530	59.6
1993	20522	12501	60.9
2008	23350	14155	60.6

（資料）　1944年の北朝鮮の総人口は、文浩一（2006）「植民地期朝鮮の南北人口比：朝鮮総督府国勢調査資料の分割フォーマット」一橋大学経済研究所ディスカッションペーパー　No.146。1944年の都市人口は朝鮮総督府による1944年国勢調査の平壌、清津、新義州、元山、鎮南浦の人口。1953年から1987年はEberstadt and Banister (1992) *The Population of North Korea*. Institute of East Asian Studies. (Berkeley, California: University of California, Berkeley) に示された北朝鮮の登記人口統計、1993年と2008年はセンサス。

（注）　北朝鮮の都市人口に軍人は含まれない。

の変化は、人口の地理的移動をともなうものであった。すなわち、農村から工業地地域への人口移動である。この規模を示す数量データはないが、以下のキム・イルソンの発言から、かなりの規模で人口移動が進んだことが推測される。

「……これまで農村から多くの青年を人民軍に送りだしただけでなく、除隊する農村出身の青年を農村にもどさず、大部分を工場、企業所に配置した結果、農村基盤が弱まり、農村労働力の不足をまねくようになりました。」（キム・イルソン「農村で思想革命、技術革命、文化革命を強力に展開するために」農村部門三大革命グループ協議会で行なった演説、1973年2月21日『金日

表2　10大都市が総人口に占める割合の南北比較

北朝鮮（2008年）				韓国（2010年）			
都市	人口（1000人）	総人口比（%）	人口密度（人/㎢）	都市	人口（1000人）	総人口比（%）	人口密度（人/㎢）
平壌	3255	13.5	2275	ソウル	9794	20.2	16606
咸興	669	2.8	1202	釜山	3415	7.0	4517
清津	668	2.8	612	仁川	2663	5.5	2636
南浦	367	1.5	442	大邱	2446	5.0	2796
元山	363	1.5	1355	大田	1502	3.1	2798
新義州	359	1.5	1996	光州	1469	3.0	2972
端川	346	1.4	159	蔚山	1083	2.2	1033
价川	320	1.3	433	水原	1072	2.2	8859
開城	308	1.3	236	昌原	1058	2.2	1437
沙里院	308	1.3	2544	城南	950	2.0	6737
合計	6963	29.0	822	合計	25452	52.4	4035

（資料）北朝鮮は2008年センサス、韓国は『2010年人口住宅総調査』

（注）北朝鮮の人口密度は、平壌は2008年センサスのものを、それ以外は当該地域の面積から計算（南浦と价川と新義州の面積は科学百科事典・平和問題研究所編『朝鮮郷土大百科』シリーズ（平和問題研究所〔ソウル〕2003-2005年）、それ以外は『朝鮮地理全書』シリーズ（教育図書出版社〔平壌〕1988-1990年）を利用。

成著作集』（日本語版）第28巻）

人口集中

北朝鮮の都市化の様相を上位10大都市に絞って韓国と比較すると、明瞭な違いが浮かび上がる。すなわち、韓国では人口の半数以上が10大都市に暮らしているのに対し、北朝鮮の場合は、その比率が30％以下である。人口密度で見ると、首都のソウルは平壌の8倍であり、10大都市の平均でも韓国は北朝鮮よりも5倍ほど高い。この開きの要因は、北朝鮮の人口が韓国に比して少ないので、そもそも国全体の人口密度に違いがあることが要因であるが、そればかりでなく政策的要因もある。すなわち、北朝鮮は都市への過度の人口集中を抑える政策を展開してきたことが関係している。

「朝鮮民主主義人民共和国土地法」（1977年4月29日、最高人民会議法令第9号として

採択、1999年6月16日、最高人民会議常任委員会政令第803－1号で修正）では、「都市の規模をあまり大きくせず、小さな都市の形態で多く建設する」（第15条第2項）と規程している。また、キム・イルソンは、都市政策と関連して次のように指摘している。「平壌の衛星都市をりっぱに建設すべきです。衛星都市を建設してこそ、平壌市の人口増加を防ぐことができます。平壌市に人口が過密になると、住民への供給活動も難しく、有事の際にかれらを退避させるのも困難です。……このように衛星都市を多く作って平壌市の人口を分散させる一方、平壌市に人口が集中しないようにしなければなりません」（金日成「平壌市民の生活向上のための若干の課題について」平壌市党委員会執行委員会拡大会議で行なった演説、1970年12月3日）『金日成著作集』（日本語版）第25巻）。このように、都市化政策の柱は、都市への一極集中を防ぎ、小規模都市を多く建設するということに要約されよう。その際に戦争という有事も考慮しながら都市が建設された。その結果、平壌を除くすべての都市の人口割合は3％を下回っている。また、10大都市からはもれているが、それ以外にも順川（29・7万人）、安州（24・1万人）、徳川（23・7万人）、金策（20・7万人）、羅先（19・7万人）、亀城（19・7万人）、恵山（19・3万人）、定州（18・9万人）、熙川（16・8万人）、新浦（15・3万人）、松林（12・9万人）文川（12・3万人）、万浦（11・7万人）などの都市が、各所に分散して存在する。

すなわち、北朝鮮と韓国はともに経済開発によって都市化が進行したという点では共通するが、社会制度の違いから、北朝鮮では計画的に都市化が進んだ傾向が強く、韓国では労働市場を軸にして都市への人口流入が加速化したという点が異なる。

人口移動

北朝鮮において都市への過度の人口集中が見られないということは、それだけ人口移動も少ないことを意味する。**表3**は、この間の得られる限りを一覧にした人口移動に関するデータである。人口移動が少ないのは、当局が移動に関して何らかの規制を敷いているからであろうが、規制の仕組みについては本書の第38章「住居と交通」で簡単な説明をした。

しかし、移動規制にもかかわらず、北朝鮮でも都市に移住しようとする人びとの動機の高いことが、2008年人口センサスからはうかがえる。北朝鮮の2008年センサスでは、行政区域単位の「道」を超えて移動した人口を出発地と目的地別に整理している。このような統計が調査され公表されたのは、おそらく2008年センサスが初めてであろう。

これによると、2008年までの過去5年間の道を超えて移動した人口は6万6498人であった。このうち平壌を目的地とした人口移動は全体の27・6%であり、平壌に隣接する平安南道は19・6%である。合計すると人口移動の約半数が首都圏とその近郊に向かっていることになる。もちろん、この間の人口移動はそれほど多くなく、北朝鮮の人口分布を大きく変えるだけの規模ではないが、首都とその近郊を選好する移動の動機が北朝鮮にも存在することは間違いない。

（文浩一）

参考文献

文浩一「人口と都市」『アジア研ワールド・トレンド（特集：朝鮮半島の都市）』236号、日本貿易振興機構アジア経済研究所、2015年6月号

第35章

食糧事情

生産の回復と供給システムの不備

北朝鮮では主食となるコメとトウモロコシとその他雑穀を都市の労働者世帯に対しては食糧供給所を通じて、農民に対しては秋の収穫時に1年分を現物で分配している。

現在、食糧供給所ではコメ1キログラム当たり44ウォン、トウモロコシはキログラム当たり24ウォンで販売される。労働者は、食糧供給カードを持参して食糧供給所を訪れ、必要な分だけ購入することになる。たとえば、一般の成人は1日当たり600グラム程度と定められており、それを超えての購入はできない。食糧の買い占めを防ぐためである。また、農民に対しては秋の収穫時に協同農場で決算分配が行なわれ、農民1人当たり260キログラム程度が配られる。こうして、全国民が食に事欠くことなく生活できることを保障している。

しかし、1990年代後半に食糧供給システムは崩れた。食糧生産高は1992年をピークに落ち込み始め、1996年からはついに国内需要を満たすこともできなくなったためである。具体的な背景としては、①1980年代末から1990年代初めの社会主義諸国の崩壊により友好国からの支援が途絶え、その結果、石油などの動力資源の供給が滞り、山間地帯の農地の揚水ポンプの動力源に影響がでるなど農業経営にも打撃が及んだこと、そして②1995年とその後の相次ぐ自然災害により農地が破壊されたことがあげられる。②の自然災害に関しては、たとえば1996年8月7日の外務省スポークスマンの談話では、「去る1994年9月に主要穀倉地帯である黄海北道《ファンヘブクト》だけでも17万ヘクタールの農地が大雨により流失して102万トンの穀物が損失し、また1995年には100万トン余りの穀物在庫が流失するなど、150億ドル規模の被害を受けた」と指摘している。こうして食糧配給システムは崩壊し、人びとは食に事欠く事態に追い込まれた。それまで平時には成人1人に対して1日当たり600グラムの食糧が配給されてきたが、1998年の場合、1月には300グラム、2月には200グラム、3月には100グラムと月ごとに減少し、4月から収穫前の8月までの間は配給が中断するということもあった。

食糧供給システムが機能しなくなると、最も被害を受けるのは都市の労働者である。というのは、農民に対しては決算分配という方法で食糧が供給され、その量は食糧が不足している状況のもとでも、平均して都市の労働者への配給量よりも多いからである。たとえば、2003／2004年の場合、農民に対しては秋の収穫の際の決算分配において1人当たり219キログラム（600グラム／日）が分配されたが、都市の労働者に対しては1日当たり平均300グラムしか配給されなかった。このような分配構造に格差をつける理由については、国連の調査でも政府の公式見解においても具体的に示されていないが、経済学的に解釈すると、分配構造を変えるということは生産関数そのものを変えることを意味する。したがって、仮にすべての消費単位に平等に分配する政策をとったとすると、近年、増産傾向にある農業の生産関数そのものが崩れてしまう。農業の生産量が不足している状況で、むやみに生産関数を変化させると、農業の生産量の確保そのものを危うくする恐れがある。食糧不足の状況下では農業生産量の最大化の条件としてこのような分配構造はやむをえないという判断であったと思われる。このため、1990年代の飢饉の際に最も多くの死者を出したのは、自然災害により直接的に被害を受けた農村地域ではなく、配給システムにより間接的に被害を受けた都市地域であったと推測される。文浩一著『朝鮮民主主義人民共和国の人口変動』（明石書店、2011年）では、当時の飢饉の規模は33万6000人であったと推計し、農村よりも都市の被害が大きかったことを明らかにした。

しかし、現在ではかなり解消されている。とくに、2017年の最高人民会議第13期第5次会議では、「農業生産を増やすことに力を集中したことによって穀物生産で最高生産年度水準を突破する誇りに満ちた成果を収めた」と報告された。会議では具体的な数値は示されなかったが、朝鮮社会科学院をつうじて伝えられた2015年1月から12月の穀物生産高は589万1000トンである。なので、2016年には少なくとも589万トン以上を生産していることになる。国連食糧農業機関（FAO）の推計（2016／17年度〔11月〜10月〕の食糧需給の見通しに関する報告、2017年7月20日＝以下、FAO報告）では、2016年11月から2017年10月までの国内需要量は562万トンとされているので、公式発表どおりなら国内生産だけで食糧は賄うことができる計算になる。

しかし、食糧供給システムはまだ十分に回復しているとは言えない。農民が国の買い上げに応じないこともあるからである。農民は土地や農機具、肥料などを国家から借りている分だけ、生産された穀物の納付義務がある。それ以外の穀物については、行政機関である収買糧政省が買い上げ価格を提示して農民に国家への販売を促しているが、それに応じるか否かは農民の判断にゆだねられている。

表1　FAOによる穀物生産高推計

作物	2016/17年度			2015/16年度			2016/17年度の前年度比（%）		
	作付面積	収量	生産高	作付面積	収量	生産高	作付面積	収量	生産高
	1000ha	t/ha	1000t	1000ha	t/ha	1000t	1000ha	t/ha	1000t
主要農作期の作物	1315.6	4.1	5443.6	1260.7	3.8	4778.2	4.4	9.2	13.9
コメ	468.7	5.4	2536.4	465.2	4.2	1945.8	0.7	29.4	30.4
トウモロコシ	544.5	4.0	2195.2	559.8	4.1	2287.8	－2.7	－1.3	－4.0
他の穀物	72.1	2.2	156.4	45.0	3.5	156.3	60.3	－37.6	0.1
ジャガイモ	55.0	5.0	273.6	32.3	5.2	168.3	70.4	－4.6	62.6
大豆	175.4	1.6	281.9	158.4	1.4	220.0	10.7	15.8	28.1
早作（冬春期作）	140.0	2.2	310.0	164.3	2.7	447.6	－14.8	－18.7	－30.7
小麦・大麦	40.0	1.5	60.0	64.3	2.1	133.4	－37.8	－27.7	－55.0
ジャガイモ	100.0	2.5	250.0	100.0	3.1	314.1	0.0	－20.4	－20.4
農場での合計	1455.6	4.0	5753.6	1425.0	3.7	5225.7	2.2	7.8	10.1
傾斜地栽培	55.0	0.4	203.0	550.0	0.4	203.0	0.0	0.0	0.0
傾斜地栽培を含む合計	2006.0	3.0	5956.6	1975.0	2.7	5428.7	1.6	8.0	9.7

（出所）FAO/GIEWS Special Alert No. 340: The Democratic People's Republic of Korea, Global, 20 July 2017

農民は経済的合理から国の買い上げに応じない場合もあり、そのため収買糧政省には食糧供給所に送る穀物が足りなくなる一方、市場には余った穀物が高値で流通しているという状況である。都市の労働者は、食糧供給所で十分な穀物を得られないので、足りない分は市場から購入している。

ただ、1980年代以降しばらくは「食衣住」と呼んで、「食」の解決に優先順位を置いていたが、いつしかこの言葉は「死語」となり、現在は「衣食住」に定着していることからも、食に事欠くというのは「過去の時代」になりつつある。

（文浩一）

表2　穀物生産高の推移　（千トン）

	穀物総計	コメ	トウモロコシ
1990	6,280.31	1,800.00	4,000.00
1991	8,823.39	4,120.00	4,200.00
1992	8,681.00	4,500.00	3,718.00
1993	9,137.00	4,787.00	3,937.00
1994	7,215.00	3,177.00	3,547.00
1995	3,805.00	2,016.00	1,366.00
1996	2,614.00	1,426.00	825.00
1997	2,886.00	1,527.00	1,014.00
1998	4,440.00	2,307.00	1,765.00
1999	3,852.00	2,343.00	1,235.00
2000	2,942.00	1,690.00	1,041.00
2001	3,879.70	2,060.20	1,483.00
2002	4,211.00	2,186.00	1,651.00
2003	4,393.00	2,244.00	1,725.00
2004	4,485.00	2,370.00	1,727.00
2005	4,645.40	2,583.40	1,630.00
2006	4,675.50	2,478.50	1,750.00
2007	3,892.50	1,869.50	1,587.00
2008	4,680.53	2,862.00	1,411.39
2009	4,437.47	2,336.00	1,705.00
2010	4,514.04	2,426.00	1,683.00
2011	4,691.41	2,479.00	1,857.00
2012	5,190.11	2,861.00	2,040.00
2013	5,192.84	2,901.00	2,002.00
2014	5,216.05	2,626.00	2,349.10
2015	5,482.39	2,948.20	2,287.80
2016	4,978.57	2,536.40	2,195.20

（出所）FAOデータベースより作成

第 Ⅵ 部

北朝鮮の社会と文化

平壌の市民（写真提供：金秀煥）

第36章

北朝鮮の教育

義務教育の延長と高等教育の整備

教育システム

北朝鮮における義務教育は、1956年から段階的に実施されるようになった。当初1956年には初等義務教育制（4年制人民学校）が実施され、1958年からは3年制の中等教育が義務教育として拡大された。

1967年には9年制義務教育が実施され、ここでは4年制の人民学校（現在の小学校）と5年制の高等中学校（現在の中学校）を義務教育とし、高等中学校の最初の3年間は一般的な中学教育を、その後の2年間は専門技術を一つ以上習得する期間となっている。

1970年11月の第5回朝鮮労働党大会では義務教育期間を1年延長して10年制義務教育とすることが決定され、1972年の朝鮮労働党第5期第4次全員会議では、10年制義務教育と1年間の就学前教育が義務教育として加わり、「全般的11年制義務教育」が実施された。

そして、2012年9月には最高人民会議第12期第6次大会で「全般的12年制義務教育」を実施することが決まった。そもそも北朝鮮では11年制義務教育を実施する際、17歳までの義務教育をめざしていたが、朝鮮戦争の後遺症により労働力が不足したことから、やむをえず義務教育期間を就学前教育と併せて16歳までの11年間としていた。したがって、このたびの12年制義務教育の実施は、義務教育課程の正常化であるともいえる。

この制度の下では、満5歳から義務教育が始まり就学前の1年間を幼稚園で過ごす。その後満6歳から満11歳まで小学校（5年）、満14歳までは初級中学校、満17歳までは高級中学校に就学し、義務教育は修了する。

コンピュータを使った授業風景（写真提供：金秀煥）

高等教育については、建国前の1946年に金日成総合大学が誕生したのを機に大学が設立され、現在、大学の数は280余りあるといわれている。これまでは、大学はすべて国立であったが、2010年には韓国の社団法人の東北アジア教育文化協力財団と北朝鮮の教育省と共同による私立大学、平壌科学技術大学が開校した。

大学進学率は公表されていないが、5歳以上の人口に占める大卒者の比率は、2008年センサスでは男子が11・2%、女子が6・7%となっている（2014年サンプル調査では男子10・9%、女子7・2%）。「軍事服務法」（2002年12月25日制定）によって北朝鮮では17歳以上の男子については兵役が義務となっているが、科学技術や体育・芸術に優れた人材は兵役期間を3年または1年にすることができると規定されており、エリート教育が進められて

平壌の小学校で学ぶ小学生（写真提供：山本かほり）

いる。

教育内容

北朝鮮における学校教育は、１９７７年に発表された「社会主義教育に関するテーゼ」（教育テーゼ）にもとづいている。ここでは、北朝鮮における教育は、社会主義教育であり、その目的は共産主義的な革命の人材を育てることであると説いている。また教育の内容は、①政治思想教育、②科学技術教育、③体育教育の三つであると指摘している。政治思想教育は、故キム・イルソン主席とキム・ジョンイル総書記の革命歴史と革命活動を基本とし、科学技術教育は一般科学と専門技術を、体育教育は社会主義建設活動と国防軍事に資する体力を育むことが目的とされている。

教育テーゼは現在も学校教育の根底に敷かれているが、具体的なカリキュラムは時代の流れに応じて変わっている。

第1に、政治思想教育については、従来はキム・イルソンとキム・ジョンイルだけであった革命歴史の科目に、２０１３年からは「敬愛するキム・ジョンウン元帥の革命活動」が加わった。小学校では全学年でキム・イルソン、キム・ジョンイル、キム・ジョンウンの革命歴史をそれぞれ1時間ずつ合計3時間を毎週授業する。中学校ではいずれかの革命歴史の週当たりの授業時間数が全学年をつう

第36章

北朝鮮の教育

表　教育制度

年齢					
26	博士研究員（2～3年）				
25					
24					
23					高等教育
22					
21					
20	大学（3～6年）				
19		単科大学（3～4年）			
18			高等専門学校（2～3年）		
17					
16		高級中学校（3年）			
15					中等教育
14					
13		初級中学校（3年）			
12	義務教育				
11					
10					
9		小学校（5年）			初等教育
8					
7					
6					
5		幼稚園			
4					
3					就学前教育
2					
1	託児所				
,0					

じて3時間以上行なわれる。

第2に、英語と情報技術教育が強化されている。2008年から小学校3年以上のカリキュラムに英語とコンピューターの授業が加わった。また、中学校では、12年制義務教育の開始にともない、従来の自然科学が物理と化学と生物に細分化された。

第3に、大学組織を改編して専門家を育成する拠点形成の試みが始まっている。当初、総合大学は、金日成《キムイルソン》総合大学と金策《キムチェク》工業総合大学と高麗成均館《ソンギュングァン》の三つであったが、2012年以降に平壌医学総合大学、平壌建築総合大学、平壌鉄道総合大学、韓徳洙平壌軽工業総合大学、張鉄久平壌商業総合大学、平壌機械総合大学などが総合大学となった。

一連の教育改革の目的は、「新世代を中等一般知識だけでなく、現代的な基礎技術知識と創造的な能力を備えた革命人材として育てるため」（最高人民会議法令「全般的12年制義務教育を実施することについて」（2012年9月25日）であるとされている

（文浩一）

第37章

IT産業と情報通信

「科学技術強国」をめざして

科学技術発展5ヵ年計画

ＩＴ産業については、１９９８年の最高人民会議第10期第１次会議で「科学技術発展５ヵ年計画」（１９９８-２００２年）が策定された頃から本格的に推進され始めたと見られる。この頃から学校ではコンピュータ教育がカリキュラムに加わり、１９９９年には金日成総合大学にコンピュータ学部が設置され、金策工業総合大学にも情報科学技術学部が設けられた。１９９９年11月にはＩＴ産業を担当する電子工業省が内閣に設置された。２００３年10月には全国科学者技術者大会が５年ぶりに平壌で開催され、科学技術発展５ヵ年計画（１９９８-２００２年）が総括され、情報産業の基礎が出来上がったと評価された。その後、関連法の整備が進められ、最高人民会議常任委員会政令として２００３年６月11日には「コンピュータソフトウエア保護法」が、２００４年６月30日には「ソフトウエア産業法」が、２０１１年12月14日には「コンピュータ網管理法」が採択されている。

経済全体の長期計画はここしばらく策定されていないが、科学技術部門についてはひきつづき長期計画が施行されている。２００６年４月の最高人民会議第11期第４次会議では、２０２２年を

携帯電話の加入数の推移（単位:万台）

年度	2009	2010	2011	2012	2013
加入数	6.9	43.2	100	170	242

（出所） KDP産業銀行「分析資料;北朝鮮のIT産業技術水準の分析および南北協力方案」2015年
（資料） ITU-ICT Statisticsおよびオラスコムの発表資料

目標年度に「科学技術強国」を構築するというビジョンが提示され、２００８年から２０１２年までは第３回科学技術発展５ヵ年計画が、２０１３年から２０１７年までには第４回科学技術発展５ヵ年計画が進められた。

情報通信のための環境整備は、科学技術発展５ヵ年計画の重要な柱として推進されている。移動通信に関しては、タイの通信会社ロックスレイが２００２年から平壌と羅先地区で２Ｇの携帯電話サービスを始めた。また、08年からはエジプトのオラスコム社と朝鮮逓信会社が合作したKoryo linkが３Ｇサービスを全国的に展開した。

情報通信と生活の変化

ＩＴ産業の推進は、びと々の生活にもさまざまな変化をもたらしている。

第１に、携帯電話の普及である。現在、主要な携帯電話はエジプトのオラスコムの投資によるものである。米国のジョンズ・ホプキンス大学韓米研究所がオラスコムの資料を分析したところによると、２０１７年現在携帯電話の加入数は、全人口の６分の１に相当する４００万台に達しており、２０１２年に比べて４倍ほど増えたという（連合通信２０１７年12月7日）。

人びとが携帯電話で行なうのは電話だけではない。『労働新聞』などの日刊紙は電子情報化されて携帯電話で閲覧できるようになった。また、『朝鮮新報』２０１７年12月４日付によると、「万物相」というネットショッピングサイトも登場しているという。報道によると、このサイトは、2016年10月からは携帯電話からアクセスできるようにしたところ、利用者数が爆発的に増えて現在はユーザー登録数が4万人以上になったという。

このサイトは、また国内のあらゆる企業が加盟して商品販売を行なえるシステムとなっており、現在、登録されている商品の数は3万点を超える。登録した企業は商品販売のために細かな商品情報を掲載するなど従来にはなかった広告サービスも行なっている。

携帯電話はレストランの宅配サービスにも利用されている。たとえば、冷麺で有名な玉流館では「玉流」サイトを開設して客から注文を受け、配送業務は人民奉仕総局傘下の運輸事業所に委託して各区域に届けるサービスを行なっている（『朝鮮新報』2015年4月2日）。

平壌でも携帯電話を使う人の姿はごく普通になっている。（写真提供：金秀煥）

海外からの観光客に対してはKoryolinkという国際通信センターが運営している会社が携帯電話サービスを行なっており、ここで契約した端末に限っては海外のサイトも閲覧できる。ただ、電話は国際電話だけで、国内への通話はできない仕組みになっている。一方、国内で普及している携帯電話は国内での通話と国内のサイトの閲覧しかできない。

情報通信による生活の変化は、第2に教育スタイルに表れている。その代表が「遠隔大学」といわれるもので、登校しなくても遠隔教育システムをつうじて大学を卒業できるシステムが作られている。２０１０年9月から金策工業総合大学が始めたのが最初である。この大学では学制は昼間大学と同じ5年であり、２０１６年12月時点ですでに３００人が卒業した。ここで学べる学科は理工系が中心で、全43学科がある。また、２０１５年4月からは金日成総合大学でも遠隔大学が開校し、毎年２０００名程度の新入生がいるという。また、大学と研究機関の図書館資料はすでに数年前から電子化されているが、２０１６年にオープンした科学技術殿堂は、国内のすべての研究資料を閲覧できるシステムを構築しており、連日、学生たちでにぎわっている。

もちろん、情報産業は国の宣伝手段としての役割も担っており、北朝鮮の運営するウェブサイトがいくつかある。代表的なものには、朝鮮半島統一問題の宣伝用に作られたと思われる「ウリ民族同士」(http://www.uriminzokkiri.com)や、北朝鮮産の商品輸出用に作られたと思われる「ネナラ」(http://www.naenara.com.kp/ja/)などがあり、いずれも日本語ページが用意されている。

（文浩一）

第38章

住居と交通

インフラの整備と移動の制限

住居

北朝鮮の民法（1990年9月の最高人民会議常設会議決定第4号として採択され、その後、1999年3月の最高人民会議常任委員会政令第540号として修正補充）第50条では、「国家は住居を建設し、労働者と農民と事務員に与え、それを法的に保護する」ことが明記されている。この意味は、住宅の供給は政府によって行なわれ、住民には所有権ではない利用権のみが与えられることを意味する。すなわち、住宅の個人所有を認めず、国家および協同団体の所有権のみを認めている。したがって、住民は、戸建てやアパートなどの住居を賃貸形式で割り当てられ利用している。

しかし、住宅供給率は100％に至っていないため、新婚世帯など新たに世帯を構成しても、直ちに住居が与えられない場合もある。そのため、住居が供給されるまでのあいだ、同居することもある。また、公式には認可されていないが、供給された住居の「居住権」が転売され、貧富の格差によって居住環境の優劣が左右されることもあるようだ。

2014年には、初めて住居実態に関する調査が行なわれた。この調査は、「2014年 社会経済および人口健康調査」（原題は

表　住居形態別分布（%、カッコ内はサンプル数）

番号	住居形態／行政区域	1棟1世帯	1棟多世帯	アパート	その他	計
1	両江道	18.8	68.5	12.1	0.6	100.0 (1,249)
2	咸鏡北道／羅先	25.5	53.2	20.6	0.7	100.0 (1249)
3	咸鏡南道	32.0	46.8	20.9	0.3	100.0 (1,573)
4	江原道	34.8	44.1	20.3	0.8	100.0 (1,373)
5	慈江道	38..0	38.8	22.8	0.4	100.0 (1,249)
6	平安北道	43.9	38.6	17.2	0.3	100.0 (1,249)
7	平安南道／南浦	23.8	52.5	23.1	0.6	100.0 (1598)
8	平安北道	63.3	24.4	11.8	0.5	100.0 (1,199)
9	黄海南道	46.1	39.6	13.5	0.8	100.0 (1,249)
10	平壌市	11.8	24.8	62.9	0.5	100.0 (1,249)
	計	32.8	41.7	25.0	0.5	100.0 (13,237)

（出所）DPRK Socio-Economic, Demographic and Health Survey 2014

DPRK Socio-Economic, Demographic and Health Survey 2014）として、国連人口基金（UNFPA）の協力のもと、中央統計局が実施したものである。それによると、平屋の多世帯住居に暮らしている世帯が最も多く（42％）、平屋の単独世帯住居に暮らしている世帯が次に多かった（33％）。報告書では、現在国家的に住宅建築を急いでいるが、それらは高層アパートが基本なので、アパートに暮らす世帯（現在は25％）の比率は今後高まると予想している。

また、報告書では基礎的生活インフラについても調査している。それによると、飲料水および水洗トイレの利用率が改善され、より多くの世帯が整備された水供給源泉に依存しており、水洗式個室トイレの利用率が高まった。都市と農村の大多数の世帯が暖房施設を利用しているが、その類型には差異があった。都市と農村地域で利用する暖房用燃料には種類の違いがある。さらに、大多数の世帯がさまざまな耐久消費財を所有しており、とくに都市世帯に比べて農村世帯がより多くの家畜を所有している。結果的に居住地域に関係なく、全国のほとんどすべての家庭世帯が基礎的な居住設備を利用している。

交通

交通手段として対外的に有名なのは平壌市の地下鉄である。「平壌市の地下鉄」というものの実際には平壌市にしか地下鉄はない。路線は南北を結ぶ千里馬《チョルリマ》線（14キロメートル）と東西を結ぶ革新《ヒョクシン》線（20キロメートル）であり、総延長は34キロメートルである。車両編成は3〜5両で、運行時間は午前5時30分から午後11時30分、運行スケジュールは出勤と退勤時間には3分間隔で、その他は6〜7分間隔で運行している。

平壌市の地下鉄（写真提供：金秀煥）

平壌の地下鉄は、地下100〜150メートルを走り、その深さで有名である。これは、有事の際の避難場所として利用することを目的に作られたためである。また、ほとんどの駅の外壁は大理石で覆われ、照明はシャンデリアで飾られ豪華なので、観光コースとなっている。

その他に平壌市には市街電車があり、1990年代に平壌市内に二つの路線を建設して運行中である。また、市内バスが40余路線、運行されている。また、1987年から

平壌市内を走るトロリー路面電車（写真提供：金秀煥）

タクシーサービスも開始されたが、これは主に観光客らに利用される。かつて、平壌市内では自転車の利用が禁じられていたが、1990年代から解禁され、人びとの重要な交通手段となっている。

自動車に関しては普及率が低く、一部富裕層が利用する以外は公用車がほとんどである。

国内線の列車は、西部の鉄道網である京義《キョンイ》線（開城《ケソン》—新義州《シニジュ》）と東部の鉄道網の平羅《ピョンラ》線（平壌—羅津）、平壌を中心に、平義《ピョンイ》線（平壌—新義州）、平元《ピョンウォン》線（平壌—元山）、平壌—恵山《ヘサン》、平壌—南浦《ナムポ》、平壌—満浦《マンポ》、平壌—沙里院《サリウォン》、平壌—羅津《ラジン》・茂山《ムサン》などがある。

外国と連結された鉄道は、中国と六つのラインが、ロシアとは一つのラインが結ばれている。

航空に関しては、民間の旅客機が運行することはないが、公用として平壌—咸興《ハムフン》—清津《チョンジン》路線が定期的に運行されているという。また、国際航空としては、平壌—北京（中国）、平壌—瀋陽（中国）、平壌—モスクワ（ロシア）、平壌—ハバロフスク（ロシア）、平壌—ウラジオストク（ロシア）、平壌—ベルリン（ドイツ）などが運行している。

住民の移動と移住

上記の公共交通機関を住民は自由に利用できるわけではない。通勤手段や日常の行為（買い物など）

以外の長距離の旅行などは制限を受ける。北朝鮮の憲法では住民に対する旅行の自由を保障しているが、実際には許可制となっている。その詳細は公式文献からは確認できないが、韓国への亡命者らの証言によると、たとえば40キロメートル以上離れた地域に移動する場合は、人民保安署（日本の警察に当たる）から旅行証明書の発給を受けなければならないという。

また、行政区域をまたいだ移住（引越し）にも一定の手続きが必要である。住民は、引越しの際に人民保安署から移住証明書の発給を受けると同時に、①組織移動証、②軍事移動証、③食糧配給停止証明書、の三つが必要であるとされている。組織移動証とは、北朝鮮の国内居住のすべての国民は、職業同盟や農業勤労者同盟、青年同盟、少年団などの社会組織に属さなければならず、当該の機関から発給を受けるものである。たとえば、学生であるなら社会労働青年同盟もしくは朝鮮少年団から許可を得なければならない。そして、食糧配給所からは、いつまで食糧の配給を受けたのかを証明する食糧停止証明書の発給を受けなければならない。これがないと移住先の食糧配給所から食糧の配給を受けることができない。

こうして住民の移動と移住は制限されるわけであるが、その判断基準は詳細にはわからず、一般的には移動と移住は難しいと考えられている。

（文浩一）

第39章

統制下のメディア

新聞、放送、出版、通信

政策

憲法第67条では、「公民は言論・出版・集会・デモと結社の自由を有する」と明記しており、言論の自由を保障している。しかし、「メディア活動は社会政治的活動であるだけに階級的な性格を帯びる」とし、「人民大衆に貢献する言論は、人民大衆の利益と意思を代弁し、社会の正義と心理を守護し、先進思想を擁護して普及することに貢献する……言論だけが真の言論である」（『朝鮮大百科事典』科学百科事典出版社、2001年）としており、「人民大衆に貢献」しないと判断される情報は統制される。

主要新聞

『労働新聞』　朝鮮労働党の機関紙であり、1945年11月1日に『正路』という紙名で発刊され、1946年9月1日に新民党の機関紙である『前進』を吸収して『労働新聞』に紙名を変えた。朝鮮労働党の政策を代弁しているだけでなく、内外の主要懸案および出来事を正論や社説などをつうじて北朝鮮当局の立場も代弁する。発行形式は、朝刊・6面であり、休刊なしで365日発行される。最近では、携帯電話の普及によりネット配信され、市民たちは端末の画面で閲覧することもある。日本でも関係図書館などで閲覧でき、購入も可能である。

『民主朝鮮』 前身は平安南道人民委員会の機関紙である『平壌日報』であり、1947年2月月に北朝鮮臨時人民委員会機関紙『民主朝鮮』として紙名を変えた。その後、1948年9月の朝鮮民主主義人民共和国建国にともない、最高人民会議常任委員会と内閣の機関紙となった。『民主朝鮮』の記事は、行政府の機関紙であるということから、行政関連の記事が多い。また、経済事業は内閣に一任されていることから、『労働新聞』では得られない経済情報も同紙をつうじて報道される。発行形式は朝刊・4面が基本であるが、火曜日と金曜日と特別な日は6面で発行される。日本でも関係図書館などで閲覧でき、購入も可能である。

地方新聞

地方新聞は、各市・道（行政区域）別に発行される。日刊紙で4面で発行される場合が多く、1945年の解放直後から1950年代にかけて創刊された。主な地方新聞は『平壌新聞』（1957年6月1日創刊）、『平南《ピョンナム》日報』（1950年12月12日創刊）、『平北《ピョンブク》日報』（1945年11月27日創刊）、『咸南《ハムナム》日報』（1945年11月15日創刊）、『咸北《ハムブク》日報』（1945年11月20日創刊）、『慈江《チャガン》日報』（1949年3月11日創刊）、『両江《リャンガン》日報』（1955年1月1日創刊）、『江原《カンウォン》日報』（1945年12月28日創刊）、『黄南《ファンナム》日報』（1945年9月6日創刊）、『黄北《ファンブク》日報』（1945年9月6日創刊）、『開城《ケソン》新聞』（1952年2月19日創刊）、『南《ナム》浦《ポ》新聞』（前身の『戦闘速報』は1982年8月17日創刊、85年12月1日に紙名変更）などがある。地方紙については日本では閲覧できない。

専門紙

専門紙としては『教育新聞』と『経済新聞』がある。文字どおり『教育新聞』は教育政策ばかりでなく、教育現場のニュースを扱っており、学校での教育実践やイベントなどが掲載されている。『経済新聞』も経済政策の報道を重視している一方、企業や工場での出来事ばかりでなく商品広告も掲載され、企業間の取引を促す役割を果たしている。これらは、日本では閲覧できない。

ラジオ放送

北朝鮮のおけるラジオ放送は、日本の植民地時代にあった平壌放送局を朝鮮中央放送局に改称し、1945年10月14日に金日成主席の凱旋を歓迎するために開催された「祖国凱旋歓迎平壌市集会」が放送されたのが始まりである。その後、1967年に朝鮮中央放送を第1中央放送と第2中央放送に分離し、第1は国内向けの放送を、第2は、対外と対南向けの放送を担当するようになった。その後、1972年に第1放送を朝鮮中央放送に、第2放送を平壌放送に改称した。このほかに11の地方放送局と11の優先放送局、200余りの郡・区域の放送局があるとされている。

テレビ放送

1961年9月の朝鮮労働党第4回大会以後、テレビ放送計画を本格的に推進するようになった。1963年3月に平壌テレビ放送局として開局した後、1970年4月に朝鮮中央テレビに改称した。また、1971年4月には韓国向けの放送局として開城放送局を開局した。1973年には映画やスポーツなどを主要番組とする万寿台《マンスデ》テレビ放送局を開局した。1997年からは開城テレビ放送を改編して韓国向けの放送は朝鮮中央テレビが行ない、国内向けの放送は朝鮮教育文化テレビを新設して放送している。また1999年10月10日以後は衛星中継放送を開始し、日本でも容易に受信できるようになった。最近のテレビ放送では、ドラマの素材がバラエティー化するようになった。ゴールデンタイムに放映されるドラマは、男女の恋愛問題、お茶の間問題などが増えている。2015年2月9日からは、既存の標準画質の放送から高画質（HD）への放送に替わり、2001年からはタイの通信衛星タイコム5をつうじて朝鮮中央テレビと朝鮮中央放送をアジア全域とアフリカなどの諸外国に向けて発信している。

通信

朝鮮中央通信社が唯一の通信社である。1946年に北朝鮮通信であったのを48年の建国を機に、現在の名称となった。ロシアのタス通信や中国の新華社通信など40余りの通信社と報道協力協定を締結しており、英・仏・ロ語などで報道資料を各国マスコミに提供している。日本では、朝鮮通信社が窓口となって朝鮮中央通信を発信しており、ホームページも開設されている（http://www.kcna.co.jp）。

出版社

イデオロギー的な性格の強い書籍を主に発行する朝鮮労働党出版社や金星《クムソン》青年出版社のほか、科学技術書籍を発行する社会科学出版社、文芸作品を出版する文学芸術出版、辞典を出版する科学百科事典出版社、その他、教育関連図書を出版する金日成総合大学出版社、高等教育図書出版社などがあり、外国向けの書籍を出版する外国文出版社がある。定期刊行物の雑誌には、朝鮮労働党機関誌の『勤労者』のほか、『経済研究』『朝鮮文学』『科学院通報』『朝鮮芸術』などがあり、『今日の朝鮮』や『朝鮮貿易』など日本語で発行されるものもある。

（文浩一）

第40章

環境問題と政策

課題としての山林資源の衰退

環境政策

北朝鮮の政策当局は、工業化の推進とともに環境問題に対する認識を示してきた。たとえば、1972年12月に開催された「全国自然科学活動家大会」で故キム・イルソン主席は鉱工業部門における公害防止についてふれ、工場と企業所を分散して配置することと、住宅地区と工場を隔離して建設し、各工場と企業所の水質汚染および排煙防止設備を設置することを促している。しかし、初期の環境政策は断片的で、体系的なものではなかった。

環境問題に対する対策が政策体系として本格的に追求され始めるのは、1986年4月9日の最高人民会議第7期第5次大会での「環境保護法」制定以後である。同法は、全5章52条で構成され、環境保護の基本原則（第1章）、自然環境の保存と醸成（第2章）、環境汚染の防止対策（第3章）、環境保護に対する指導と管理（第4章）、環境被害に対する損害補償および制裁措置（第5章）となっている。環境保護関連法としては、これ以外にも山林法施行規程（2000年）、国土計画法（2002年）、河川法（2003年）、環境影響評価法（2006年）などがある。

また、国土の全域をつうじて自然環境の保護区および特別保護区の指定、環境汚染観測所および気象水文観測所の新規設置、平壌の平川《ピョンチョン》汚水浄化場をはじめ10余りの浄化施設、順川《スンチョン》ビナロン連合企業所や南興《ナムン》青年化学連合企業所、祥原《サンウォン》セメント連合企業所などの主要連合企業所における公害防止施設の設置などを行なうようになった。

一方、北朝鮮はすでに国際自然保護連合（IUCN）に加盟（1963年5月）していたが、環境保護法の採択以後、環境問題に関する国連との協力も活発に推進し、1990年12月には平壌で国連開発計画（UNDP）と国連環境計画（UNEP）の代表が参加して「産業汚染の監視と予防に関する討論会」を開催した。

1993年2月からは分散していた環境問題に対する行政を整理するため、環境保護委員会を政務院（現内閣）に非常設機構として設置し、1996年10月には政務院の常設機構として環境保護部（省に当たる）を新設した。ちなみに、1998年9月には憲法の改正にともない、「都市経営部」と「国土環境保護部」を統合して「都市経営および国土環境保護省」に改編し、1999年には再び「都市経営省」と「国土環境保護省」に分離している。

研究機関としては、環境保護省傘下に環境保護研究所と国土計画研究所がある。環境保護研究所には、大気環境研究室、水資源環境研究室、廃棄物自然化研究室、分析研究室、環境生態研究室、生物工学研究室、土壌環境研究室、地球環境研究室など12の研究室があり、国土計画研究所では都市整備計画や国土建設計画に関する研究を行なっている。

国民の環境問題に対する意識を高めるため、1993年6月には初の「世界環境の日」記念行事を行ない、1996年9月には「国土環境保護部門および関連部門活動家大会」を開催し、以後、年例行事となっている。また、10月23日を「国土環境保護記念日」として制定している。

現状

現在、北朝鮮が最も力を入れているのは山林造成といわれている。キム・ジョンイルは、1999年4月に「わが国では、ここ20年間にあれほど多かった山の木々がたくさんなくなってしまいました。木々がなくなってしまったのは、薪を保障してあげられなかったことに原因があります。ここ20年間に仕事をしっかりしなかったので、その後遺症は大きいです」（『金正日全集』第20巻、16〜17ページ）と指摘している。2001年から2010年までは山林造成10ヵ年計画期間に設定され、とくにアカシアを植樹することが奨励され、山林科学院傘下の経済林研究所にはアカシア研究室が新設されたりもした。だが、その成果は芳しくないようである。

キム・ジョンウンもまた「毎年春と秋に多くの植樹をしているが国の山林実態は対して改善されていない」とし、「現在山林造成と保護管理活動がしっかり行なわれていない」と批判している（「社会主義強盛国家建設の要求にそくして国土管理事業で革命的転換をもたらそう」党と国家機関、勤労団体の責任活動家への談話、2012年4月27日）。

山林資源の復旧を急ぐ理由の一つは水害に対する対策である。1995年7月31日から8月18日に襲った大雨による被害は、『朝鮮中央通信』の報道（1995年9月6日）によると、八つの道（日本の都道府県に当たる）、145の郡（日本の市町村に当たる）が被害を受け、被害面積は国土の75％に達し、被災者は520万人（死者68人）で、被害総額は150億ドルに達するという。大洪水に見舞われた一因は、山林資源の破壊により雨水の貯留機能が失われたためであるといわれている。

なお、2004年8月27日に、国連環境計画（UNEP）では北朝鮮の環境状態に関する評価報告書を発表しており、そこでは山林資源について、次のように指摘している。「北朝鮮の森林は国土の73・2%を占めている。1ヘクタール当たりの森林体積は1978年には53・6立方メートルであったのが1990年には55・9立方メートルに拡大した。しかし、過去10年間にわたって継続的な旱魃や豪雨、虫害により森林に相当の被害が出ている。木材生産と焚き木の消費が森林体積の縮小の主たる理由とみなされている。とくに、経済上の困難から住宅用や農業用の石炭が不足し、熱エネルギー需要を満たすために過剰な伐採が行なわれる結果となった。1990年には年間の焚き木の生産量は300万立方メートルだったが、1996年には720万立方メートルに増加している。もう一つの要因は、アカマツなど一部の品種の木が減少したことである。森林面積・体積の減少は、国の経済発展と国民の生活、森林資源の持続可能な開発に否定的な影響をもたらす」（報告書の全体の要約は、本書の第1版の160〜162頁に収録）。

（文浩一）

参考文献

「2003年　朝鮮民主主義人民共和国環境状態報告書」国連環境計画（UNEP）

第41章

北朝鮮の文学

パルチザン神話から現実課題克服の模索へ

北朝鮮文学の起源をどこにとるかについては、いくつか考え方がありえる。一つは、今日の朝鮮民主主義人民共和国（以下「共和国」）の公式見解のように、1930年代に、当時中国東北部で活動していた抗日パルチザン部隊が、東北部山中の木々に書きつけた「歌」や、活動の合間に演じられた「演劇」などの作品を最初と見るものである。これは一つの見解で、検討してみる価値がある。

一方、解放後に限っていえば、次のような事実が確認できる。日本の敗戦直後、平壌《ピョンヤン》では、いち早く1945年8月17日にチェ・ミョンイク（崔明翊）を委員長とする平壌芸術文化協会（芸文）が結成された。これは解放前から平壌を中心に活躍していた非プロレタリア系列の文学者、芸術家たちの団体である。

ほぼ同じ頃、45年9〜10月に平南《ピョンナム》プロ芸盟（芸盟）がハン・ジェドク（韓載徳）を委員長に組織された。両者は翌46年2月にキム・パ（金波）の調停により合同するが、実際には芸盟が芸文を吸収したもので、3月25日、北朝鮮芸術総連盟の発足にいたる（10月に北朝鮮文学芸術総同盟と改編）。これは同年2月にソウルで朝鮮文学家同盟が発足したのに対抗してのものと思われる。

ところで、解放前から在住していたク・サン（具常）やファン・スノン（黄順元）といった非プロレタリア系列の文学者たちは、解放1周年の46年8月に解放記念の作品集を発行するが、当局から批判される。

その代表的なものが詩集『凝香』事件である。これは、元山《ウォンサン》で解放記念として出版された詩集『凝香』が、46年末になって北朝鮮文学芸術総同盟中央常任委員会から、その内容が北朝鮮の現実に対し懐疑的・空想的・頽廃的・現実逃避的・甚だしい絶望的傾向を持っているとして批判・発禁措置を受けた筆禍事件で、これを契機にク・サンなど関係者は越南し、北部朝鮮での文学活動は路線が一本化されていく。

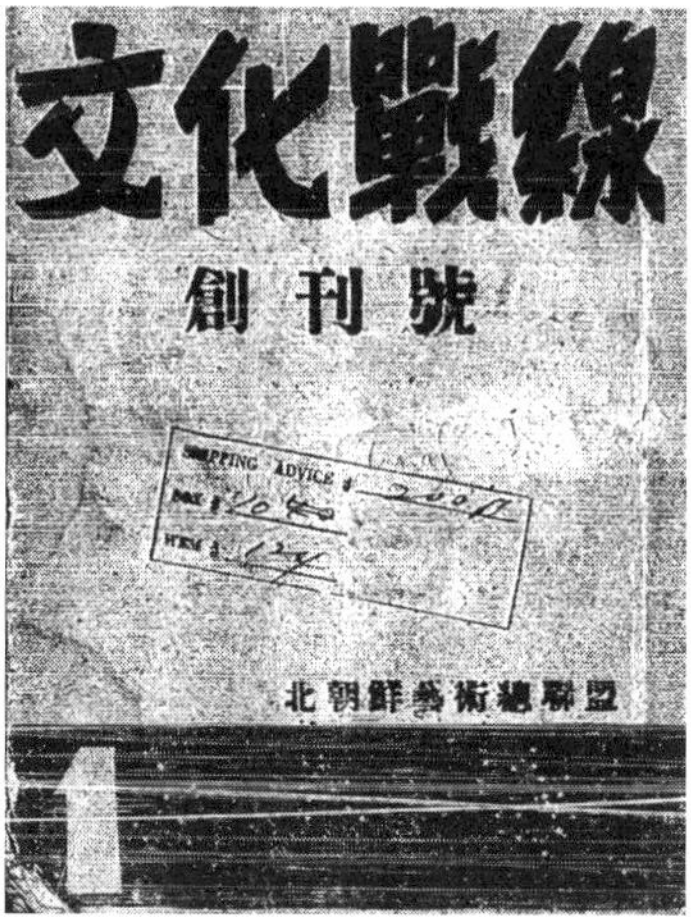

『文化戦線』創刊号（1946年7月25日発行）の表紙（米国国立公文書館所蔵）

実質的な作品として現在判明している北部朝鮮での最初の文学作品は、『朝鮮新聞』46年3月1日号に掲載されたキム・サリャン（金史良）の壁小説「うすらとんまな童」である。

その後、『文化戦線』が46年7月に創刊されて発表媒体ができあがるのと並行して、文学活動は徐々に活発化し、解放1周年の46年8月に刊行された一連の8・15解放1周年記念集が続き、47年に『朝鮮文学』が創刊されて本格化した。

こうした事実をもとに北部朝鮮での文学活動を

時期区分すれば、①解放から48年9月の建国まで、②建国から朝鮮戦争まで、③朝鮮戦争期間から休戦直後の53年8月南朝鮮労働党（南労党）系粛清まで、④戦後復興期と社会主義建設期（〜1958年）、⑤1958〜1967年、⑥1967年〜現在、と大別できよう。

作品としては、①の初めの頃には、「うすらとんまな童」の後、『文化戦線』創刊号（46年7月）に掲載された同じキム・サリャンの戯曲「トボンイとペベンイ」等や、8月に刊行された一連の8・15解放1周年記念集への掲載作品（ハン・ソリャ（韓雪野）「血路」、キム・サリャン「雷声」など）が続いた。また①、②の頃には、ソ連から来たチョ・ギチョン（趙基天）らが活躍し、南から来たリム・ファ（林和）も52年まで作品が確認できる。

③の朝鮮戦争休戦までの作品傾向としては、大略、（1）親ソ、解放軍ソ連およびスターリン讃揚、（2）首領の形象化、（3）土地改革等、社会主義国家建設讃揚、（4）パルチザン等、南の抗争支援、（5）従軍記、戦意高揚作品、に分けられる。

（1）としてはリ・ジョング（李貞求）の詩「永遠なる握手」（46年）、キム・ジョギュ（金朝奎）の詩「スターリンへの献詩」（46年）、（2）は、パク・セヨン（朴世永）の詞「キム・イルソン将軍」（46年）、リ・チャン（李燦）の詩「讃　金日成将軍」（46年）、（3）はリ・ギヨン（李箕永）の小説「開墾」（47年）、ファン・ゴン（黄健）の小説「炭脈」（49年）、（4）はリム・ファの連作詩「英雄伝」（48〜50年）、チョ・ギチョンの詩集『抗争の麗水《リョス》』（48年）、（5）はキム・サリャンのルポ「われわれはこうして勝った」（50年）、『小説集　英雄たちの戦闘記』（イム・スンドゥク（任淳得）ほか、50年）、ハン・ソリャの「大同江《テドンガン》」第一部（52年）などがあげられる。

朝鮮戦争は文学においても大きな転換点となった。52年12月に始まった南労党系批判は、文学では自然主義文学批判、さらに、休戦直後の53年9月、全国作家芸術家大会での「ソルジョア美学の残滓批判」へと続き、共和国文学は、当初から社会主義リアリズム方法論に立脚した党文学によって始められたものであると再規定されるに至った。

しかしスターリン死後のソ連で個人崇拝批判、文学における図式主義批判が現れると、その影響下に56年10月の第2次朝鮮作家大会で図式主義克服が論議された。同年8月には党中央委員会全員会議で延安派やソ連派が個人崇拝を問題にしたが逆に排除され（8月宗派事件）、57年12月の作家芸術家熱誠者大会以後、文学者の労働現場・現地派遣が再び強化される。

この④の時期の代表的な作品として、ハン・ソリャの「大同江」第2、3部（53年12月〜54年）、リ・ギヨンの『豆満江《トゥマンガン》』第1、2部（54、57年）、ユ・ハンニム（兪恒林）の「職盟班長」（54年）、リ・グニョン（李根栄）の「初収穫」（56年）、ファン・ゴンの『蓋馬《ケーマ》高原』（56年）、チョン・セボン（千世鳳）の『石渓谷《ソッケウォル》の新しい春』第1部（58年）などがある。

こうした過程を経たあと、1958年には千里馬《チョルリマ》運動に寄与する「千里馬創作団」が結成されて、本格的な社会主義建設期に続いてゆく。④から⑤への移行期に当たるこの時期は、また、徐々に「唯一化」が進められていく時期でもあり、1958、59年頃にはソ連派が排除され、この頃からイム・スンドゥクらの名前も見出せなくなる。

この移行期の動きとして重要と思われるのは、1930年代から旧「満州」地域での抗日パルチザン活動中、樹木などに彫りつけられるなどして残された「革命歌謡」の採譜作業と、その刊行である。

採譜収集作業自体は朝鮮戦争休戦直後から着手されているが、この時期にきて朝鮮労働党中央委員会直属党歴史研究所編の『革命歌謡集』（朝鮮労働党出版社、1959年6月）が刊行された。こうした作業は同時期に中国でもなされ、中国共産党延辺朝鮮族自治州委員会宣伝部編『革命の歌』第1輯（延辺人民出版社、1958年8月）と、中国音楽家協会延辺分会編『革命歌謡集』（延辺人民出版社、1961年7月）が刊行されている。採録された歌謡は重複するものも多い。

さらにまた、機を同じくして1959年から、『抗日パルチザン参加者たちの回想記』が刊行され始めるが、これらはそれぞれ連動した一連の、大きな流れを反映した動きであると思われる。

次に大きな転機が訪れるのは、1966、67年である。1967年5月4日から開かれた朝鮮労働党中央委員会第4期第15次全員会議で、党の唯一思想体系確立の問題が討議されたが、これは前年66年10月5日の党代表者会議での決定を受けてのものであった。ここから現在の体制＝主体思想にもとづく体制へと直結する動きが開始される。

文学においてもこうした政治的体制の確立を反映した活動が始まる。革命伝統の重視とその作品化、革命領導（主席）・領袖（総書記）の形象化、そのための集団創作などである。叢書『不滅の歴史』（1972年〜）、『不滅の嚮導』（1992年〜）シリーズはその代表的なものであるが、『血の海』（1969年）『花を売る乙女』（1972年）などの抗日映画や、革命演劇、革命歌劇などの制作も、文学を幅広くとらえれば、これに相当する動きである。

こうした中にあって、若者たちの恋愛模様をリアルに描いたナム・デヒョン（南大鉉）の『青春頌歌』（1987年）が若い層に好評をもって迎えられたということは、90年代半ばに恋人への思いを歌った「口笛」という明るい曲調の歌が大ヒットしたということなどと考え合わせると、共和国に暮らす人々の心情を伝える事柄であるようにも思われる。

90年代に入り、共和国は大きな災害に見舞われ、旧ソ連、東欧諸国の崩壊ともあいまって、非常な経済的危機に遭遇する。「苦難の行軍」と称されるこの苦境下にあって「先軍革命文学」というスローガンが打ち出されるが、極度の困難な状態からは抜け出した90年代の終わり頃から、以前には見出しがたかった共和国社会内部の問題点を扱った作品が現れ始めているのが注目される。

キム・ムンチャンの『熱望』（1999年）はそうした作品の一つで、「自力更生」という名のもとに、いかに赤字を出し続けようとも、自前の生産物さえ出し続ければよく、ノルマさえこなしていればよいという旧態依然とした発想を批判した作品である。

ホン・ミョンヒ（洪命憙）の孫であるホン・ソクチュン（洪錫中）の『ファン・ジニ（黄真伊）』（2002年）は、朝鮮王朝の名妓で、時調《シジョ》詩人としても名高い「ファン・ジニ」の伝記小説であるが、こうした主題も以前は発表が困難だったものである。

2000年6月15日の南北首脳会談以後、南北朝鮮の交流は活発化し、前記の『ファン・ジニ』が韓国でも刊行されベストセラーになるなど、南北朝鮮の出版状況が変化していった。そうした例の一つとして、非公開であるが、『南北統一文学全集　全100巻』の刊行があげられる。非公開であるため、内容の詳細は不明であるが、南北それぞれ50巻ずつで構成された全集である。

その後、健康を害していたキム・ジョンイルが死去して、息子のキム・ジョンウンに権力が禅譲され、この若い指導者を称揚した作品集が出される。その一つ『火の約束』（文学芸術出版社、2015

年）は、チョン・ギジョンの「天と地、海」、書名にも取られているキム・イルスの「火の約束」など、11人の作家による11篇の短篇アンソロジーである。同種のものは、引き続き『明るい未来』（15名のアンソロジー。金星青年出版社、2016年）、『麗明』（12名のアンソロジー。文学芸術出版社、2017年）と、年に1冊のペースで出版され、2018年には『眩《まぶ》しい江山』（未確認）が刊行された。

ところで、こうした儀式ともいうべき出版状況とは別に、注目すべき動きがあるのを見逃せない。それは、これまで、批判を受けたり、忘却されたりして表舞台から姿を消していた文学者・芸術家たちに対する緩やかな解禁、再評価の進展である。キム・サリャン、チェ・スンヒ（崔承喜）、ハン・ソリャ、イム・スンドゥクといった例がそれである。

キム・サリャンは、死後、1955年に『金史良選集』が出版された後、30年以上顧みられなかった。それが、理由は判然としないが、1985年にルポ「海が見える」（1950年）が評価されたのを嚆矢に、87年に単行本として『金史良作品集』が、そして2009年には収録作品を異にする『金史良作品集』が『現代朝鮮文学選集』（1987〜現在。全100巻予定。以下、「選集」）の第46巻として刊行された。この彼に対する評価は、文学者としてのそれでなく、軍人（従軍記者）としてそのルポ報道が評価されたものであり、それは、墓所が、文学者・芸術家たちが葬られる熱誠者烈墓でなく、軍人たちが葬られる参戦烈士墓であること、また近年建設された「祖国解放戦争勝利記念館」に軍人として遺影が展示されていることなどからも明らかである。

その後も、60年代半ばから消息がわからなくなっていたチェ・スンヒも、キム・イルソンの回顧録『世紀とともに』の中で主席が評価しているという形で復権し、熱誠者烈墓にある墓碑が公開されて死亡年も明らかになり、2012年には『太陽の懐で永世する舞踊家』という評伝が出版された。また、リ・ギヨンと並んで北朝鮮文壇を形成・牽引してきたハン・ソリャは、1963年ごろに当局を批判したために、それまで刊行していた数多の作品集が没収・破棄され、削除されるという措置を受けていたが、上記『選集』の第25巻（99年）として『黄昏』が、第32巻（2005年）として『塔』が出されている。さらには、1950年代後半、ソ連派粛清の影響を受けたと思われるイム・スンドゥクも、57年途中からその足跡を追えないが、彼女もやはり『選集』の第34巻『小説集　出帆前後』（2003年）というアンソロジーの中に、解放前の作品であるが、短篇「日曜日」（1937年発表）が収録された。

こうした緩やかな解禁が何を意味しているのか、またさらにいっそう拡大され、南労党関係者にまで及んでいくのか、注目すべき動きであると思われる。

（布袋敏博）

参考文献
布袋敏博「解放後の金史良覚書」『青丘学術論集』第19集、2001年11月
布袋敏博「初期北韓文壇の成立過程に対する研究——金史良を中心に」（ソウル大学校博士論文、2007年2月）

第42章

スローガンとしての音楽

革命闘争と体制賛美

北朝鮮の音楽といえば、誰もが「キム・イルソン、キム・ジョンイルをたたえる個人崇拝の歌謡」というイメージを持つ。現在は「忠誠」を強いる体制側の宣伝に終始しているが、本来的に北朝鮮では「音楽は勤労者を革命化、労働階級化するところに目的がある」と位置づけられていた。「忠誠の歌」と「人民大衆の生活を描いた歌」の関係を年代別に見ていきたい。北朝鮮の時代区分は、リ・ヒリム他著『解放後の朝鮮音楽』（文芸出版社、1979年）による。

内容で分類すれば、「頌歌《ソンガ》」と呼ばれるキム・イルソン、その親族、キム・ジョンイルをたたえるものが最も重要であり、人民大衆は公式の場で歌うことと聴くことが強制されてきた。

代表的な歌謡は、永生不滅の革命頌歌『キム・イルソン将軍の歌』（作詞リ・チャン（李燦）、作曲キム・ウォンギュン（金元均）、46年）である。この歌は、解放直後に作られて半世紀の間北朝鮮の人々の情緒を支配し続けた歌である。

他には、「行進曲」、「抒情的な歌謡」（成人歌謡）、「民謡」（民謡風歌謡）、「児童歌謡」などのジャンルがある。最近は「映画音楽」、「テレビ映画音楽」も大きな比重を占めてきた。

創建時期(1945~1950年)

北朝鮮では「平和的民主建設時期」と規定しており、社会主義政権における政策のプロパガンダの要素が強い。『産業建国の歌』(作詞ハン・シク(韓植)、作曲リ・ミョンサン(李冕相)、46年)、『愛国歌』――国歌(作詞パク・セヨン(朴世永)=越北詩人、作曲キム・ウォンギュン、47年)、『人民共和国宣布の歌』(作詞キム・ウチョル(金友哲)、作曲パク・ハンギュ(朴漢圭)、48年)などである。また、南朝鮮のパルチザン闘争を支援する『人民遊撃隊の歌』(作詞チョ・リョンチュル(趙霊出)、作曲キム・スンナム(金順男)=越北作曲家、のちに粛清される。49年)も盛んに歌われた。

朝鮮戦争の時期(1950~1953年)

北朝鮮では「祖国解放戦争時期」と規定する。兵士の士気を高めるために『キム・イルソン将軍の歌』や『人民軍行進曲』(作詞パク・セヨン、作曲チョン・リュルソン(鄭律成)、47年)が歌われた。60年代以降、〝戦時歌謡〟の代表的な歌として『決戦の道へ』(作詞ソク・クァンヒ(石光輝)、作曲キム・オクソン(金玉成)、51年/原題『殲滅の歌』)が盛んに歌われるようになった。

一方、兵士の勇猛さを歌った『聞慶峠《ムンギョンコゲ》』(作詞チョ・ギチョン、作曲リョ・ミョンサン、50年)、兵士の郷愁を歌った『塹壕の中の我が歌』(作詞シム・ボンウォン、作曲金玉成、51年)、『我が故郷の懐かしい家』(作詞リ・ソヒャン(李曙郷)、作曲リョ・ミョンサン、52年)、兵士の洗濯を手伝う娘の健気さを通じて〝軍民一致〟の模範を示す『泉のほとりで』(作詞チェ・ロサ(崔露沙)、作曲ユン・スンジン(尹勝進)、52年)など抒情歌謡も多い。

戦後復旧・千里馬《チョルリマ》運動の時期（1953〜1966年）

北朝鮮では53〜61年を「戦後復旧建設と社会主義基礎建設時期」、61〜66年を「社会主義建設時期（一）」と規定している。ソ連や東欧から多くの援助を受けて経済が発展した時期であった。多くの作曲家がソ連に留学してソ連風西洋音楽の影響を受けた。新人の作詞・作曲家が多く現れた。祖国愛を歌った『私の国《ネナラ》』（作詞リュ・チョンウォン、作曲キム・ヒョク（金革）、56年）、工場労働者の楽しさを歌う『職場の休憩』（作詞、作曲リ・ドンジュン（李東俊）、59年）等の作品がある。

56年から始まった千里馬運動を宣伝する『千里馬は走る』（作詞ナム・ウンソン、作曲キム・キルハク（金吉学）、60年）、平壌の繁栄を歌った『平壌は心のふるさと』（作詞パク・セヨン、作曲モ・ヨンイル（毛永日）、60年）、農村の果樹園を歌った『黄金の木 リンゴの木を山に植えた』（作詞キム・サンオ（金尚午）、作曲キム・オクソン、60年）、〝地上の楽園〟を歌った『世界にうらやむものはない』（作詞キム・ヨンイル、作曲キム・ヒョク、61年／「児童歌謡」に分類されている）など〝成功した社会主義〟を宣伝する歌謡が多く作られた。これらの歌に幻想を抱き、59年から始まった北朝鮮への帰国事業で帰国船に乗った在日朝鮮人も多かった。

統一を願う歌謡も作られた。日本でよく知られた『臨津江《リムジンガン》』（作詞パク・セヨン、作曲コ・ジョンファン（高宗煥）、57年）、千里馬型トラクターやビナロンの服を貧しい南朝鮮に運ぶ『統一列車は走る』（作詞パク・サンウン（朴山雲）、作曲 モ・ヨンイル、61年）など北朝鮮主導の統一論を展開した。民謡風歌謡では、平壌市内の景勝地をたたえた『牡丹峰《モランボン》』（作詞チョ・リョンチル、作曲キム・ジンミョン（金振鳴）、59年）や端午を描いた『ブランコに乗る娘』（作詞チェ・ロサ、作曲キム・ジュンド（金俊道）、58年）などがある。

60年頃から「朝鮮音楽同盟」（委員長：李冕相）は、30年代の「満州」（中国東北部）におけるキム・イルソン首領の抗日武装闘争時期の〝革命歌謡〟の発掘と普及を盛んに行なった。曲名は『遊撃隊行進曲』、『赤旗歌』、『総動員歌』などである。また、キム・イルソン首領の抗日パルチザン闘争を偲ぶ『雪が降る』（作詞キム・ジェファ（金在化）、作曲リ・ミョンサン、65年）も創作された。

キム・イルソン首領 崇拝の時期（1967～1989年）

北朝鮮では67年以降を「社会主義建設時期（二）」と規定しているが、大きな変化が押し寄せた。キム・イルソン首領への極端な個人崇拝の時代を迎えたのである。67年5月朝鮮労働党中央委員会第4期第15回全員会議で、労働党の唯一思想である主体思想体系が確立されると反党反革命宗派分子の粛清の嵐が吹き荒れた。その結果、歌謡の歌詞は①キム・イルソンの抗日パルチザン闘争の賛美、②キム・イルソン首領の温かい配慮をテーマにした個人崇拝に変わる。既存の有名歌謡にもキム・イルソン首領を登場させる〝改詞〟を行ない、作詞を個人名から〝集体《チプチェ》〟（集団創作）に変更させてしまった。

また、民族音楽が強調されて大学ではベートーベンなど西洋の古典音楽書籍の「焚書」が行なわれ、民族楽器の改良として玉流琴《オクリュグム》の製作や〝濁声〟を除去する〝主体式発声法〟が開発された。70年代にはキム・ジョンイルが主導して①『血の海《ピバダ》』（ピパダ歌劇団、71年）をはじめ②『花を売る乙女』（万寿台《マンスデ》芸術団、72年）、③『党の真の娘』（朝鮮人民軍協奏団、71年）、④『密林よ語れ』（平壌芸術団、72年）、⑤『金剛山《クムガンサン》の歌』（平壌芸術団、73年）の〝五大革命歌劇〟が相次いで創作された。『血の海《ピバダ》の歌《カ》』（主題歌）、『総動員歌』（挿入歌）や『花を売る乙女』（主題歌）は一世を風靡した。『金剛山《クムガンサン》の歌』の主題歌である『景色も良いし暮らしも良い』は軽快な民謡風歌謡である。『朝鮮は一つだ』（作詞アン・チャンマン、作曲ソン・ドンチュン（成東春）、74年）は激烈な闘争歌である。

普天堡《ポチョンボ》電子楽団の活躍時期（1989〜1994年）

約20年間閉鎖的であった北朝鮮の音楽は、85年にキム・ジョンイル総書記の指示で結成されたシンセサイザーを使った普天堡《ポチョンボ》電子楽団（5名の女性歌手）の登場で開放的な変化が起こった。若い娘の恋心を扱った『口笛《フィッパラム》』（作詞チョ・ギチョン、作曲リ・ジョンオ（李鍾旿）、90年）を歌ったチョン・ヘヨン（全恵英）は人気を得て21歳で人民俳優の称号を得た。『都会の娘が嫁に来る』（作詞チェ・ジュンギョン、作曲リ・ジョンオ、歌リ・ギョンスク（李京淑）、90年）や『女性は花だね』（作詞キム・ソンナム、作曲リ・ジョンオ、歌リ・ブニ（李粉姫）、91年）など軽快なリズムで青春を歌ったものが多い。

南北の文化交流の場では『うれしいです《パンガップスムニダ》』（作詞、作曲リ・ジョンオ、歌リ・ギョンスク、91年）、最後に『また会いましょう《タシマンナプシダ》』（作詞リ・ジョンスル、作曲ファン・ジニョン、歌リ・ギョンスク、92年）を歌った。

キム・ジョンイル総書記の先軍政治の時期（1994年〜2011年）

キム・イルソン主席が94年7月8日に死去する以前からキム・ジョンイル総書記を讃える歌謡が多く創作された。有名な曲は普天堡電子楽団が創作した『あなたがいなければ祖国もない』（作詞リ・ジョンオ、作曲ファン・ジニョン、歌リ・ギョンスク、93年）がある。『武装で敬おう　われらの最高司令官』

（作詞シン・ウノ、作曲キム・ドンチョル、92年）や『キム・ジョンイル将軍の歌』（作詞シン・ウノ、作曲ソル・ミョンスン＝少将、97年）等は朝鮮人民軍協奏団功勲国家合唱団が軍歌として歌っている。

キム・ジョンウン党委員長の時期（２０１２年〜）

「火星14型　試験発射成功　記念音楽・舞踊総合公演」で歌う牡丹峰楽団（朝鮮中央テレビより）

２０１１年12月17日に父であるキム・ジョンイル総書記が死去するとキム・ジョンウンが権力を継承した。キム・ジョンウン労働党委員長は女性のみで演奏・ボーカルを行なう牡丹峰《モランボン》楽団（団長ヒョン・ソンウォル（玄松月）＝元女性歌手）を結成させた。２０１２年７月６日の初公演で美貌の女性メンバーが電子バイオリンなどで、なんとアメリカ映画「ロッキー」のテーマソングを演奏して世界を驚かせた。しかし、その後、２０１８年までアメリカとの関係は改善されなかった。

２０１７年７月４日、北朝鮮はＩＣＢＭ（大陸間弾道ミサイル）を発射して米朝間の緊張は高まった。７月９日に平壌でキム・ジョンウン党委員長が出席して『火星14型 試験発射成功 記念音楽・舞踊総合公演』を開いた。牡丹峰楽団、青《チョン》峰《ボン》楽団、朝鮮人民軍の功勲国家合唱団、旺載山《ワンジェサン》芸術団が出演して『共和国ロケット兵行進曲』、『火星砲の歌』などミサイル発射と関連した歌謡を披露した。国内の祝賀ムードを盛り上げ、ＩＣＢＭの発射成功を体制の宣伝と内部の結束固めに利用している。

なお、公演の最後には『キム・ジョンウン将軍に栄光を』という歌が歌われた。また、2013年12月から牡丹峰楽団のレパートリーに『あなたなしでは　生きていけない』（作詞チャ・ホグン〔車活動〕、作曲キム・ウンリョン〔金雲龍〕）という個人崇拝の歌も創作されている。今後、キム・ジョンウン党委員長の権力基盤が強固になれば『キム・ジョンウン将軍の歌』が創作されて牡丹峰楽団が歌うであろう。

（山根俊郎）

参考文献

高英起・カルロス矢吹『北朝鮮ポップスの世界』花伝社、２０１５年

第43章

北朝鮮の映画

発展の途上から低迷へ

多くの社会主義国がそうであったように、北朝鮮で製作される映画は基本的に党や政府、指導者の偉大さや正統性を主張し、また政策を民衆に周知させるプロパガンダ装置の役割を担っている。その手法は時に露骨で、時には巧妙である。

朝鮮半島への映画伝来は日本統治以前であったが、最初の映画製作は1919年のことで、日本よりはやや出遅れた。それでも日本の新派の影響を受けつつ朝鮮映画は徐々に発展し、1926年の『アリラン』で民族的高揚を映画で示した。その後朝鮮プロレタリア芸術家同盟（KAPF）が、左翼的傾向を持つ映画の制作を試みたが日本の官憲の弾圧を受けた。彼らの活動は戦後の北朝鮮映画のルーツの一つとみなされている。

日本からの解放後、半島の南半部にはハリウッド映画が入ってきたが、北半部には大量のソ連映画がなだれ込んだ。やがて南北分断が始まると、北朝鮮ではソ連文化の圧倒的な影響のもとで映画作りが開始される。そこには日本帰りの映画人、また親日派のレッテルを貼られたソウルの映画人も合流した。ソ連などの援助で国立朝鮮映画撮影所（現・朝鮮芸術映画撮影所）が設立され、貧弱な設備ながら最初の劇映画が撮られた。植民地支配に抵抗した人々を称える抗日映画『我が故郷』（１９４９年）である。朝鮮戦争が始まると、北朝鮮を侵略するアメリカ帝国主義とその走狗とされた南朝鮮傀儡軍との勇敢な戦いを描く反米帝映画が量産された。そしてキム・イルソン将軍の勇敢で英明なる指導ぶりに言及するのが定番となった。停戦後の復興期には、『赤い扇動員』（62年）など、社会主義建設に邁進する人民を描く「千里馬《チョルリマ》英雄映画」が登場し、社会主義リアリズムが開花した。60年代までは、映画の主題はソ連映画、製作システムや運営の面では中国の東北電影、技術面では日本映画など、さまざまな国のスタイルから影響を受けて発展していった。この時点では、キム・イルソンの権力基盤はまだ盤石ではなかったため、映画で言及されるキム・イルソンへの敬慕はそれほど度を超したものではなかった。しかし徐々に歴史の粉飾作業が進み、キム・イルソンとその一族の功績が美化されていくと、『朝鮮の星』（80〜87年）のように指導者を神話的に描く映画が登場する。これが他の社会主義国の映画と異なる点であろう。彼らはイデオロギーや党性を映画に盛り込んでも、過度な指導者崇拝は避けてきたのである。それでも北朝鮮は共産圏と盛んな映画交流を持ち、ソ連や東欧、中国、ベトナムなどに映画を輸出していた。特に文革期の中国での人気は高かった。また相対的に娯楽の少ない北朝鮮では、国策プロパガンダ映画であっても、映画は最大の娯楽の一つであった。

北朝鮮映画史の分水嶺というべき事態が１９６７年に起こった。キム・イルソンの最大の政敵であったパク・クムチョル（朴金喆）らを中心とする甲山派の粛清である。東欧型の国家運営を考え、人民の生活向上のために軽工業振興を図り、個人崇拝を批判した甲山派の政治家たちは、南進に備え重工業を優先するキム・イルソンのパルチザン派と衝突したのである。文芸界の分野に甲山派が築いていた人脈も、キム・イルソンにとって脅威だった。映画人たちは部分的にではあるが西側の映画理論などを知り、それを取り入れようとさえしていた。労働党の宣伝扇動部にいたキム・ジョンイルが文芸界の刷新に取り組むことによって、北朝鮮映画はキム・イルソン思想を絶対視する「チュチェ映画」へと大きく舵を切った。一部の映画人は地方に追放された。外国の映画理論は遮断され、キム・ジョンイルの著した『映画芸術論』が指針となった。撮影所は拡張され、設備も一新された。キム・ジョンイルが製作の陣頭指揮をとった大作革命映画『血の海』（69年）や『花を売る乙女』（72年）は絶讃され、映画改革は一定の成果をあげた。しかし思想優先の映画製作は映画人の創造性を縛り、ほどなくマンネリズムに陥った。

映画の硬直化の打開のためにキム・ジョンイルがとったのは、韓国の映画監督シン・サンオク（申相玉）と女優のチェ・ウニ（崔銀姫）を拉致して、平壌で映画を撮らせるという強引な手段だった。巨額の予算を投じて設立された〈申フィルム〉では、革命映画からメロドラマ、アクション、怪獣映画まで、幅広いジャンルの映画が作られた。その娯楽性の高さに民衆は熱狂した。また国際映画祭でも受賞し、北朝鮮映画が再び国外で注目を浴びた。しかし二人がアメリカに亡命すると、改革は終わり、映画界では思想的引き締めが起こった。

キム・イルソンの死後、社会主義陣営の崩壊の余波で北朝鮮経済は苦境に陥った。深刻なエネルギー不足や自然災害による食糧難で国家運営が困難となった。キム・ジョンイルは軍事優先政策で権力の維持を図り、人民に団結を説いた。映画の製作本数は激減した。この時期に登場した「社会主義現実主題」の映画は、国家の苦しい現実を直視するものだった。

散発的ではあるが、日本や韓国の映画界との交流の機会も持たれた。1987年に開始された平壌国際映画祭も継続して開催され、近年は西側からの参加も増やしている。2007年には映画『ある女学生の日記』がカンヌ映画祭に出品され、また西側映画人に北朝鮮でのドキュメンタリー映画の撮影を許可するなど、開放が進んだかに見えた。一方では中国経由で韓国映画のビデオが密かに流通し、当局の取り締まりの対象になっている。2012年にはイギリス、ベルギーとの合作映画『金同志は空を飛ぶ』というサーカス団員をめざす少女を描いた青春映画が平壌で製作された。思想性の希薄なこの映画の製作については、前年に死去したキム・ジョンイルの承認があったものと推測される。北朝鮮映画の活性化を西側との提携で図ろうと考えていたのであろう。

2012年、キム・ジョンウンが国家最高指導者に就任した。対外的な映画交流は決して閉ざしてはいないが、映画の年間製作数は数本ないしゼロという低調さで、『わが家の物語』（2016年）など、革命を回顧するものに終始している。2016年にキム・ジョンウンは、映画部門は低迷状態から抜け出せずにいることを指摘したものの、具体的な方策は示さなかった。

ベトナムは長い戦争の終結までは、映画の製作は困難を極め、ジャンルも戦争一色になった。中国は文革によって映画が深刻な打撃を受けた。しかし同じアジアの社会主義国である北朝鮮は、甲山派の粛清に付随した混乱や90年代後半の経済危機の時期を除けば、割合順調に成長してきたとも言える。しかしキム・ジョンウン執権期に入り、北朝鮮映画の製作状況は壊滅的なまでに落ち込んだのである。

（**門間貴志**）

参考文献

門間貴志『朝鮮民主主義人民共和国映画史——建国から現在までの全記録』現代書館、2012年

第44章

新しい「朝鮮画」

主体美論の実践

朝鮮民主主義人民共和国の美術といわれて思い浮かぶのは、華々しいスローガンがちりばめられた宣伝画、主体《チュチェ》思想塔や万寿台《マンスデ》大記念碑に代表されるモニュメンタルな彫像群、あるいは社会主義国家の建設に希望を燃やす人民やそれを指導するキム・イルソン主席、キム・ジョンイル委員長父子の姿が描かれた各種絵画などであろう。絵画作品の多くは美化された人物像が洗練された筆致をもって表現されており、群衆で構成された巨大な画面は透明感と華麗さにあふれ、見る者を圧倒する。

欧米の絵画を見慣れた目にはキッチュにずら映る北朝鮮のこうした一連の美術作品は、文化大革命期の中国におけるリアリズム絵画――いわゆる毛沢東様式（毛様式）との類似がすでに指摘されている。毛様式とは「三突出（英雄を際立たせる手法）」「紅光亮（画面を赤く光らせること）」「高大全（人物形象の気高さと社会的意義の大きさを表す）」といった特徴を持っているが、これはソ連型の社会主義リアリズムに、年画（新年を祝うための版画）や剪紙《せんし》（切り絵）といった中国の民間芸術の要素を取り込んだものであり、その結果毛様式は中国の大衆に広く受け入れられたとされる。

ところが、北朝鮮の美術においては、中国における「三突出」

や「高大全」にあたる要素ははっきりと認められるものの、「紅光亮」については考慮されていないことが作品から見て取れる。むしろ北朝鮮では「色」よりも「鮮明さ」が追求されており、その透明感あふれる明るい画面は中国の絵画とは一線を画したものとなっている。植民地期におけるプロレタリア文化運動にソ連からの指導が入っていたことや、朝鮮戦争直後に沿海州出身でソ連美術アカデミー教授だった朝鮮人画家ピョン・ウォルリョン（邊月龍）がソ連から平壌《ピョンヤン》に派遣され、平壌美術大学の復興に寄与していることなどを考え合わせると、中国よりもソ連との直接的な関係性に目を向ける必要があるといえる。と同時に、社会主義リアリズム美術における北朝鮮独自の発展様式があることにも注目しなくてはならない。

中国において「赤色」は共産主義を象徴するだけでなく、伝統的に吉祥を意味する色彩であるため、美術作品のさまざまな場面で採用されてきたが、朝鮮ではもともと赤色に対するこだわりが中国ほど強くない。なによりも朝鮮においては伝統的に彩色画自体にそれほど重点が置かれておらず、質的な面でも量的な面でも絵画の正統は水墨画にあると考えられてきた。そうした中で1965年にキム・イルソンが「朝鮮画を彩色画として発展させる教示」において彩色画を奨励すると同時に、彩色画の命題として「薄い色彩で柔らかくて刺激性の少ない、それでいて力強く美しい高尚な美観をつくり上げること」を提起したことは、朝鮮美術史全体から見ても大きな転機となった。

この頃には、すでに文化芸術部門におけるソ連の影響を払拭する努力がなされており、芸術文化部門における主体思想の具現化が模索されるようになった。北朝鮮で水墨画ではなく彩色画に力が注がれたのは、水墨画が中国文化と封建制の象徴であり、批判の対象となりうるからである。つまり封建制を否定する社会主義体制における、自主独立路線の文化的達成の一つの表れが、この新しい「朝鮮画」の探究であったといえよう。解放後の韓国においては、むしろ伝統絵画における彩色画は日本画の影響を強く受けたものとして排撃されており、その反動として水墨画への回帰が起こっている。日本画風の彩色画が朝鮮人画家によって描かれるようになったのは、植民地期のことであるが、そこには水墨画に比して彩色画のほうが日本人審査員に評価されやすかったということが少なからず影響している。しかしながら、伝統的な書画をとりまく文脈と士大夫的な価値観からすると、日本画風の彩色画は朝鮮の人々にとってはたいへんに違和感のあるものだった。したがって、解放後にこれを排除しようとした韓国の美術界の動きはしごく真っ当であるといえる。このような韓国における日本文化の残滓清算運動の中で、植民地期から日本画風の作品で知られた大御所キム・ウノ（金殷鎬）は鋭く批判されたが、作品活動にとどまらず、植民地期における親日行為が問題視された。

　韓国のこうした動きとはまるで真逆の北朝鮮の決断は非常に興味深いが、ただし北朝鮮で奨励された彩色画は日本画のそれとはまったく画風が異なるものである。輪郭線をはっきりと描く鉤勒《こうろく》法を特徴とする日本画に対し、北朝鮮の朝鮮画は面によって描かれるいわゆる没骨《もっこつ》法が中心となっているし、大画面を色彩で埋めつくし余白をほぼ残さないような構成になっている。また、色彩に満ちてはいるものの、色自体は薄いため大画面であっても軽快で透明感にあふれた作品が多いのである。

　１９６６年第９回国家美術展覧会を観覧したキム・イルソン主席によって、「われわれの美術を民族的形式に社会主義的内容を持った革命的な美術に発展させよう」という談話が発表されるにともない、北朝鮮美術における朝鮮画の優位性が決定づけられ、朝鮮画の制作が奨励されるようになってい

キム・ウィグヮン『南江村の女性たち』朝鮮画、1966年、121×264cm、朝鮮美術博物館蔵（『朝鮮美術博物館』朝鮮画報社、1980年より）

く。この展覧会でキム・イルソンが高く評価したのは、油画『進撃の途中で』（ホン・ソンチョル（洪成哲）作）と朝鮮画『洛東江の老人』（リ・チャン（李彰）作）、『南江村の女性たち』（キム・ウィグヮン作）であったが、油画にたいしては「わが国固有のすぐれた美術形式を持っていながら、わざわざひとのものをまねる必要はない」と述べている。「西洋画」と呼びならわされてきた油画よりも朝鮮画に重点をおくという政策には外国文化に対する排除と自国文化の確立といった徹底した「自主」概念を見ることができる。

　とはいうものの、こうした一連の「新しい朝鮮画」の確立と奨励については、指導者単独の判断によって指導がなされたというのではなく、これらの教示と前後して北朝鮮の美術史家たちのあいだで論争がくりひろげられてきたことは知っておく必要がある。冷戦体制下の日本を含める西側諸国は、「政治利用された美術」であるという理由から北朝鮮美術に対する正当な芸術的批評を回避する傾向にあった。北朝鮮の美術を、キッチュなものとして「楽しむ」か、芸術性の欠如したものとして冷笑的な態度をとるかのどちらかになりがちなのである。しかし、西洋中心の美学理論からの脱却を意識的にめざそうとする動きはそれ自体が重要な問題提起ともなっているし、具体的な作品群についてもきちんと検討される必要がある。

現実的には、近年こうした美学の実践たる北朝鮮の美術作品が世界的に評価されつつある。2005年の北京国際芸術博覧会に出品した人民芸術家であるチョン・チャンモ（鄭昶謨）やソヌ・ヨン（鮮于栄）が金賞を受賞し、2006年にもキム・スンヒ（金承嬉）、キム・ソンミン（金聖民）ら北朝鮮の画家たちが連続して金賞を獲得したことは美術市場に衝撃を与え、世界の美術投資家から北朝鮮は注目を集めるようになってきた。2013年には世界からの関心にこたえるべく、北朝鮮を代表する美術制作会社である万寿台創作社のポータルサイトが開設され、インターネットで作品の購入ができるようにまでなってきている。

（喜多恵美子）

参考文献
キム・ジェホン『主体の美論』文学芸術総合出版社（平壌）、1993年
イ・グヨル（李亀烈）『北韓美術五〇年』ドルベゲ（ソウル）、2001年

主な図録
『朝鮮美術博物館』朝鮮画報社（東京）、1980年
『主体美術教育の輝かしい五〇年』芸術教育出版社（平壌）、1997年

第45章

北朝鮮のスポーツ事情

国際大会の好成績と政治の存在

南北首脳会談に史上初の米朝首脳会談。2018年、北朝鮮情勢は大きく変化した。その出発点になったのが、平昌《ピョンチャン》五輪への参加を表明したキム・ジョンウン国務委員長の新年演説であった。

平昌五輪に北朝鮮は選手団だけでなく、三池淵《サムジヨン》管弦楽団、「美女軍団」と呼ばれる女性応援団も派遣。開会式に合わせ、キム・ジョンウンの妹のヨジョン（与正）も訪韓した。開幕直前になって、女子アイスホッケーの南北合同チームも結成され、開会式では、いわゆる統一旗を先頭に南北合同入場が実現した。

2002年の釜山《プサン》アジア競技大会、03年の大邱《テグ》ユニバーシアード、05年の仁川《インチョン》アジア陸上競技選手権で注目された「美女軍団」であるが、応援のやり方が冬季スポーツに不向きで、平昌五輪では反応は今一つであった。それでも北朝鮮は韓国側の要求事項をほぼ受け入れる形で派遣した。その後も、5月に行われた世界卓球選手権では、大会途中に女子団体の南北合同チームが結成された。

8月18日に開幕したジャカルタ・アジア競技大会では、開会式の南北合同行進のほか、女子バスケットボール、カヌー、ボートで南北合同チームが結成された。そのうち、カヌーの女子トラディショナルボート（いわゆるドラゴンボート）500メートルでは、金メダルを獲得したほか、トラディショナルボートでは銅メダルを2個獲得した。女子バスケットボールでは、登録12人のうち、北朝鮮選手は3人。過去、南北合同チーム結成に関して北朝鮮は、極力同格であることを求めていたことを考えると、大きな変化である。

平昌五輪を挟んでの情勢の変化は、一見唐突な感じもするが、南北とも平昌五輪を、局面打開の好機と捉えていた節がある。

2017年5月に北朝鮮に対して融和的なムン・ジェイン政権が誕生したが、核・ミサイルで緊張が高まる中、厳しい態度を取らざるを得ない状況にあった。そうした中、6月に全羅北道茂朱《モジュ》で開催されたテコンドーの世界選手権に合わせて北朝鮮のチャン・ウン（張雄）IOC（国際オリンピック委員会）委員が訪韓すると、ムン大統領は張委員に女子アイスホッケーの南北単一チームの結成などを提案した。この時、チャン委員は時間的に間に合わないことなどを理由に否定的な見解を示したが、キム・ジョンウン体制になり、北朝鮮のスポーツは変化の兆しが見えていた。

2017年の4月初め、韓国の江陵《カンヌン》ホッケーセンターでは、北朝鮮の国旗が掲揚され、北朝鮮・平壌のキム・イルソン競技場では、韓国の国旗が掲揚された。江陵では、女子アイスホッケーの世界選手権・ディビジョン2（3部に相当）グループAの大会に北朝鮮が参加し、平壌では、女子サッカーのアジアカップ予選B組に韓国も参加していた。

韓国では、2002年の釜山《プサン》アジア競技大会や03年の大邱《テグ》ユニバーシアードをはじめ、サッカー・ワールドカップのアジア予選などで北朝鮮のチームが参加し、国旗を掲揚、国歌の演奏が行なわれている。

しかし北朝鮮では、1990年に開催された南北統一サッカー大会などで韓国のチームが平壌で試合をしたことがあるものの、これはあくまで南の同胞として参加したもので、韓国の国歌・国旗は使用していない。

2010年のサッカー・ワールドカップのアジア予選では、三次予選と最終予選で韓国と北朝鮮は同じ組に入ったが、韓国ホームの試合はソウルで開催されたものの、北朝鮮ホームの試合は北朝鮮ではなく、中国で行なわれた。北朝鮮は、韓国の国旗・国歌の国内での使用を断固拒否してきた。

しかし、キム・ジョンウン体制になった2013年9月、平壌で開催された重量挙げのアジアクラブ選手権に韓国も出場し、国旗も掲揚された。

スポーツは体制の宣伝ができる数少ない機会であり、北朝鮮はこれまでも英才教育など、かなり力を入れてきた。加えてキム・ジョンウン体制に入った2012年11月には、国防委員会の所属でスポーツ担当機関である「国家体育指導委員会」を新設し、さらに力を入れるようになった。

平昌五輪への北朝鮮の参加はIOCも望んでおり、制裁措置などにより孤立を深めていた北朝鮮にとって、歓迎される数少ない舞台であった。スポーツの政治的な利用価値を認識するキム・ジョンウン国務委員長が、このチャンスを最大限に活用するためにタイミングを計っていた可能性があり、それが2018年正月の演説だったのではないか。

そもそも北朝鮮が国際スポーツ大会に本格的に参戦するようになったのは1960年代からで、夏季オリンピックには、72年のミュンヘン大会から参加している(64年の東京大会は、バレーボールなどの予選のみ参加)。そのミュンヘン大会で、射撃のリ・ホジュンが金メダルを獲得したのを皮切りに、20

北朝鮮のオリンピック・金メダリスト

年	大会名	種目	選手名
1972	ミュンヘン	射撃	リ・ホジュン
1976	モントリオール	ボクシング	ク・ヨンジョ
1992	バルセロナ	ボクシング レスリング レスリング 男子体操・あん馬	チェ・チョルス キム・イル リ・ハクソン ペ・ギルス
1996	アトランタ	女子柔道 レスリング	ケー・スンヒ キム・イル
2008	北京	女子重量挙げ 女子体操・跳馬	パク・ヒョンスク ホン・ウンジョン
2012	ロンドン	男子重量挙げ 男子重量挙げ 女子重量挙げ 女子柔道	オム・ユンチョル キム・ウングク リム・ジョンシム アン・グメ
2016	リオデジャネイロ	女子重量挙げ 男子体操・跳馬	リム・ジョンシム リ・セグァン

16年のリオデジャネイロ大会まで、オリンピックで16個の金メダルを獲得している（別表）。

今日、北朝鮮の看板となっている競技種目は重量挙げだ。ジャカルタ・アジア大会では、北朝鮮が獲得した11個の金メダルのうち8個が重量挙げである。中でも2014年の仁川《インチョン》競技大会に続きアジア大会2連覇を果たした男子56キロ級のオム・ユンチョルは、2012年のロンドン五輪でも優勝しており、北朝鮮の英雄である。

そのほか、女子柔道、男女の体操、卓球、男子射撃、女子サッカーなどが強い。またジャカルタ・アジア大会で日本の女子レスリングは金メダル0に終わったが、北朝鮮は金メダルを2個獲得しており、今後日本にとっても、手強い相手になる可能性がある。

私は国際大会の現場で、北朝鮮の選手や監督を何度も取材しているが、彼らは、勝てばキム・ジョンイルであれキム・ジョンウンであれ、最高権力者の礼賛であり、負ければ多くの場合は取材に応じない。彼らにしてみても、決められたことしか言えないという事情がある。そうした限られた状況の中でも、コメントの端々に、北朝鮮という国やスポーツの状況をうかがうことができることがある。

仁川アジア大会、男子重量挙げ62キログラム級で優勝したキム・ウングクは、表彰式後の囲み取材で、「共和国の旗を胸にできるのは、体育人しかない。元帥様（キム・ジョンウン）の愛と配慮があるからです」と語った。ごく限られた人しか海外渡航ができない北朝鮮においては、国家代表として国際試合に出場する彼らは特別な存在であり、それだけ、誇りと同時に責任の重さを感じさせる言葉である。

また重量挙げのオム・ユンチョルは、仁川アジア大会で優勝した後、「最高司令官キム・ジョンウン同志におかれましては、「卵で岩を割ることはできないが、思想を注入すれば割ることができる」という教えをくださいました」と語った。不可能なことの譬えとして、「卵で岩を割る」という表現は、朝鮮半島ではよく使われる。そこにイデオロギーを持ち込むのが、北朝鮮式というべきだろう。キム・ジョンイル時代のスポーツマンは、「将軍様（キム・ジョンイル）」の教えとして、「肝力（度胸）」という言葉をよく用いていた。

釜山アジア大会も仁川アジア大会も現場で取材したが、仁川アジア大会での北朝鮮の選手たちは、釜山アジア大会などで見せていた友好的な雰囲気とはかなり異なっていた。しかし平昌五輪を契機に今度は、スポーツを通しての韓国と北朝鮮は、急速に接近しつつある。

北朝鮮はもちろん、韓国もスポーツの南北交流は、政治的状況に左右される。スポーツとして健全なことではないが、避けられない現実でもある。それでも、現場レベルで信頼関係を構築していくことは、スポーツ交流を充実させるうえで重要である。

現在の状況が続けば、南北合同チームをはじめとして、スポーツの南北交流が盛んに行なわれるだろう。しかし、国際スポーツ大会での南北合同チームには、他の参加チームの理解が不可欠である。平昌五輪の女子アイスホッケーでは、大会直前に結成され、エントリー枠も特例で拡大された。世界卓球選手権では、韓国と北朝鮮が別々に参加しながら、準々決勝で対戦することが決まると、急遽合同チームが結成され、準決勝に進んだ。こうしたやり方に、批判があるのも確かだ。合同チームを続けていくには、大会規定やルールにできるだけ抵触しないことが求められる。

2020年の東京五輪に向けても、複数の競技で南北合同チームが結成される予定である。実は1964年の東京五輪でも、今日とは全く別の文脈で南北統一選手団が模索された。

韓国は米軍政下にあった1947年にIOCに加盟している。後発の北朝鮮が加盟するにあたりIOCは、単一団体としての加盟を勧めた。南北スポーツ会談の結果、選手団の旗は、今日の統一旗につながる、朝鮮半島をかたどったもの、国歌に相当する歌は『アリラン』とするところまでは合意していたが、選手団の構成をめぐって決裂し、1963年に北朝鮮も単独でIOCに加盟している。

半世紀以上を経て2020年、南北コリアはどのような形で東京五輪に参加するだろうか。2032年のオリンピックのソウル・平壌共同開催も模索されるなか、その動向が注目される。

（大島裕史）

第Ⅶ部

日朝関係と日本の選択

2002年９月17日、日朝平壌宣言の署名を終え、握手する小泉首相（左）とキム・ジョンイル総書記。平壌市内の百花園迎賓館（写真提供：共同通信社）

第46章

1980年代までの日朝関係

国交樹立の2度のチャンス

朝鮮は1945年8月15日に日本の植民地支配から解放されたが、北緯38度以南は米軍に、同以北はソ連軍に占領され、それぞれに支えられたイ・スンマン（李承晩）とキム・イルソン（金日成）が権力を掌握した。その後、米ソを中心とする東西冷戦が激化する中、南北の独立国家樹立をめぐる対立は解消されないまま、1948年8月15日に北緯38度線以南に大韓民国（韓国）、9月9日に同以北に朝鮮民主主義人民共和国（北朝鮮）が成立し、朝鮮半島は二つの国家に分断された。韓国は「北進統一」、北朝鮮は「国土完整」を掲げて互いに相手を否定し合い、自らが正統な国家だと主張して対立を深めた。その結果、1950年6月25日には朝鮮戦争が勃発した。日本はこの戦争に公式には参戦していないが、機雷を取り除く掃海活動や輸送作業などで米軍を補助する役割を担う形で参加し、後方基地として戦争特需で潤い、経済を急速に復興させた。

高崎宗司によると、日本と北朝鮮が国交を樹立する機会は1980年代までに2度あった。最初のチャンスは1950年代の半ばに訪れた。1953年3月にスターリンが死亡し、7月には朝鮮戦争の停戦協定が結ばれると、徐々に東西冷戦の緊張も緩和され始めた。こうした状況を背景に、日本では1954年12月に鳩山一郎政権（1954年12月〜55年3月）が誕生し、日ソ国交正常化の機運が高まった。鳩山首相は中ソとの経済使節の交換だけでなく、北朝鮮との経済関係の改善にも言及した。

北朝鮮のナム・イル（南日）外相は1955年2月、日本政府に向けて「貿易、文化関係およびその他の朝日関係の樹立、発展に関する諸問題を具体的に討議する用意がある」との声明を発した。北朝鮮側による日朝国交正常化交渉への最初の呼びかけだった。日本政府はソ連および韓国との国交樹立は検討していたが、北朝鮮との交渉は考えておらず、その呼びかけには応じなかった。

それでも北朝鮮側は、1955年10月以降、日本の国会議員代表団をはじめ、経済・労働・文化などの各界の代表を招待する「人民外交」を推進した。日本では、共産党系の人びとが中心になって同年11月に第1回日朝協会全国大会を開き、北朝鮮との文化交流を進めた。同年10月には東工物産など日本の三つの商社と北朝鮮の朝鮮貿易会社が初めて取引協定を結んだ。1956年3月には日朝貿易会が設立され、同年9月には日朝貿易会など日本側3団体と朝鮮国際貿易促進委員会との間に、初の民間貿易協定が締結された。

当初日本政府は、日韓関係への影響に配慮して貿易商社を通じた間接貿易のみ許可していたが、1961年4月以後は直接貿易も認めるようになり、翌1962年11月には定期貨物船が就航した。

1950年代末には、いわゆる「帰国問題」が日朝間の懸案となった（第47章参照）。1960年代に入って日韓国交正常化交渉が急進展すると、北朝鮮側は「日朝間の諸問題は朝鮮統一後に解決されるべきだ」と主張して日韓交渉を批判した。1965年に日韓条約が締結され日韓の交流が拡大すると、北朝鮮側は同条約の無効を主張し、日本との関係は疎遠になった。

1968年1月の北朝鮮による韓国大統領官邸襲撃ゲリラ事件をきっかけに、それまで朝鮮労働党と交流してきた日本共産党は、労働党の武装闘争路線を批判して対立するようになった。労働党は1970年8月に日本社会党訪朝団を迎えて友好関係を樹立し、その後社会党と交流するようになった。

2度目の国交樹立のチャンスは1970年代初めに訪れた。1972年2月のニクソン米大統領訪中による米中和解、7月の南北共同声明、9月の日中共同声明など、国際社会での新たな緊張緩和の中で、日朝双方も関係改善を模索し始めた。

キム・イルソンは1971年9月、国交正常化以前にも経済・文化交流を行なう用意があることを表明した。日本でも11月には234人の超党派の国会議員が日朝国交樹立などの目標を掲げた日朝友好促進議員連盟（日朝議連）を結成するなど関係改善の動きが広がった。

翌1972年1月には、読売新聞代表団と会見したキム・イルソン首相は、日韓条約を破棄しなくても日朝国交正常化は可能だとの柔軟な姿勢を示し、国交正常化以前でも「人事の往来」、「経済・文化の分野で交易と交流を広く行なう用意を持っている」と明言した（10日）。その後、日朝議連の代表団と日朝貿易会は朝鮮国際貿易促進委員会との間に「日朝間の貿易促進に関する合意書」に調印して（23日）、日朝貿易を拡大していくことに合意した。続いて日朝議連代表団は、朝鮮対外文化連絡協会代表団との間に「人事往来と経済、文化交流を行なう必要性」を認め、「両国間に善隣関係をうちたて、国交を樹立することができる」との共同声明を発表した（25日）。

その年の7月に成立した田中角栄政権（1972年7月〜74年12月）は、日朝間の人の往来の制限を緩和し、9月に北朝鮮の高松塚古墳調査団、10月に朝鮮国際貿易促進委員会、1973年7月に万寿台《マンスデ》芸術団などの入国を認めた。大平外相は1974年1月の外交演説で「経済、文化、人道、スポーツなどの分野で交流を拡げていく」ことを表明した。

こうして日朝は国交樹立に向かうかに見えたが、田中政権は国交正常化交渉には応じなかった。その後、北朝鮮側の貿易代金支払い遅延問題（対日債務問題）の発生などで交流は再び弱化していった。

1973年7月30日、万景峰号で新潟港に到着した万寿台芸術団一行（写真提供:共同通信社）

1980年代に入ると北朝鮮側は、ラングーン・テロ事件（1983年10月）、大韓航空機爆破事件（1987年11月）などを引き起こした。北朝鮮側はこれらを韓国の謀略だとしたが、国際社会には受け入れられず、逆に北朝鮮への非難が高まった。日本では1982年11月に中曽根康弘政権（1982年11月～87年11月）が成立し、翌1983年11月にはラングーン・テロ事件に対して北朝鮮からの入国審査の厳格化などを骨子とする制裁措置を発表した。1984年になって南北関係が落ち着くと、日本政府は北朝鮮との関係改善に動き出した。前年11月に第18富士山丸の紅粉勇船長と栗浦好雄機関長が北朝鮮に抑留される事件（第18富士山丸事件）が起こり、この事件を解決する必要があったのである。

日本政府はそうした経緯から大韓航空機事件に対する制裁

には慎重にならざるを得なかったが、米国に押されて1988年1月に再び、日本外交官の北朝鮮職員との接触禁止、北朝鮮公務員の入国の原則禁止、入国審査の厳格化などの制裁措置を発表した。

1988年になって日本政府は、日朝国交正常化交渉を開始する決意を固めた。その背景には、1987年に韓国が政治的民主化を達成し、新しく発足したノ・テウ（盧泰愚）政権（1988年2月～93年2月）が1988年7月の「民族自尊と統一繁栄のための大統領特別宣言（7・7宣言）」において南北対決外交を終わらせ日米と北朝鮮との関係改善に協力すると表明したことがあった。つまり韓国民主化が日本政府の決断を後押ししたと言える。7・7宣言を受けて日本政府は、第18富士山丸事件の解決を前提条件として「日朝間のすべての側面について北朝鮮側と話し合う用意がある」ことを、9月には制裁措置を解除することを発表した。

翌1989年1月に日本政府は、政府見解「わが国の朝鮮半島政策について」を発表し、日本の植民地支配が朝鮮の人びとに苦痛と損害を与えたことを自覚するとの認識を表明した。竹下登首相は3月、政府見解にもとづき前提条件なく日朝間の対話を実現したいと述べた。日朝国交正常化交渉のための環境が整えられたのである。

（太田修）

参考文献

小此木政夫編『北朝鮮ハンドブック』講談社、1997年
高崎宗司『検証　日朝交渉』平凡社新書、2004年

第47章

日朝交渉の始まりと経過

未完の交渉

1980年代末の韓国での政治的民主化の進展と、1990年前後の東西冷戦の終焉を背景に、日朝関係にも変化が起こり始めていた。韓国のノ・テウ（盧泰愚）政権（1988年2月～93年2月）は、ソ連や中国との国交樹立をめざす「北方外交」を展開する一方、日朝関係改善に協力すると発表した。米国も中国を通じて北朝鮮との関係改善に向けて動き始めた。

1990年9月、自民党・社会党・朝鮮労働党は「3党共同宣言」に調印し、「過去に日本が36年間、朝鮮人民に与えた大きな不幸と災難、戦後45年間、朝鮮人民が受けた損失」について、北朝鮮側に「公式的に謝罪を行ない、十分に償うべき」こと、国交樹立の実現と諸懸案を解決するための日朝交渉が11月中に開始されるよう政府に働きかけることに合意した。

この3党共同宣言をきっかけとして、1990年11月に第1回日朝予備交渉が開かれた。同年12月の第3回予備交渉で、第1議題――国交正常化に関する「基本問題（植民地支配の謝罪問題）」、第2議題――国交正常化にともなう「経済的諸問題（賠償・財産請求権問題）」、第3議題――国交正常化に関連する「国際問題（核査察問題）」、第4議題――「その他の諸問題（在日朝鮮人の法的地位、日本人配偶者問題など）」とすることで合意した。

1991年1月に第1回日朝国交正常化交渉が開始された。日本側は第2議題について、日本と北朝鮮は交戦関係になかったので賠償・補償を行なう義務はなく、財産請求権のみが存在する、第3議題については、核拡散防止条約（NPT）の義務を一日も早く履行するよう希望する、と主張した。

これに北朝鮮側は次のように反論した。第1議題については、日本の公式謝罪を外交文書に明記し、日本は1910年の「韓国併合条約」などが不法・無効だったと宣言する。第2議題ついては、交戦国間の賠償形態と財産請求権形態とを適用し、戦後45年の被害と損失に対しても請求する。第3議題については、国際原子力機関による核査察は韓国内に配備された米軍の核の査察と同時に行なう。

第2回交渉と第3回交渉でも、双方は第1回交渉と同じような主張を繰り返した。やや異なっていたのは、第3回交渉で日本側が「リ・ウネ（李恩恵）」問題の調査を要請し、北朝鮮側がこれに態度を硬化させて発言の撤回を求めたことだった。

第4回交渉で日本側は「基本関係条約案」を、北朝鮮側は第5回交渉で「善隣友好条約案」を提示する新たな動きがあったが、2案とも非公開で明らかではない。その他に第5回交渉では、日本側が核査察協定の早期・無条件調印とその完全履行を求めたのに対して、北朝鮮側はナチス犯罪に対する西ドイツの補償や強制収容された日系人に対する合衆国・カナダの補償例を引きながら、国際法と国際慣行の観点から強制連行などに対する補償を求めた。北朝鮮側はそれまでは交戦国に適用される戦争賠償を要求していたが、この第5回交渉から植民地支配・戦争に対する補償を要求するようになった。

2002年10月29日、30日の第12回日朝交渉。右手前から2人目が日本の鈴木勝也担当大使、左手前から2人目が北朝鮮のチョン・テファ担当大使（写真提供：共同通信社）

翌1992年初めに開催された第6回交渉では、植民地支配・戦争被害者の補償問題が主な議題となった。北朝鮮側は、日本軍「慰安婦」問題を取り上げ、植民地下の人的被害に対する補償を要求した。日本側は、当時の有効な法律にもとづく行為については補償責任がなく、そうでない被害は財産請求権問題として処理する方針だと反論した。

第7回交渉でも日本軍「慰安婦」問題について討議された。財産請求権の枠内であれば議論に応じてもよいとする日本側に対して、北朝鮮側は被害への謝罪が込められた補償として処理すべきだと主張した。第3議題については、北朝鮮がプルトニウム分離目的の核燃料再処理施設を建設中であり「核疑惑解消が国交正常化の前提」だと日本側が主張したのに対して、北朝鮮側は日本こそ大量のプルトニウムを生産・貯蔵し核大国への野望を抱いていると反発した。

半年後に開かれた第8回交渉でも同じような対立が続いた。とりわけ「リ・ウネ」問題をめぐって亀裂が深まり、交渉は決裂した。日朝交渉はその後、2000年4月まで7年余りの間中断された。

1999年12月に村山富市首相らが訪朝して日朝交渉再

日朝交渉と日朝代表

	日本側代表	北朝鮮側代表
予備交渉 第1回（1990年11月3・4日、北京） 第2回（同11月17日、北京） 第3回（同12月15〜17日、北京）	谷野作太郎・外務省アジア局長	朱軫極（チュ・ジングク）・外交部第1局長
第1回（1991年1月30・31日、平壌） 第2回（同3月11・12日、東京） 第3回（5月20〜22日、北京） 第4回（8月30日〜9月2日、北京） 第5回（11月18〜20日、北京） 第6回（1992年1月30日〜2月1日、北京）	中平立・日朝国交正常化交渉担当大使	田仁徹（チョン・インチョル）・外交部副部長
第7回（1992年5月13〜15日、北京） 第8回（同11月5日、北京）	中平立・日朝国交正常化交渉担当大使	李三魯（リ・サムロ）・朝日国交正常化交渉担当大使
第9回（2000年4月5〜7日、平壌） 第10回（同8月21〜24日、東京・千葉） 第11回（同10月30・31日、北京）	高野幸二郎・日朝国交正常化交渉担当大使	鄭泰和（チョン・テファ）・朝日国交正常化交渉担当大使
第12回交渉（2002年10月29・30日、クアラルンプール）	鈴木勝也・日朝国交正常化交渉担当大使	鄭泰和・朝日国交正常化交渉担当大使

開に合意し、2000年4月に7年半ぶりに第9回交渉が再開された。この交渉では、北朝鮮側が「過去の清算」問題を基本的な論点として強調したのに対して、日本側は拉致問題とミサイル問題の解決を優先するよう主張した。

2000年6月、韓国のキム・デジュン（金大中）大統領が訪朝し、キム・ジョンイル（金正日）国防委員会委員長との間に「6・15共同宣言」（「南北共同宣言」）を発表した。この宣言は日朝交渉を促進する役割を果たした。

同10月に、北朝鮮のナンバー2のチョ・ミョンロク（趙明禄）国防委員会第一副委員長が合衆国に派遣されたことにより米朝関係は好転した。第11回交渉はそうした中で開かれた。日本側が50万トンの米支援を閣議了承したので交渉の進展が期待されたが、その内容は公表されていない。

年が明けて2001年1月にブッシュ政権が誕生し、事態は暗転した。9月11日に合衆国で同時多発テロが起こると、翌2002年1月にブッシュ大統領はイラク、イラン、北朝鮮を「悪の枢軸」と非難し、米朝関係前進の機会は失われた。そうした中で別の道が模索された。

2002年9月17日に小泉純一郎首相が訪朝し、キム・ジョンイル委員長は拉致問題で謝罪し、「日朝平壌宣言」が交わされた。事態は国交正常化に向かって動き出すかに見えた。だが、拉致被害者8人の死亡という回答によって、日本社会の北朝鮮に対する反感がメディアを通して激しく噴出した。

日朝平壌宣言によって開催された第12回交渉では、北朝鮮側が国交正常化と経済協力問題の討議・合意を優先させるべきだとしたのに対して、日本側は拉致問題と核・ミサイル問題の解決が最優先だと反論した。日本側はメディアの反応に強い影響を受けて北朝鮮側を非難し、北朝鮮側もそれに対抗して交渉は決裂した。

2005年8月、北朝鮮の核開発問題解決のための合衆国、韓国、北朝鮮、中国、ロシア、日本の外交当局による六者協議が開催され、9月に採択された共同声明には、日朝が「国交正常化のための措置をとること」が盛り込まれた。だがその後、日朝交渉は中断したままの状態にある。

（太田修）

参考文献

高崎宗司『検証　日朝交渉』平凡社新書、2004年

第48章

日朝交渉の課題と日朝平壌宣言

対話の枠組みと精神

日朝首脳会談は、2002年と2004年の2度開かれた。その背景には、東北アジアの国際情勢が対話の方向に向かい、北朝鮮側も関係改善を本気で望んでいた状況があった。2000年に南北首脳会談が実現し、同じ年に米朝関係も改善に向かったが、年末の米大統領選で共和党のブッシュが当選し、翌2001年9月に米国はアルカイダの同時多発テロの攻撃を受けて混乱し、米朝関係は悪化していた。それでも北朝鮮側はあきらめず、小泉純一郎政権（2001年4月～2006年9月）に秘密交渉を持ちかけた。外務省の田中均《ひとし》アジア大洋州局長が首相の指示を受けて、2001年秋から2002年にかけて北朝鮮国防委員会のミスターXとの間に二〇数回の秘密交渉をもった。その間にブッシュ大統領は、イラン、イラク、北朝鮮の3国を「悪の枢軸」と呼んで挑発したが、日朝交渉は米国に秘密で行なわれた。

こうして合意がまとまり、最初の首脳会談は2002年9月17日に小泉首相が平壌を訪れて実現した。首脳会談に先立ってキム・ジョンイル国防委員会委員長は、13人の日本人を拉致したことを認め「自分としてはこの場で遺憾なことであったとお詫びしたい。このようなことが2度と起こらないよう適切な措置をとることする」と謝罪した。その他に、核開発・ミサイル、歴史認識、6者協議、米朝関係などについてやりとりがあった。

そして両首脳は会談後に日朝平壌宣言に調印した。宣言は、前文と4項目からなっている。まず前文では、「両首脳は、日朝間の不幸な過去を清算し、懸案事項を解決し、実りある政治、経済、文化的関係を樹立することが、双方の基本利益に合致するとともに、地域の平和と安定に大きく寄与するものとなるとの共通の認識を確認した」。

第1項では、両首脳は「国交正常化を早期に実現させるため、あらゆる努力を傾注する」ことを約束し、10月中に日朝交渉を再開させるとした。

第2項では、日本側が「過去の植民地支配によって、朝鮮の人びとに多大の損害と苦痛を与えたという歴史の事実を謙虚に受け止め、痛切な反省と心からのお詫《わ》び（朝鮮語では「謝罪」）の気持ちを表明した」。そして国交正常化の後、日本側が朝鮮側に「無償資金協力」などの「経済協力」を実施し、「1945年8月15日以前に生じた事由に基づく両国及びその国民のすべての財産及び請求権を相互に放棄するとの基本原則」を定めた。

ここに示された植民地支配に対する「謝罪」は、1995年の「村山談話」と1998年の「日韓共同宣言」を引き継ぐものであり、日韓条約にはなかったものである。しかし、植民地支配の清算問題を「経済協力」で処理するとしたのは、日韓条約から変化していない点であり、被害者の補償問題は課題として残された。

さらに同じ項で、「在日朝鮮人の地位に関する問題及び文化財の問題については、国交正常化交渉において誠実に協議」するとされた。この二つの問題について、首脳会談の前後において両政府間でどのような議論がなされたのかは明らかでない。

第3項では、双方が「国際法を遵守し、互いの安全を脅かす行動をとらないことを確認」し、「日本国民の生命と安全にかかわる懸案問題」について、「今後再び生じることがないよう適切な措置をとることを確認した」。「拉致」という言葉は使われていないが、これは拉致・工作船問題などに関する取り決めである。

第4項では、東北アジアの「平和と安定を維持、強化するため、互いに協力していくことを確認」し、「地域の信頼醸成を図るための枠組みを整備していくことが重要であるとの認識」で一致した。また、核問題の解決のために「すべての国際的合意を遵守することを確認し」、安全保障上の諸問題に関し、「関係諸国間の対話を促進し、問題解決を図ることの必要性を確認した。」

安全保障と平和の問題においては、次の三つの点で評価できる。第1に、日朝平壌宣言が北朝鮮の存在自体を認め、それを前提に国交を樹立しようとしていることである。当時日本には北朝鮮体制の崩壊と改変をめざす強硬方針もあったが、宣言はそれを否定して北朝鮮との国交正常化をめざす方針を打ち出したのである。

第2に、朝鮮半島の平和と安定が東北アジアの多国間の協力体制とつながっていることを明確にしたことである。これまで米国のみを主要交渉相手としてきた北朝鮮が「関係諸国間の対話を促進する」という多国間協力の意義を認めたことは一歩前進だった。

第3に、核・ミサイル問題を含む安全保障問題を、東北アジア地域の平和と安定、信頼の構築とい

日朝平壌宣言

小泉純一郎日本国総理大臣と金正日朝鮮民主主義人民共和国国防委員長は、2002年9月17日、平壌で出会い会談を行った。

両首脳は、日朝間の不幸な過去を清算し、懸案事項を解決し、実りある政治、経済、文化的関係を樹立することが、双方の基本利益に合致するとともに、地域の平和と安定に大きく寄与するものとなるとの共通の認識を確認した。

1. 双方は、この宣言に示された精神及び基本原則に従い、国交正常化を早期に実現させるため、あらゆる努力を傾注することとし、そのために2002年10月中に日朝国交正常化交渉を再開することとした。

双方は、相互の信頼関係に基づき、国交正常化の実現に至る過程においても、日朝間に存在する諸問題に誠意をもって取り組む強い決意を表明した。

2. 日本側は、過去の植民地支配によって、朝鮮の人々に多大の損害と苦痛を与えたという歴史の事実を謙虚に受け止め、痛切な反省と心からのお詫びの気持ちを表明した。

双方は、日本側が朝鮮民主主義人民共和国側に対して、国交正常化の後、双方が適切と考える期間にわたり、無償資金協力、低金利の長期借款供与及び国際機関を通じた人道主義的支援等の経済協力を実施し、また、民間経済活動を支援する見地から国際協力銀行等による融資、信用供与等が実施されることが、この宣言の精神に合致するとの基本認識の下、国交正常化交渉において、経済協力の具体的な規模と内容を誠実に協議することとした。

双方は、国交正常化を実現するにあたっては、1945年8月15日以前に生じた事由に基づく両国及びその国民のすべての財産及び請求権を相互に放棄するとの基本原則に従い、国交正常化交渉においてこれを具体的に協議することとした。

双方は、在日朝鮮人の地位に関する問題及び文化財の問題については、国交正常化交渉において誠実に協議することとした。

3. 双方は、国際法を遵守し、互いの安全を脅かす行動をとらないことを確認した。また、日本国民の生命と安全にかかわる懸案問題については、朝鮮民主主義人民共和国側は、日朝が不正常な関係にある中で生じたこのような遺憾な問題が今後再び生じることがないよう適切な措置をとることを確認した。

4. 双方は、北東アジア地域の平和と安定を維持、強化するため、互いに協力していくことを確認した。

双方は、この地域の関係各国の間に、相互の信頼に基づく協力関係が構築されることの重要性を確認するとともに、この地域の関係国間の関係が正常化されるにつれ、地域の信頼醸成を図るための枠組みを整備していくことが重要であるとの認識を一にした。

双方は、朝鮮半島の核問題の包括的な解決のため、関連するすべての国際的合意を遵守することを確認した。また、双方は、核問題及びミサイル問題を含む安全保障上の諸問題に関し、関係諸国間の対話を促進し、問題解決を図ることの必要性を確認した。

朝鮮民主主義人民共和国側は、この宣言の精神に従い、ミサイル発射のモラトリアムを2003年以降も更に延長していく意向を表明した。

双方は、安全保障にかかわる問題について協議を行っていくこととした。

日　本　国	朝鮮民主主義人民共和国
総理大臣	国防委員会　委員長
小泉　純一郎	金　正　日

2002年9月17日
平壌

う枠組みの中で解決していくことを展望していることである。米朝協議や南北対話、日朝交渉といった2国間の交渉にとどまらない、東北アジアの多極的な安全保障協議と信頼を深める枠組みが必要であることが強調されているのである。

日朝平壌宣言の最も重要な成果は、両首脳が日朝間に横たわる植民地支配・戦争被害の清算、核・ミサイル問題、東北アジアでの地域協力体制の構築問題などの諸懸案を日朝国交正常化交渉を通して解決するという枠組みに合意したということである。

ところが日朝首脳会談後は、日本社会で拉致問題をめぐる反北朝鮮感情があおられ、北朝鮮への圧力を強化すべきだとの強硬論が台頭した。北朝鮮側はそうした日本側の強硬論に反発を強めた。日朝交渉は再開されず、日朝平壌宣言の履行は難しくなっていた。

こうした状態の中で、2004年4月に、山崎拓・自民党前副総裁が平沢勝栄・総務政務官とともに中国を訪問し、チョン・テファ（鄭泰和）日朝交渉担当大使とソン・イルホ（宋日昊）外務省副局長ら北朝鮮高官と会談した。山崎・平沢は首相官邸の密使として2日間の会談を終えて帰国し、北朝鮮側が小泉首相の任期中に、核・ミサイル、拉致問題をすべて解決したいと考えている、と小泉首相に報告した。その後も事務レベルの折衝が続けられ、膠着状態を打破するために第2回目の首脳会談が準備された。

小泉首相は2004年5月22日に平壌を再訪し、キム・ジョンイル国防委員会委員長と会談した。首相会見では、小泉首相が日朝平壌宣言の履行を再確認し、「日朝間の不正常な関係を正常化し、敵対関係を友好関係に、対立関係を協力関係に変えることが両国の国益にかなう」と、訪朝目的の説明がなされた。北朝鮮側報道では、キム・ジョンイル委員長が両国関係を正常化し共存共栄していくことが双方の利益に合致すると強調し、平壌宣言の履行のために積極的に努力すると述べたとされる。この2度目の首脳会談は、日朝交渉再開のために信頼回復の措置をとろうとしたもので、危機に瀕していた日朝平壌宣言の履行を再確認したことに意義があった。

ところがその後の日本政府の北朝鮮政策は基本的に、拉致、核・ミサイル問題をめぐって経済制裁を強化していく方向へ進み、2002年と2004年のような対話の場を持ち得ていない。とりわけ2012年以降の安倍政権の北朝鮮政策は制裁・圧力強化の強硬論が支配的である。経済制裁に加えて日米韓による軍事的圧力が加えられ、制裁・圧力強化自体が目的化しているようだ。日朝平壌宣言の枠組みにそって日朝交渉を再開し、残された諸課題に向き合っていくことが望まれる。

（太田修）

参考文献

高崎宗司『検証　日朝交渉』平凡社新書、2004年
和田春樹『北朝鮮現代史』岩波新書、2012年

第49章

拉致問題とその背景

日朝首脳会談以前

朝鮮戦争からようやく立ち直った北朝鮮は、1961年の朝鮮労働党第4回大会で「社会主義的改造の完成」を宣言し、キム・イルソン（金日成）を中心とする党＝国家体制を完成させた。和田春樹によると、1967年にはその上に、「党の唯一思想体系」と主体《チュチェ》思想の確立によって「遊撃隊国家」がつくられた。この国家では、北半分を「革命の強力な基地」にして南朝鮮での革命勢力を強化し革命闘争を発展させるという南朝鮮革命路線が採用された。1968年には実際に遊撃隊を韓国大統領官邸青瓦台に向けて進撃させた。1970年代には韓国での民主化運動に注目し、韓国社会への働きかけや工作活動を通じて韓国での革命の促進を図ろうとした。日本人拉致は、こうした韓国での工作活動のために70年代後半から行なわれるようになったとされているが、その背景と経緯の真実はわかっていない。

これまでに判明した拉致の時期は、ヨーロッパ経由の人たちを除くと、1977年から78年に集中している。拉致問題が初めて報道されたのは1980年1月のことで（『産経新聞』1月7日付）、その記事は1978年夏に福井、新潟、鹿児島で起きた3組6人の男女失踪事件に「外国情報機関」が関与したのではないかと推測するものだった。1985年4月には韓国国家安全企画部が、北朝鮮の工作員シン・グァンス（辛光洙）が原敕晃さん（以下、敬称を略す）を拉致し原になりすまして韓国に侵入して逮捕されたと発表した。だがその当時拉致事件は大きな問題とならなかった。

1987年11月に大韓航空機爆破事件が起きた。その実行犯の一人キム・ヒョニ（金賢姫）が北朝鮮に拉致された日本人女性「リ・ウネ（李恩恵）」から日本語などの教育を受けたと証言し、1988年2月に日韓両国の捜査当局が、日本女性のモンタージュ写真とキム・ヒョニの聴取結果を公表した。それ以降、拉致疑惑は政治問題となった。「リ・ウネ」問題について日本政府は、1988年3月の参議院予算委員会で「北朝鮮による拉致の疑いが濃厚だ」という見解を示した。だが北朝鮮は、2002年の日本政府とのやりとりの過程で、拉致事件被害者と認めた田口八重子が「リ・ウネ」であることは否定している。

1987年1月、1963年に漁に出たまま行方不明になった石川県の寺越昭二、外雄、武志らが北朝鮮にいたことが判明した。このうち昭二は1968年、外雄は1994年に死亡したとされたが、武志は生存しており母親が1987年に最初の訪朝をして以来連絡を取り合っている。しかし、なぜ寺越武志らが北朝鮮に住むようになったのかは明らかにされていない。

1988年9月、拉致被害者であり死亡したと2002年に伝えられた石岡亨《とおる》がポーランド経由で出した手紙が札幌の実家に届いた。有本恵子の両親はこの手紙から娘の消息を知り、救援活動を開始した。拉致被害者の家族としては最も早くから活動したことになるが、警察当局は有本恵子を2002年まで拉致被害者に含めていなかった。

1991年1月に開始された日朝国交正常化交渉では拉致問題も議題とされた（第48章参照）。第2回交渉の後の5月、警察当局は「リ・ウネ」の身元が確認されたと発表した。名前は明らかにされなかったが、日本政府は田口八重子であるとの確証を得ていたようだ。第3回交渉で日本側が「リ・ウネ」についての照会を行なったところ、北朝鮮側は強く反発し、第4回交渉では棚上げとされた。1992年11月の第8回交渉で日本側は再び「リ・ウネ」問題を取り上げたが、それと核問題が原因で交渉は決裂した。

その後、1995年6月に出たキム・ヒョニの手記『忘れられない女』（文藝春秋）の中で拉致された日本人少女のことがふれられていた。朝日放送記者の石高健次は『現代コリア』1996年10月号に、韓国国家安全企画部関係者から聞いた元北朝鮮工作員の話をもとに少女拉致について書き、さらに同誌1997年1・2月号で、その少女が1977年に行方不明になった新潟の横田めぐみであると発表した。

1997年2月には『産経新聞』と週刊誌『アエラ』が横田めぐみの「拉致疑惑」を報道した。朝日放送は、韓国に亡命した元北朝鮮工作員アン・ミョンジン（安明進）が日本人ジャーナリストに対して平壌で彼女を見たと語ったと報じた。それ以降、拉致問題が大きく注目されるようになった。ただし、アン・ミョンジンの証言は韓国情報機関から出されたものである。2002年になって拉致は事実だったことが判明したが、北朝鮮はアン・ミョンジンの証言の内容については否定している。拉致は事実だったが、「疑惑」として出された情報が確認されたわけではない。

1997年2月、拉致された日本人を救出する運動が横田めぐみの両親を中心に始まった。3月には「北朝鮮による拉致被害者家族連絡会（家族会）」が結成され、横田めぐみの父・横田滋が会長となった。4月には「北朝鮮拉致疑惑日本人救援議員連盟（拉致議連）」が結成された。

同年10月には「北朝鮮に拉致された日本人を救出するための全国協議会（救う会）」が結成され、佐藤勝巳・現代コリア研究所所長が会長に就任した。日本人拉致救出運動は、新潟、東京、大阪などで集会をもち、拉致された人々の救出よりコメ援助を優先していると政府を批判した。拉致被害者救出運動はしだいに高揚していった。

1998年8月に高沢皓司『宿命――「よど号」亡命者たちの秘密工作』（新潮社）が出された。2002年に明らかにされた、よど号グループメンバーの元妻・八尾恵が有本恵子の拉致に関わったという証言内容は、すでにこの本に書かれていた。よど号グループの活動についての資料が日本の警察にあるとされているが、真相は明らかでない。

2000年の時点で日本政府は、日朝交渉再開に向けて「拉致疑惑と正常化交渉の同時論議」の方向で考えていた。それに対して政界や言論界、民間団体は、拉致事件解決に進展がなければ食糧支援は行なうべきでないと厳しく批判した。

同年4月、約7年ぶりに日朝交渉（第9回交渉）が再開されたが、北朝鮮側が「過去の清算」問題、日本側が拉致・ミサイル問題の優先的解決を主張して折り合わず、交渉は3回で打ち切られた。不審船による日本領海侵犯事件の発生もあったが、このとき日本側には拉致問題が最大の懸案となっていたのである。

2002年3月、有本恵子の拉致に関わったという八尾恵の証言をマスコミは大きく報道し、警察も有本を拉致被害者として認定することを決定した。こうした中で、当時の安部晋三官房副長官は外務省アジア大洋州局が北朝鮮との交渉で拉致問題をとりあげず弱腰だと非難した。4月には「北朝鮮に拉致された日本人を早期に救出するために行動する議員連盟（拉致議連）」が発足して（1997年4月設立の「拉致議連」が内部対立で休会状態となっていたため、新たに発足。会長・石破茂、副会長・小池百合子ほか、幹事長・西村真悟、事務局長・平沢勝栄）、北朝鮮に経済制裁を加えることを主張した。「家族会」と「救う会」も「断固たる制裁」を求め、対北朝鮮強硬路線が台頭した。こうして、拉致問題はより大きな社会的問題となり、包括的妥結のための秘密接触を進めていた日本政府もその解決を急がざるを得なくなっていた。

（太田修）

参考文献

和田春樹『同時代批評――日朝関係と拉致問題　2002年9月～2005年1月』彩流社、2005年
和田春樹『北朝鮮現代史』岩波新書、2012年
青木理『ルポ　拉致と人々――救う会・公安警察・朝鮮総聯』岩波書店、2011年

第50章

拉致問題の過程と行方

日朝首脳会談以後

2002年9月の日朝首脳会談でキム・ジョンイル国防委員会委員長は小泉純一郎首相に対して、13人の日本人を拉致したことを認めて謝罪したが、生存者5人、死亡8人という知らせは被害者の家族に衝撃を与えた。日本のメディアもこれを大きく取り上げた。その論調は北朝鮮を激しく非難し、小泉首相の訪朝と平壌宣言をも批判する方向へ傾いていった。

被害者と「家族会」からは、日朝交渉再開以前に生存拉致被害者5人の帰国を実現せよとの要望が出された。それを受けて日本政府は北朝鮮側と協議し、「一時帰国」の形で10月15日、地村保志・富貴恵夫妻、蓮池薫・祐木子夫妻、曽我ひとみさん（以下、敬称を略す）の5人の帰国を実現させた。しかし、その後「一時帰国」の約束を破棄して5人をそのまま日本に永住させることにし、さらに5人の家族8人の来日を要求してそれが実現されなければ国交正常化交渉を進めないとした。この日本政府の方針は10月末の第12回日朝交渉でも提示された。それに対して北朝鮮側は、日本側の約束違反に強く反発し、拉致問題は解決済みだとの態度をとった。これで事実上、国交正常化交渉は決裂した。

日本の国会では同年12月に「北朝鮮当局による拉致被害者支援

法」が成立した。２００３年には、「救う会」「家族会」が日本政府に北朝鮮への経済制裁を要求した。5月には国連人権委員会が北朝鮮の人権状況を非難し、拉致問題などの解決を求める決議を採択した。

こうした中で、北朝鮮への敵対的雰囲気が高まった。とりわけテレビ・週刊誌・単行本の北朝鮮批判は激しさを増した。北朝鮮への憎悪、蔑視が込められたもので、そこには日朝間の歴史や北朝鮮の市井の人々を考えるという姿勢は見られなかった。

２００４年になると、政界ではもっぱら北朝鮮に対する制裁について語られるようになった。2月に北朝鮮に対する外国為替と貿易への規制を明文化した「外国為替及び外国貿易法」の改正案が国会で成立した。また衆議院外務委員会は、「北朝鮮による拉致及び核開発問題等に関する小委員会」の設置を決定した。さらに自民党の安倍晋三幹事長は特定船舶入港禁止法を作るべきだと主張し、3月には公明党もそれを支持した。こうした日本側の動きに対して北朝鮮側は、「日本反動層の封鎖と制裁には最後まで超強硬で対処する」（『朝鮮通信』2月28日）と非難し、外為法改正案は日朝平壌宣言違反だ（外務省スポークスマン談話、30日）と反発した。

一方、同年2月には、外務省の田中均審議官と藪中三十二《やぶなかみとじ》アジア大洋州局長が訪朝し、拉致事件などについてキム・ヨンイル（金永日）外務次官らと高官協議を行なった。外務省はこの協議に際し、まず5人の帰国を実現して国交正常化交渉を再開し、交渉の中で死亡と説明された人々の調査や横田めぐみの娘と確認されたキム・ヘギョンの来日について話し合っていくことを明らかにした。拉致問題解決への具体的な道筋を明らかにした点で一歩前進だった。

4月には、山崎拓自民党前副総裁が平沢勝栄総務政務官とともに中国を訪問し、チョン・テファ朝日交流協会常任顧問（朝日交渉特命全権大使、外務省巡回大使）、ソン・イルホ同副会長（外務省副局長）ら北朝鮮側高官と会談した。山崎は小泉首相に対して、残る任期2年半の間に、核・ミサイル、拉致問題をすべて解決したいと北朝鮮は考えている、と伝えた。こうして小泉首相は2度目の訪朝を行なうことになった。

２００４年5月22日、小泉首相は再び平壌を訪問してキム・ジョンイル委員長と会談し、国交正常化交渉再開の方針を表明した。その結果、北朝鮮側は5人の拉致被害者が永住帰国したことを受け入れ、蓮池、地村らの子どもたち5人が首相に同行して出国することを認めた。曽我ひとみの家族については第三国で再会することで合意し、10人の拉致被害者（死亡とされた8人と日本側が拉致されたとした2人）については再調査が約束された。7月には曽我ひとみと夫のジェンキンス、娘2人がインドネシアのジャカルタで再会した。北朝鮮側は彼らの日本行きを認め、曽我一家は来日してそのまま永住することになった。

その一方で同年5月には、自民・民主・公明3党が「特定船舶の入港の禁止特別措置法」を成立させることに合意し、6月に成立した。これに先立ち参議院は「北朝鮮による拉致問題等に関する特別委員会」を、その半年後に衆議院も同委員会を設置した。

この年の12月、藪中アジア大洋州局長が訪朝して、再調査の結果と横田めぐみの遺骨を持ち帰った。日本政府は遺骨のＤＮＡ鑑定を行ない、遺骨が横田のものではないとの結果を発表した。さらに横田の骨ではないものを渡したと主張して北朝鮮に抗議し、再び関係を遮断した。北朝鮮側は鑑定結果に抗議し、遺骨の返還を求めた。日本側は遺骨の残りを返還することも拒否し、再鑑定にも応じなかった。

2002年10月15日、平壌から羽田空港に到着した、地村富貴恵（手前中央）、地村保志（同右）、蓮池祐木子（中央左）、蓮池薫（同右）、曽我ひとみ（上）の拉致被害者5人（写真提供：共同通信社）

こうしたことを背景に、日本の政界とメディアでは制裁を加えるという強硬論がいっそう力を持つようになった。２００４年12月、「拉致議連」は緊急総会を開いて経済制裁以外に解決の道はないとする決議を採択し、衆議院の「北朝鮮による拉致問題等に関する特別委員会」は経済制裁を求める決議を全会一致で採択した。

２００６年９月に第一次安倍晋三政権が成立すると、三原則にもとづく北朝鮮政策が提示された。①拉致問題は日本の最重要課題である、②拉致問題の解決なくして、北朝鮮との国交正常化はありえない、③８人死亡の根拠は薄弱であり、全員生きていると判断し、すべての拉致被害者の生還を実現する。

その後、２００８年に安倍内閣に代わった福田内閣が交渉して、制裁の部分解除を含めて、交渉の再開で合意したが、直後の政権退陣で成果は得られなかった。

2012年12月、第二次安倍政権内閣が成立すると、拉致問題の解決のための交渉がスウェーデンのストックホルムで行なわれ、2014年5月に合意にいたった(ストックホルム合意)。合意内容の骨子は、日朝平壌宣言にのっとって協議を行なう、すべての在朝日本人に対する調査を包括的かつ全面的に実行する、北朝鮮が調査委員会を立ち上げ調査を開始する時点で独自制裁を解除する、などだった。しかし2015年には、日本側は拉致被害者は全員死亡という結論の調査報告書は受け取れないという態度を示して、再び関係は断絶した。

このように拉致問題をめぐる交渉は完全に行き詰まっている。これまでの経緯を振り返ってみると、拉致問題の解決を国交正常化の前提条件として制裁や圧力を強化していくのでは、道は開けないことは明らかである。逆に制裁や圧力の強化を叫び続け問題を放置し続けることは、拉致問題を政治利用していると批判されても仕方ないことである。

拉致問題の解決を前進させるためには、国交正常化交渉を再開するか、国交を樹立するかして、持続的に交渉する必要がある。お互いの信頼関係を築いて対話の経路を確保してこそ、拉致の真相糾明と補償問題について理性的な話ができ、納得できる解決方法を見出せるからである。

(太田修)

参考文献

『世界』編集部「ドキュメント激動の南北朝鮮」『世界』2003年1月号~2018年9月号
和田春樹「北朝鮮危機と平和国家日本の平和外交」『世界』2017年7月
和田春樹『安倍首相は拉致問題を解決できない』青灯社、2018年

第51章

日朝関係の行き詰まり

衝突の危機

２００２年９月、日朝首脳会談が行なわれ、平壌宣言が発表された（第48章参照）。小泉純一郎首相は、植民地支配による損害と苦痛を謝罪し、国交正常化の後に経済協力を行なうことを約束した。キム・ジョンイル国防委員会委員長は拉致を認めて謝罪し「このようなことが二度と起こらないよう適切な措置をとる」と表明した。日朝首脳会談の成功はキム・デジュン（金大中）大統領が進めた南北経済交流とも連動し、12月の大統領選ではキム・デジュン政権を継承するノ・ムヒョン（盧武鉉）が当選した。北朝鮮と日韓の関係はうまくいくように見えた。

しかし日本では、この流れに逆行する動きが起こった。拉致被害者８人死亡という北朝鮮側の通告に対して「救う会」など運動団体は、８人死んだという証拠があるのか検証せよ、と反発した。拉致問題よりも国交正常化を優先しようとすると、国交正常化運動関係者を誹謗中傷する動きも起こった。拉致問題をめぐって日朝は対立し、首脳会談後の国交正常化交渉は1度で終わった。

この頃、北朝鮮側は米国による攻撃を警戒し、自らを守るためには核兵器の開発が必要だという思いを強めていた。２００３年３月、米国は大量破壊兵器の存在を理由にイラクを爆撃し、フセイン政権は崩壊した。これは北朝鮮側が自らを守るためには核兵器の開発が重要だという思いを持つ決定的な事件だった。８月には、中国の努力で北朝鮮の核開発問題を解決するための米・中・朝・韓・露・日の六者協議が開催されたが、合意には至らなかった。

小泉首相は２００４年に再訪朝し、「不正常な関係を正常化し、敵対関係を友好関係に、対立関係を協力関係にする、その大きな契機にしたい」と表明した。キム・ジョンイル委員長は「再び訪問されたことはいいことである」と述べたが、拉致問題での首相の権威が崩れたことに失望した旨を伝えた。またキム・ジョンイル委員長は、米国のイラク攻撃によりサダム・フセインの政権が倒されたことに恐怖を感じ、生存権のために核武装すると宣言した。

２００５年９月に第４回第２フェーズ六者協議が開かれ、共同声明が発表された。北朝鮮は「すべての核兵器及び既存の核計画を放棄すること」を約束し、米国は「朝鮮半島において核兵器を有しないこと」、および北朝鮮に対して核兵器または通常兵器による攻撃または侵略を行なう意図を有しないこと、を確認した。また米朝は、平和共存、国交正常化のための措置をとることを、そして日朝は、平壌宣言に従って国交正常化のための措置をとることを約束した。

ところが北朝鮮側は、２００６年７月にテポドン２号と見られる長距離弾道ミサイルを発射した。これに対して小泉政権は、万景峰《マンギョンボン》号の入港禁止、北朝鮮政府職員の入国禁止、日本政府職員渡航見合わせ、国民の渡航自粛、ミサイル核関連物資輸出の管理などの強硬な対抗策を打ち出した。

２００６年９月に第１次安倍晋三政権（２００６年９月～07年８月）が誕生し、「拉致問題対策本部」が設置された。一方、北朝鮮側は10月９日、最初の地下核実験を断行した。日本政府は非難声明を出し、10月11日、北朝鮮籍船舶の入港全面禁止、北朝鮮からの輸入の全面禁止、北朝鮮籍者の入国禁止などを内容とする第2次制裁措置を発表し、10月16日には、3原則からなる新北朝鮮政策を打ち出した。①拉致問題は日本の最重要課題である、②拉致問題の解決なくして国交正常化はない、③8人死亡の根拠は薄弱であり、全員生きていると判断する、全員を直ちに帰せ。この3原則は北朝鮮側をますます頑なにさせ、結局、日朝交渉への道は閉ざされた。

2007年に安倍政権に代わって成立した福田康夫政権（2007年9月〜08年9月）が、制裁の部分解除を含めて交渉再開で合意したが、首相退陣により成果はなかった。このときキム・ジョンイル委員長は脳卒中で倒れていた。その後、2011年12月17日にキム・ジョンイル委員長は心筋梗塞で逝去し、30日には労働党中央委員会政治局はキム・ジョンウン（金正恩）を人民軍最高司令官とすると発表した。新しく成立したキム・ジョンウン政権はミサイル・核開発を進め、日朝関係の断絶は続いた。

2012年12月、第2次安倍晋三政権が成立すると、安倍首相は拉致問題の解決を誓い、北朝鮮との間で交渉を進めた。その結果2014年5月に、北朝鮮が調査委員会を立ち上げれば制裁の部分解除を行なうなどを内容とするストックホルム合意が交わされた。しかし2015年には、日本政府は拉致被害者は全員死亡という結論の報告書は受け取れないとして、ふたたび関係は断絶した。

2017年に入ると北朝鮮はミサイル発射を繰り返した。米国トランプ政権が軍事的対応をも含めた強い姿勢を示すと、安倍政権もこれを支持した。4月6日、安倍首相との電話会談でトランプ大統領は「テーブルの上にはあらゆる選択肢がある」として、軍事攻撃も否定しないことを匂わせた。安倍首相は翌日、米軍によるシリアへの巡航ミサイル59発の攻撃に対して、米国政府の意図を理解し、北朝鮮に対しても「あらゆる選択肢がある」との米大統領の発言を「高く評価する」と述べ、全面的支持を表明した。

夏の終わりになって米朝の対立はさらにエスカレートした。北朝鮮は8月29日に新型の中距離弾道ミサイルを発射した。これに日本政府は、ミサイルが日本の上空を通過し、北海道・襟裳岬の東方1180キロの太平洋上に落下したと発表し、全国瞬時警報システム（Jアラート）を発動し、北海道、東北、北関東など12都道府県の住民に避難を呼びかけた。テレビは番組の予定を変更して特別番組を放送し続け、新幹線の運転見合わせや臨時休校する学校もあり、日本社会は混乱し騒然となった。

北朝鮮は9月3日に6回目の核実験を行なった。これに対してトランプ大統領は19日に国連総会で「北朝鮮を全滅させる以外の選択肢はなくなる」と強弁し、安倍首相は米国の姿勢を一貫して支持すると述べた。勢いづいた安倍首相は25日、北朝鮮への対応を問いたいと国会を解散し、10月の総選挙に勝利した。11月に入ると事態はいっそう悪化した。トランプ大統領が日本と韓国を訪問し、8日の韓国国会では北朝鮮の体制を「監獄国家」「ならずもの国家」と罵倒した。11日からは日本海で米空母3隻が参加する米韓海軍合同演習が始まった。そこには日本の自衛艦も参加した。これに対して北朝鮮は29日、アメリカ本土をも射程に入れたICBM「火星15号」を発射して「国家核戦力完成の歴史的大業」を成し遂げたと発表した。こうして米朝戦争の危機は現実のものとなった。

ところが年が明けて、状況は一変する。2018年元旦、キム・ジョンウン国務委員長は年頭の辞で平昌五輪へ代表団派遣の用意があることを表明した。韓国のムン・ジェイン（文在寅）大統領の努力や国際オリンピック委員会（IOC）の協力もあり、2月の平昌五輪は南北協調のもと平和裡に行なわれ、朝鮮半島をめぐる状況は対話の局面へ転換した。4月には史上3度目の南北首脳会談が板門店で開かれ、朝鮮半島の非核化に向けて努力すると明記した板門店宣言が発表された。首脳会談の様子が世界中に生中継され、キム・ジョンウン国務委員長は外交舞台にデビューした。6月にはシンガポールで史上初の米朝首脳会談が開かれ、板門店宣言の「朝鮮半島の非核化」を追認し、米朝関係の正常化をめざすセントーサ合意が交わされた。

日本の安倍首相は2017年9月の国連総会で「北朝鮮にとって対話とは欺瞞の手段であり時間稼ぎにすぎない」「必要なのは対話ではなく圧力である」と演説し、その後も北朝鮮の脅威を一貫して煽った。それゆえ2018年の対話局面への転換に対応できなかった。日本のメディアも韓国の対話路線に対して、北朝鮮の術策にはまったなど冷淡な視線を向けた。日本政府は5月になってようやく核・ミサイル問題と拉致問題の進展を条件に日朝国交正常化の可能性に言及し始めたが、北朝鮮側からの正式な回答がない状態が続いている。

2018年現在、日本と北朝鮮は、人も往来できず貿易関係もない、関係が断絶した状態にある。こうした断絶状態を続けていくのか、それとも日朝平壌宣言に立ち返って国交正常化交渉を再開し、日朝間のもつれを解きほぐし、国交を樹立する方向へ向かうのか、日本は考える必要がある。

（太田修）

参考文献

『世界』編集部「ドキュメント　激動の南北朝鮮」『世界』（岩波書店）2003年1月号〜2018年9月号
和田春樹「北朝鮮危機と平和国家日本の平和外交」『世界』（岩波書店）2017年7月号

第52章

「帰国問題」の経過と意味

植民地主義と冷戦体制がもたらした離散

1959年から1984年のあいだに在日朝鮮人とその家族9万3340人が朝鮮民主主義人民共和国（北朝鮮）へ集団的に「帰国」した。「帰国」は日朝両国政府の了解のもとで1959年8月に締結された「日本赤十字社と朝鮮民主主義人民共和国赤十字会との間における在日朝鮮人の帰還に関する協定」（カルカッタ協定）にもとづいて行なわれ、「帰国」した人々の多くが朝鮮半島南部の出身者で、日本で生まれた子どもや日本人妻も含まれていた。「帰国問題」とは、在日朝鮮人らの「帰国」をめぐって生じた諸事象のことである。

「帰国」には、論じる主体によって「帰国運動」「帰国事業」「帰還業務」「北送」と異なる呼称があった。1958年8月に在日本朝鮮人総連合会（朝鮮総連、第53章参照）が「帰国運動」を本格的に始めると、北朝鮮政府はこれを「帰国事業」として推進した。日本政府は1959年2月に「帰国」を閣議で了承し「帰還業務」として進めた。日本社会党、日本共産党、日朝協会がそれぞれの立場からそれを支持し、新聞・雑誌などメディアが報道した。韓国では「北送」反対運動が展開された。

北朝鮮側が「帰国事業」を推進した背景の説明として、朝鮮戦争からの復興事業の一環として労働力を確保するためだったという従来からの説がある。それに対して日朝国交正常化交渉の手段だったという新たな説が出されている。1955年2月に北朝鮮のナム・イル（南日）外相が日本に国交正常化を呼びかけたように、李承晩政権下の1951年から始まったが難行していた日韓国交正常化交渉に対抗し、日本との対話の機会を確保して日朝交渉を進める思惑が北朝鮮側にはあった。「帰国事業」によって朝鮮総連を掌握し、国際社会に北朝鮮の威信と優位を示そうとしたというのである。北朝鮮側の資料が見られないため、どちらがより真実に近いのか不明だが、どちらか一つということではなく、二つの説とも真実の両面と考えることも可能だ。

朝鮮総連は当初、大村収容所（1950年12月に長崎県大村市に設置された「入国者収容所」。当初の収容者の多くは朝鮮戦争による難民や退去強制処分を受けた在日朝鮮人だった）に収容されていた韓国人の北朝鮮「帰国」を進めていたが、それを一般の在日朝鮮人に拡大する運動を展開するようになった。とくに1958年10月の第15回拡大中央委員会では「帰国」を全国的な運動とする方針が決定され、「帰国運動」が本格的に開始された。

1958年11月には超党派の「在日朝鮮人帰国協力会」が発足し、自民党・共産党・社会党・日朝協会などの団体や個人が参加した。中央では社会党議員が熱心に活動し、地方では共産党と日朝協会の人々が活動を担った。社会党系・共産党系の人々が人道問題として関与した面もあったが、北朝鮮の社会体制を支持する立場から関与した面もあった。

日本政府は、少なくとも朝鮮戦争停戦前夜の1953年春頃には、「帰国」による在日朝鮮人の「追放」を検討し始めていた。朝鮮戦争勃発当初は、米国の支援を得た韓国が朝鮮戦争に勝利すると判断し、在日朝鮮人を韓国に「追放」または「帰国」させる方針だったが、停戦を目前に北朝鮮の存続が確定的になると、北朝鮮への「帰国」推進を検討し始めた。さらに日本政府と日本赤十字社は、朝鮮総連による「帰国運動」開始の３年ほど前から、在日朝鮮人の「帰還」について赤十字国際委員会に働きかけていた。一連のロビー活動の中心人物で外務省から出向したばかりの日赤外事部長・井上益太郎によると、日本政府と日赤は在日朝鮮人について、「性格が粗暴で生活水準は低く無知蒙昧」で日本の治安や福祉にとって負の要因になっていると認識し、１９５６年の時点で在日朝鮮人６万人の「帰還」の可能性を検討していた。同じ頃に厚生省は、福祉を削減すれば在日朝鮮人が北朝鮮で仕事を見つける動機になるという認識のもと、在日朝鮮人への生活保護支給を削減するキャンペーンを行なっていた。

1959年12月14日、「帰国者」を乗せ、新潟中央ふ頭を出航するクリリオン号（写真提供：共同通信社）

日本政府と日赤は、①在日朝鮮人の犯罪率が高いので治安上の問題となっている、②そのほとんどが生活保護対象者であり財政上の負担になっている、③共産主義者が多い、などの理由から、そうした「厄介な朝鮮人を日本から一掃する」ことをめざし、後に「帰還業務」を推進した。だが、その事実は政府によって計画的に隠された可能性が高い。

在日朝鮮人が北朝鮮への「帰国」を選択した社会経済的背景の一つに、在日朝鮮人の生活苦がある。１９５６年の生活保護の大幅削減と1958年の「なべ底景気」により在日朝鮮人の生活は厳しくなり、「帰国」によって経済的困窮から脱却できると考えた人もいた。祖国を取り戻した人びとが、朝鮮戦争から復興し始めた北朝鮮への憧れを持つのは当然だったが、同時に北朝鮮の国家社会主義体制への憧れや幻想を持つ在日朝鮮人もいた。日本の知識人、革新団体が北朝鮮の体制を支持したことによる影響もあっただろう。もう一つ見落とせないのは、子どもの将来への不安があったことである。日本政府と社会による民族差別の中で、「帰国」を選択した多くの在日朝鮮人が子どもの教育、将来に不安を抱いていたのである。

韓国では、政府・与党、野党、民間をあげて「北送」に反対した。とりわけ1959年2月に日本政府の「閣議了解」が発表された後、政党、言論・文化・経済界により「在日韓人北送反対全国委員会」が結成され、全国的な「北送」反対運動が展開された。イ・スンマン（李承晩）政権は日本政府が「帰国」者に十分な補償金を支給すれば受け入れると日本政府に伝えたが、真意であったか疑わしい。それよりは「北送」を妨害するよう努めた。「北送」を認めることは、国家の正統性をめぐる北朝鮮との競争において韓国の威信の失墜を国際社会に印象づけることになると考えたためである。

1959年2月に日本政府と日赤は「帰還業務」の大綱に合意し、4月からジュネーブでの日朝赤十字会談に臨んだ。その結果、8月には「帰還協定」が締結された。この協定にもとづいて、同年12月14日に「帰国」第一船2隻が975人を乗せて新潟を出港した。1960年からは「帰国」をやめる人が出始めたが、「帰国」船は187回にわたって新潟・清津《チョンジン》間を往復し、1984年に出港した船が最終船となって「帰国」は終わった。

「帰国」は、北朝鮮の「帰国事業」や朝鮮総連の「帰国運動」、在日朝鮮人自身の「自由意志」などによって実施されたといえるが、日本政府が「帰還業務」として関与したこともおさえておかねばならない。敗戦後の日本政府は基本的に在日朝鮮人を「追放」したいと考えていたが、その「追放」は「あからさまで無礼な」ものではなく、在日朝鮮人の「自由意思」を尊重するという「礼儀正しい」措置として実施された。

総じて「帰国問題」は、在日朝鮮人を差別、排除しようとする日本の植民地主義と、南北分断、冷戦体制とが結びついてなされた事象だった。その結果、多くの在日朝鮮人が離散することになったのである。

（太田修）

参考文献

高崎宗司・朴正鎮編著『帰国運動とは何だったのか――封印された日朝関係史』平凡社、２００５年

テッサ・モーリス＝スズキ『北朝鮮へのエクソダス――「帰国事業」の影をたどる』朝日新聞社、２００７年

朴正鎮『日朝冷戦構造の誕生１９４５～１９６５――封印された外交史』平凡社、２０１２年

太田修「朝鮮戦争停戦協定前夜、強化される植民地主義――第２次日韓国交正常化交渉での在日朝鮮人の法的地位と処遇」『朝鮮大学校学報』Vol. 24、２０１４年

第53章

朝鮮総連

民族組織として

最初に在日本朝鮮人総連合会（朝鮮総連）誕生の前史を簡単に見ておこう。植民地支配解放後の1945年10月に東京で在日本朝鮮人連盟（朝連）が結成された。朝連は在日朝鮮人帰還のための援助、生活相談、朝鮮語講習などの活動をになう民族団体として出発した。その後、冷戦の激化、南北分断によって朝連内にも左右対立が生じ、日本共産党（共産党）の影響力が増大した。1949年9月にはGHQと日本政府により、団体等規制令に違反したとして強制解散させられた。

朝鮮戦争中の1951年1月、朝連の後継団体として在日本朝鮮統一民主戦線（民戦）が結成され、やはり共産党の影響下で祖国の統一や防衛とともに日本の民主革命がめざされた。GHQが共産党幹部の公職追放やレッド・パージを断行すると、民戦や共産党民族対策部が各地に組織した祖国防衛委員会、その行動部隊の祖国防衛隊によって非合法武装闘争が行なわれた。

1954年に武装闘争路線の失敗を認めた共産党が朝鮮人政策の見直しを始めた。翌1955年3月の民戦第19回中央委員会でハン・ドクス（韓徳銖）が在日朝鮮人を「朝鮮民主主義人民共和国政府の周囲に総結集」させることを訴えると、路線転換の主張が大勢となり、5月の民戦第６回臨時全国大会では、民戦の解散と新たな組織の立ち上げが決議された。こうして5月25日、26日に在日本朝鮮人総連合会結成大会が開催され、在日朝鮮人運動の新路線が確立された。

大会では、在日朝鮮人が「朝鮮民主主義人民共和国の公民」であるという立場とともに、日本への内政不干渉などの方針が打ち出され、①在日朝鮮人を朝鮮民主主義人民共和国のまわりに結集させる、②南・北半部との団結を強固にする、③祖国の平和的統一・独立、④在日朝鮮人の民主的・民族的権益擁護、⑤日朝国交正常化・友好親善、などを骨子とする8項目の綱領が採択された（その後、１９９５年9月、２００４年5月の2回改正）。朝鮮総連は北朝鮮の「祖国統一民主主義戦線」の一員として北朝鮮最高人民会議（日本の国会にあたる）代表委員の選出資格を持つことになった。

１９５６年1月時点で、45都道府県に本部が結成され、その下に組織された４０３の支部および約１４００の分会で約２３００人の専従活動家が働いていた。活動家の養成、再教育のための専門機関として朝鮮総連中央学院が設置された（55年8月）。

１９５５年の結成時にはハン・ドクスら6人の議長団による集団指導体制がとられたが、１９５８年5月の第４回全体会議ではハン・ドクスの一人議長体制に移行した。各級機関、職場、地域

1955年、在日朝鮮人総連合会の結成大会（『朝鮮総聯』編集委員会編『朝鮮総聯』口絵より）

ごとに「学習組」が組織され、キム・イルソン（金日成）の革命思想の学習が強化された。この第4回全体会議の前後に本国からの教育支援が始まり、「帰国運動」（第52章参照）が推進され始めた。

1960年代初めには、地方本部、在日本朝鮮青年同盟や在日本朝鮮民主女性同盟など14の傘下団体、朝鮮新報社や朝鮮通信社など24の事業体、幼稚園から朝鮮大学までの約150の民族学校など、今日の朝鮮総連の組織体系が確立した。この頃の朝鮮総連加盟者数は約20万人で、約6、7万人の在日本大韓民国居留民団（民団、1994年から在日本大韓民国民団）の勢力をはるかに上回っていた。

1960年代に日韓国交正常化交渉（日韓会談）が急進展すると、朝鮮総連は日韓会談反対運動を展開した。1965年に在日韓国人法的地位協定が締結されると、民団との間に「国籍」の書き換えをめぐって競争が行なわれたが、韓国国籍取得者が増加する結果となった。1972年にはハン・ドクスと姻戚関係（姪の婿）にあったキム・ビョンシク（金炳植）が失脚する事件が起こり、これを機に一部の幹部や文化人をはじめとする一般の人々が組織を離れ、勢力の弱体化が進んだ。1990代以降は、脱北者の増加、食糧危機、エネルギー危機、拉致問題、核・ミサイル問題をめぐって日本のメディアで反北朝鮮的な論調が強まり、朝鮮総連の立場はいっそう困難なものとなった。

こうした状況を受けて1999年9月の中央委員会第18期第3回会議拡大会議では、新たな世紀に向かって世代交代と日本定住を視野に入れた「方向転換」が提唱され、地域での生活に根ざした活動が強化された。総連支部が地域的拠点としての役割を担うよう、各支部に同胞生活相談総合センターが設置され、生活奉仕、相互扶助活動が展開された。2000年「南北共同宣言」以後は、民団との交流も進められるようになった。2001年にハン・ドクス議長が死去し、第19回全体会議で新議長

にソ・マンスル（徐万述）、責任副議長にホ・ジョンマン（許宗萬）が就任して新体制が発足した。これで状況は改善されたかに見えた。

ところが、２００２年９月の日朝首脳会談でキム・ジョンイル国家国防委員会委員長が日本人拉致を認め謝罪すると、日本のメディアによる北朝鮮バッシングが過熱し、朝鮮総連を取りまく状況は急激に悪化した。朝鮮学校に通う子どもたちへの嫌がらせや暴力・暴言が相次ぎ、日朝市民の交流行事が中止・延期されるなど、在日朝鮮人社会の動揺が広がる中で、朝鮮総連の内部からも本国と朝鮮総連の幹部の責任を問う声があがった。

２０１２年５月、ソ・マンスル議長の死去にともない、ホ・ジョンマン責任副議長が新議長に選出されて新体制が発足した。新世代を中心に基層組織を強化することや、高校無償化の適用、地方自治体の補助金交付の維持など朝鮮学校を擁護する活動を展開することなどが重点課題とされた。

２０１８年2月には、右翼活動家らによる朝鮮総連中央本部への銃撃事件が発生した。インターネット上ではこの事件を「義挙」と持ち上げたり、「総連だから仕方がない」と容認する言説まで流布されたりしたが、朝鮮総連への明白なる「ヘイトクライム」（差別的動機にもとづく犯罪）だった。

２０１８年現在、朝鮮総連の組織は、中央機関（全体大会、中央委員会、中央監査委員会、中央常任委員会）、地方本部・支部・分会、20の傘下団体（在日本朝鮮商工連合会、在日本朝鮮青年同盟、在日本朝鮮民主女性同盟など）、17の事業体（朝鮮新報社、朝鮮通信社、朝鮮画報社など）からなっている。

民族教育（各級学校の管理運営と民族教育）、文化・芸術（文学芸術活動・大衆文化）、体育（体育活動・体育技術の向上・体育の大衆化生活化）、同胞の権益と生活の擁護（民主主義的民族権利の拡大、より安定した在留権の獲得、帰国・祖国往来・海外旅行の自由、社会保障の適用）、出版報道活動（新聞・雑誌・書籍発行）、祖国統一の推進（自主的平和統一、在日同胞の民族的団結）などの活動を行なってきた。

民族教育においては、幼稚園から初級学校、中級学校、高級学校、大学校にいたる各級学校を日本各地に設立して民族教育の重要性を訴え、教育の成果をあげてきた。その一方で、少子化や朝鮮総連離れ、日本の教育制度における差別的な処遇（高校無償化からの排除、地方自治体の補助金の廃止）などで朝鮮学校への入学者が減少し、厳しい運営状況が続いている。

これまで朝鮮総連は幾多の試練を乗り越え、今日もその組織と活動を維持し本国の体制につながる指導体制を堅持している。在日朝鮮人への民族差別、ヘイトスピーチ、ヘイトクライムに対抗する民族組織としての役割も果たしてきた。一方、韓国政府・社会、日本政府・社会との関係の再構築、日朝国交正常化後の在日朝鮮人の国籍問題、民団の支持者や韓国からの新しい移住者との共存など多くの諸課題をかかえている。

（太田修）

参考文献

『朝鮮総聯』編集委員会編『朝鮮総聯』在日本朝鮮人総連合会中央常任委員会、1991年
在日本朝鮮人総連合会HP（http://www.chongryon.com/j/cr/index.html）、2018年2月17日現在
国際高麗学会日本支部『在日コリアン辞典』編集委員会編『在日コリアン辞典』明石書店、2010年
呉圭祥『記録・朝鮮総聯60年　1955・5－2015・5』私家版、2015年

第54章

在日朝鮮人の地位と権利

差別の克服をめざして

1945年の敗戦時に日本政府は、在日朝鮮人は「日本国籍」を保持すると解釈していたにもかかわらず、日本国憲法が施行される前日の1947年5月2日に、最後の勅令「外国人登録令」（「外登令」）を公布、施行し、「台湾人および朝鮮人」は「当分の間、これを外国人とみなす」と定めた。在日朝鮮人は「日本国籍」でありながら外国人登録が義務づけられ、「外国人登録証明書」の携帯、提示の義務が課された。在日朝鮮人を「日本人」として管理しつつ、「外登令」違反で処罰し退去強制を迫ることを可能にするものだった。この時、在日朝鮮人の「外国人登録証」の国籍欄には出身地を示す地域名としての「朝鮮」が記載された。1950年頃から韓国籍への書き換えが可能となるが、書き換えない人々はそのまま朝鮮籍であり続けた。

サンフランシスコ講和条約発効直前の1952年4月19日に出された法務府（法務省の前身）民事局通達により、日本政府は在日朝鮮人の「日本国籍」を喪失させ「外国人」とする決定を打ち出した。当事者の在日朝鮮人にとっては突然で一方的な決定であり、「国籍選択権」を否認するものだった。続いて日本政府は、講和条約発効と同時に「ポツダム宣言の受諾に伴い発する命令に関する件に基づく外務省関係諸法令の措置に関する法律」（「法126」）を施行し、旧植民地出身者（朝鮮人、台湾人）は「別に法律で定めるところによりその者の在留資格及び在留期間が決定されるまでの間、引き続き在留資格を有することなく本邦に在留することができる」とした。暫定的に在留を認めるという内容である。

ただし、講和条約発効で「外国人」とされた在日朝鮮人には、すでに1951年10月に公布され、11月に施行されていた出入国管理令が講和条約発効にともなって全面的に適用され、退去強制の対象とされた。また、講和条約発効による「外登令」廃止にともない、生活全般を管理する外国人登録法が制定・施行され、外国人登録証の常時携帯、提示や指紋押捺（1955年の外国人登録法改定によって実施）などが義務づけられた。こうして在日朝鮮人は、不安定な在留条件のもとでの生活を強いられ、「日本国民」ではないことを理由にさまざまな差別や排除が正当化された。その構造は基本的に今日も続いている。

1965年6月の日韓国交正常化の際に「日本国に居住する大韓民国国民の法的地位及び待遇に関する日本国と大韓民国との間の協定」（「日韓法的地位協定」）が締結され、先の「法126」と「その子」の地位に変更がなされた。これにより韓国籍者は、協定が発効する1966年1月から5年間に限り、日本政府に申請すれば「協定永住」が許可されることになった。しかし、「協定永住」の範囲はそれを申請した者とその子までに限られ、その後に生まれてくる世代については、協定発効日から「二十五年を経過するまでは協議を行なう」とされた。この「協定永住」は同じ歴史的背景を持つ朝鮮籍の人々には適用されず、在日朝鮮人は在留資格が「協定永住」と、「法126」の該当者およびその他の永住者に分断されることになり、「協定永住」の取得をめぐって在日朝鮮人社会の対立が激化した。また「日韓法的地位協定」にも7年以上の懲役・禁固に処された者などへの退去強制規定が設けられ、韓国籍も不安定な在留状況が続いた。

1981年には難民条約（1951年、国連採択）の批准にともなって出入国管理令が「出入国管理及び難民認定法」（「入管法」）と変わり、「協定永住」を取得しなかった朝鮮籍の者で特例により申請した者には「特例永住」が認められた。また、いくつかの法改正がなされ、国民年金法および児童手当に関する3法の国籍条項がそれぞれ削除され、在日朝鮮人にも適用されるようになった。

「日韓法的地位協定」発効から25年後の1991年1月、「日韓法的地位協定に基づく協議の結果に関する覚書」が調印された。同年5月には、その「覚書」を受けて「日本国と平和条約に基づき日本の国籍を離脱した者等の出入国管理に関する特例法」（「入管特例法」）が制定された。これによって「法126」「法126の子」「協定永住」「特例永住」などの在留権が法制度の上で一本化され、その子孫にまで「特別永住」が認められるようになった。

2009年7月には、戦後長く存続してきた外国人登録法が廃止され、改定「入管法」、改定「入管特例法」、住民基本台帳法が成立し、2012年7月に施行された。「特別永住者」については、「特別永住者証明書」というICチップ付カードが交付され、その常時携帯義務はなくなったが、提示義務は従来どおりで、その他の義務および罰則もほぼそのまま残された。再入国許可の有効期限の上限はそれまでの4年（5年まで延長可）から6年（7年まで延長可）となり、2年以内に日本に戻るときは再入国許可を受ける必要がなくなった。

在日朝鮮人の生活と権利については、解放後から、就職、住宅、年金・児童手当、教育、戦後補償などにおいて民族差別が続いてきた。おもに朝鮮総連と民団などの組織がそうした民族差別への反対運動に取り組んでいたが、1970年代には人権侵害を受けた個人が立ち上がるようになった。日立就職差別事件をはじめとして、公営住宅への入居、国民年金の適用、公務員就職など、国籍条項による民族差別の撤廃を求める闘いが続けられた。1980年代には指紋押捺撤廃運動が展開され、その結果、2000年に外国人登録法による指紋押捺制度は全廃された。

このように在日朝鮮人や内外の運動によってその権利と生活をめぐる状況は徐々に改善されてきたが、国籍選択、特別永住、外国人登録、民族教育の権利、地方自治への参加、戦後補償、公務員の管理職受験資格、高齢者と障害者の年金などにおいて、依然として差別が続いている。

在日朝鮮人の権利に関連して、ヘイトスピーチ問題にもふれておきたい。京都朝鮮第一初級学校(現・京都朝鮮初級学校)の周辺で2009年12月から翌年3月にかけて街宣活動した「在日特権を許さない市民の会」(「在特会」)側に対して、人種差別撤廃条約が禁じる「人種差別」と認めたうえで、1220万円の損害賠償と街宣活動の差し止めを命じた判決が2014年12月に確定した。

2014年8月の国連人種差別撤廃委員会による勧告もあり、2016年5月に「本邦外出身者に対する不当な差別的言動の解消に向けた取組の推進に関する法律」(「ヘイトスピーチ対策法」)が制定された。ヘイトスピーチによる被害が社会の共通認識となりその後の司法判断にも影響を与えている点で一歩前進だったが、同法には罰則規定がないなどの限界が指摘されている。

より深刻なのは、一部の特殊な人々による言動だけではなく、構造的な差別や排除が今日も存在していることである。国連人種差別撤廃委員会は2014年の見解において、外国人学校の中で朝鮮学校のみがいわゆる「高校無償化」制度から除外されていること、朝鮮学校への補助金支給を停止、縮小している地方自治体があることに懸念を表明し、法制度や政府の行動を是正するよう勧告した。2018年現在、朝鮮学校の「高校無償化」からの除外問題をめぐって裁判が進行中である。歴史的に積み重ねられてきた構造的な差別に日本社会はいかにして立ち向かうかが問われている。

一方で、2002年には、「在日韓国朝鮮人をはじめ外国籍住民の地方参政権を求める連絡会」によって、旧植民地出身者とその子孫に対して、国籍選択権、無条件の永住権、民族的マイノリティの権利および完全な生存権を保障する「在日基本法」の制定が呼びかけられた。2004年には、国際人権条約に基づく「外国人・民族的マイノリティ人権基本法」の制定を進める運動が始められた。ヘイトスピーチや「高校無償化」制度からの除外など構造的な民族差別に対する闘いも続けられている。在日朝鮮人の人権運動は、近年、在日外国人・民族的マイノリティの人権運動へと広がり、多国籍の市民が共生する社会をめざして展開されている。

（太田修）

参考文献

鄭栄桓『朝鮮独立への隘路——在日朝鮮人の解放五年史』法政大学出版局、2013年
田中宏『在日外国人　第三版——法の壁、心の溝』岩波新書、2013年
師岡康子『ヘイト・スピーチとは何か』岩波新書、2013年

第55章 日本における交流運動

北朝鮮の人びととよりよい関係をつくるために

日本と北朝鮮は、政府レベルでは核開発・ミサイル問題や拉致問題などをめぐって摩擦や対立を繰り返してきた。そもそも敗戦と解放から70年以上が過ぎた今日も国交は樹立されておらず、交流しにくい状況が続いている。とはいえ、民間レベルではさまざまな交流運動が行なわれてきたことも事実である。本章では、1990年代以降の日本での日朝交流運動を紹介しておきたい。

今日の日本政府の北朝鮮政策からは信じがたいことだが、1990年代半ばに北朝鮮で発生した大規模な自然災害の際には、日本政府は「人道的観点」から食料、医療支援を行なった。1995年に北朝鮮政府の要請を受けて無償15万トン、有償35万トン、1996年には国連人道問題調整事務所（UN Office for the Coordination of Humanitarian Affairs: OCHA）の要請によって525万ドル、1997年には2700万ドル相当の米、医療支援を行なった。続いて2000年には、国連世界食糧計画（UN World Food Programme: WFP）を通じて、米60万トン、2004年には4000万ドル相当の食料、医療支援を行なった。こうした政府による北朝鮮への支援に対して、「軍事転用の可能性」が指摘されるなど批判が起こったが、仮に「軍事転用」があったとしても、北朝鮮との交流を促し友好関係を築くための外交政策として意義があったといえる。

政界では日朝国交正常化を推進する組織が立ち上げられた。2008年には、自民党の山崎拓、民主党の川上義博らが中心となって、自民・民進・公明・共産・社民党の5党と無所属の国会議員からなる超党派の日朝国交正常化推進議員連盟が組織された。核・ミサイル問題、拉致問題などの諸問題を解決するためには、2002年の日朝平壌宣言にもとづいて交渉を進めるべきだという立場から、日朝国交正常化の早期実現がめざされた。

これに先立って元政治家や知識人らによる日朝国交正常化運動が始められた。2000年の南北首脳会談をきっかけに、日朝国交正常化交渉の促進と国交樹立を求める日朝国交促進国民協会（会長：村山富市元首相、副会長：明石康、隅谷三喜男、三木睦子、事務局長：和田春樹諸氏）が、2003年には「北アジアに非核・平和の確立を！　日朝国交正常化を求める連絡会」（共同代表：清水澄子、福山真劫、石坂浩一）が組織され、2018年現在もそれぞれの活動が続けられている。

民間のNGOによる交流運動においては、1990年代の半ばから人道支援を続けてきた「KOREAこどもキャンペーン」の活動が重要である。そのおもな活動は、①緊急支援を行なうこと、②国際会議の事務局を担当運営すること、③「南北コリアと日本のともだち展」の事務局を担当運営することだった。事務局は、当初から日本国際ボランティアセンターに置かれている。

1990年代半ばの北朝鮮での大規模な大雨・洪水による被害の状況が国連世界食糧計画から伝えられ、北朝鮮政府からも支援が要請されると、1996年6月にJA全国農協青年組織協議会、日本青年団協議会、日本リサイクル運動市民の会、ピースボート、日本国際ボランティアセンターによって「NORTH KOREA水害支援キャンペーン」が立ち上げられた。同年8月には、万景峰《マンギョンボン》92号（ピースボート）で米61トンが北朝鮮に運ばれ、江原道《カンウォンド》の高城《コソン》、通川《トンチョン》などで配給された。

翌1997年7月には、「水害支援キャンペーン」の後続事業として「北朝鮮こども救援キャンペーン」（日本青年団協議会、ピースボート、地球の木、NGOラブアンドピース、日本国際ボランティアセンター。翌1998年にはアーユス仏教国際協力ネットワークが参加）が立ち上げられ、引き続き北朝鮮への米、トウモロコシ、ビタミン剤、文房具などの緊急支援が行なわれた。

1999年2月には「北朝鮮人道支援NGO連絡会」が設置され、「北朝鮮こども救援キャンペーン」もこれに参加した。この「NGO連絡会議」は韓国のNGOと共同で「北朝鮮人道支援日韓NGOフォーラム」（東京）を開催した。2000年には国連機関と国際NGO間の情報・意見交換をめざす「DPRK（北朝鮮）人道支援国際NGO会議」が東京で開催されたが、「北朝鮮こども救援キャンペーン」はその事務局を担当し、運営にあたった。この会議は北京（第1回、1999年）、ソウル（第3回、2001年）でも開催された。

「北朝鮮こども救援キャンペーン」は、2000年10月に「KOREAこどもキャンペーン」（2018年現在の構成団体は、日本国際ボランティアセンター、アーユス仏教国際協力ネットワーク）と改称した。2001年と2002年には、日本の小学生からの文房具寄付を受け付け北朝鮮の子どもたちに届ける「しあわせ宅配便」プロジェクトが実施された。さらに2004年4月に北朝鮮平安北道龍川《リョンチョン》郡龍川駅付近で起こった列車爆発事故の際には、医療NGO「日本医療救援機構（MeRU）」とともに、医薬品・医療備品などの緊急支援が行なわれた。2007年の水害被害の際には、医療品・医療備品などの緊急支援が、２０１６年の水害被害の際にも、朝鮮赤十字会を通して太陽熱温水器による給湯システムの支援がなされた。

「ＫＯＲＥＡこどもキャンペーン」はその他にも、日朝間の交流運動として現地の子ども施設などへの訪問を繰り返すなかで北朝鮮の人びととの関係を築き、子ども交流プログラムとして、平壌《ピョンヤン》の小学校、黄海北道銀波郡《ファンヘプッドウンパ》の幼稚園などと絵画の交換を続けている。２００１年から毎年「南北コリアと日本のともだち展」を東京、ソウル、平壌などで開き、北朝鮮・韓国・日本・在日コリアンの子どもたちの絵の展示を通して民間交流を深めてきた。

2018年８月、「南北コリアと日本のともだち展」のメンバーは、日本人の子どもの絵を持って平壌の小学校を訪れた。写真は、お礼のメッセージと白頭山の絵を描いてくれた平壌の子どもたち。左端は日本の朝鮮学校の生徒で、平壌での作品作りに協力してくれた。（写真提供：KOREAこどもキャンペーン）

「ともだち展」実行委員会のホームページにはその趣旨が次のように記されている。「国交を結んでいない日本と朝鮮民主主義人民共和国（北朝鮮）、停戦状態の続く朝鮮半島。北東アジアには今も、「冷戦」が色濃く残っています。となりどうしにありながら、人も情報もモノも往来が限られているこの地域では、お互いの暮らしを思い描くことも難しい状況が続いています。接点の少ないお互いのことを「子どもの絵」を通して紹介しあい、ひろく東アジアの平和的共生について考えます。」

その他にも、日朝国交正常化の早期実現を求める市民連帯・大阪（２００６年～）や日朝友好京都ネット（２００９年～）、日朝友好広島県民の会（２００８年～）など各地域の友好団体が結成され、北朝鮮との交流が進められてきた。日朝ろう友好会は２０１１年以来、北朝鮮の聾《ろう》の人々との交流を続けている。

日本弁護士連合会と広島県医師会は、２００８年、11年の2度の訪朝で在朝被爆者調査（実施。２００８年現在の調査で１９１１名、そのうち生存者３８２名）を実施した。２０１２年には、約3万人の日本人遺骨の収容と墓参の実現を目的に「北遺族連合会」が発足し、北朝鮮政府とも折衝しつつ、訪朝して実態調査を行なった。

以上のような日朝間の民間レベルの交流は、国交がない困難な状況のなかで「お互いの暮らしを思い描」くことを求めて行なわれてきたと言える。日朝の人々が今後よりよい関係を築いていくうえで、そうした交流は日朝市民にとって掛け替えのない財産となるにちがいない。

（太田修）

参考文献

日本国際ボランティアセンター（ＪＶＣ）編『北朝鮮の人びとと人道支援――市民がつくる共生社会・平和文化』明石書店、２００４年

「ＫＯＲＥＡこどもキャンペーン」ホームページ（２０１７年12月20日接続）http://2001.art.coocan.jp/rccj/index.html

北朝鮮を知るためのブックガイド

本書の初版にあたる『北朝鮮を知るための51章』を２００６年に出した当時は、参考にできるものが今より少なかったが、21世紀に入り電子情報の環境が整い、北朝鮮に関する情報ははるかに豊富になった。ここでは、あまり学術的なものは置いて、一般的な意味で役立つサイトや参考文献を紹介しよう。

今日的にはやはり、ＷＥＢサイトから紹介すべきだろう。北朝鮮の現在の情報について知りたければ、朝鮮中央通信のサイトを見ることができる。日本語版があるので、朝鮮語を解さなくても読むことができる。http://kcna.kp/のサイトを開き日本語をクリックするとよい。

このほか、有料サイトだが北朝鮮の『労働新聞』はもちろん、その他の多様なメディアを見ることができる日本語のサイトＫＰＭがある。政府機関紙の『民主朝鮮』や経済、学術、芸術まで含めた多様なメディアのダイジェスト記事が提供されている。契約しないと見ることができないが、日本語で読める利点がある。http://www.dprkmedia.com/

また、近年は『労働新聞』までＰＤＦで見ることができるようになった。やはり契約しないと見ることができないが、北朝鮮を代表する朝鮮労働党機関紙なので、早く、かつ厳密にフォローするには有意義である。日本語版はない。逆に日本で発行されている朝鮮新報のサイトは日本語で、時折北朝鮮のメディアが出していない独自の情報を出すことがある。平壌駐在の記者も置いている。朝鮮新報の記事はそのサイトだけでなくＫＰＭでも掲載するものがある。http://chosonsinbo.com/jp/

韓国側のメディアも見る必要があるだろう。聯合ニュースは幅広く朝鮮半島のニュースを流しており、日本語で読むことができる。http://japanese.yonhapnews.co.kr/　北朝鮮に対する南の対応を知りたい場合など、日本のメディアよりも有用な情報を見ることができる。また、近年新聞『ハンギョレ』も日本語サイトが設けられるようになり、日本のマスコミと異なる視点を知りたい場合はとても有用である。http://japan.hani.co.kr/

北朝鮮は統計をあまり公表していないので、データを知りたいときには韓国の政府や関係機関が調査ないし推計した統計を利用することになる。代表的には統一部などがあるが、朝鮮語か英語で検索しなければならない。http://www.unikorea.go.kr/unikorea/

また、日本語で北朝鮮の法律について知るには、北朝鮮ＷＥＢ六法がある。翻訳も特に問題ないので、活用可能であろう。http://www.geocities.co.jp/WallStreet/3277/

次に参考文献について、簡単に紹介しよう。

北朝鮮に関する時事的な動向については、月刊誌『世界』（岩波書店）で20年以上にわたって毎月連載されている編集部編「ドキュメント　激動の南北朝鮮」が便利である。本書でも参考にさせていただいた。

事典類だが、伊藤亜人ほか監修『新版　韓国 朝鮮を知る事典』（平凡社、２０１４年）が時代を超え様々な事項について網羅している。また、和田春樹・石坂浩一編『岩波小辞典　現代韓国・朝鮮』（岩波書店、２００２年）はすでに出版から15年以上がたち、新しい項目はないが、20世紀の事項を引くには役に立つ。また、『朝鮮民主主義人民共和国組織別人名簿』（財団法人ラヂオプレス発行）は毎年更新されているが、キム・ジョンウン政権になって人事の交代が激しいため、必要かもしれない。

北朝鮮では『朝鮮中央年鑑』が刊行されているが、これは毎年の記録文書集のような本で、統計や出来事についてデータとして提供してくれるものではない。当然朝鮮語刊行物であり、一般の読者には使いにくいだろう。韓国の聯合ニュースはかつて『北韓年鑑』を出していたが、採算がとれなかったためか現在では『聯合年鑑』に統合されている。この年鑑は韓国の機関が発行しており日本語ではないが、北側で使いやすい年鑑がない状況では便利なものだ。毎年の出来事の日誌や主要ニュース、分野ごとの簡単な統計などのほか、人名録もついている。

北朝鮮の歴史を全体的に見ることができる本としては、金聖甫・奇光舒・李信澈『写真と絵で見る北朝鮮現代史』（李泳采監訳・解説、コモンズ、２０１０年）がいいだろう。原著は２００４年に韓国で出版されたが、日本に北朝鮮についての読みやすい一般書がない中で、貴重な1冊だ。また、新書版では和田春樹『北朝鮮現代史』（岩波新書、２０１２年）が研究史を整理しながら通史をわかりやすく構成している。

朝鮮戦争については重大かつ深刻なテーマであり研究書や記録も少なからず出ている。やはりブルース・カミングス『朝鮮戦争の起源』（全2巻3冊、明石書店、２０１２年）が解放後史の貴重な研究として必読。各国の膨大な資料をもとに、南北朝鮮の現代史の出発点を解き明かしている。朝鮮戦争については和田春樹『朝鮮戦争全史』（岩波書店、２００２）も読んでおきたい。

北朝鮮の政治制度や法については大内憲昭『朝鮮民主主義人民共和国の法制度と社会体制』（明石書店、２０１６年）を参照しなくてはならない。巻末にかなりの分量の北朝鮮法令集が収められているのも貴重である。同じくこれ以前の法令を収録した大内の『法律からみた北朝鮮の社会』（明石書店、１９９５年）と合わせてみると、北朝鮮の建国以降の法制度をおおよそ知ることができるだろう。

本書初版が出て以降、少なくない研究書が出たが、多少難しくてもお勧めしたいものをあげておこう。

人口という地味で注目されにくい分野だが、実証的で貴重な研究として文浩一『朝鮮民主主義人民共和国の人口変動――人口学から読み解く朝鮮社会主義』（明石書店、２０１１年）がある。北朝鮮に関する統計が少ないといわれるが、国際的に公開されたデータを駆使して実像に迫る方法は、学ぶべきところが多い。伊藤亜人『北朝鮮人民の生活――脱北者の手記から読み解く実相』（弘文堂、２０１７年）はタイトルのとおり、北朝鮮の人びとの暮らしの実像を脱北者の手記から再構成しようとした丹念な研究である。一言でいえば、著者のいうように北朝鮮社会の非公式領域についての研究だが、北朝鮮の将来についても関わる重要な研究と考えられる。朴正鎮『日朝冷戦構造の誕生1945−1965――封印された外交史』（平凡社、2012年）は韓国出身の研究者である著者が膨大な資料を駆使して戦後20年の日朝関係を日韓関係との関わりでとらえようとした貴重な著作である。

経済についてはかつて社会主義経済を解説する本はあったが、現状のしっかりした分析で、かつ歴史的背景を踏まえたものは多くない。三村光弘『現代朝鮮経済――挫折と再生への歩み』（日本評論社、2017年）は、ビビッドな状況を伝えつつ、歴史的な視点を備えた好著である。本書でも指摘したが、植民地支配克服と冷戦克服の困難が経済にもたらした影響をふまえ、北朝鮮経済の流れをしっかりした研究をもとに把握することができる。

このほか、いくつか読みやすいものとしてお勧めしたい本を紹介しよう。

まず、2017年の東北アジアの緊張が18年に入って劇的に緩和されていくプロセスを検証した本として李鍾元・木宮正史編『朝鮮半島　危機から対話へ』（岩波書店、2018年）がおすすめである。日本のマスコミの視点を意識して、その問題点を指摘しつつわかりやすく叙述されている。

もうひとつ、かつて朝鮮総連機関紙である『朝鮮新報』で働いていた著者による文聖姫『麦酒《ビール》とテポドン――経済から読み解く北朝鮮』（平凡社新書、2018年）は、北朝鮮の経済社会動向をとてもよく反映した好著である。キム・ジョンウン政権を理解するのに有意義な北朝鮮の変化を教えてくれる。最近の状況までカバーしている。

キム・ジニャン『開城工団の人々――毎日小さな統一が達成される奇跡の空間』（地涌社、2017年）は開城工業団地で北の人びとと接する中で見聞したことを南の関係者がまとめたもの。北朝鮮の普通の人びとの雰囲気をよく伝えるとともに、経済協力が決して北へのバラマキや施しではないことを明らかにしている。ただ、日本語の訳をもう少し丁寧にしてほしかった。

ファンキー末吉『平壌6月9日高等中学校・軽音楽部――北朝鮮ロック・プロジェクト』（集英社インターナ

ショナル、2012年）は異色の体験記だ。爆風スランプのドラマー、ファンキー末吉が「北朝鮮をロックに染めてやる！」と息巻いて乗り込んだが、平壌の女子中学生にすっかり魅了されてしまう話。最近日本でも公開された映画〈北朝鮮をロックした日――ライバッハ・デイ〉では平壌のエリート層が全然ロックに合わなかった様子が出てくるが、それでもコンサートを担当した北朝鮮の関係者は一生懸命イベントを成功させようと尽力していた。ファンキー末吉が2006年から7年ほどの間、教えた女子学生たちは、これよりも若いためはるかに反応が良かった。近年話題を呼んでいる牡丹峰楽団のメンバーはかつて末吉からロックを伝授された生徒たちと重なっているのだろうかととても気になる。

拉致問題については和田春樹が継続して発言し、著作を出してきたが、そのまとめともいえるのが和田春樹『安倍首相は拉致問題を解決できない』（青灯社、2018年）である。拉致問題の経過と問題点、現在の課題がまとめられている。

私たちはこうした本の端々から、北朝鮮の人びとがこれからどのように変わっていくのだろうかという期待感を持つことができる。ともに東北アジアの未来を創っていく人びとと、私たちはもっと普通に出会えるようになれれば、と思ってやまない。

（石坂浩一）

	10. 4	チェ・リョンヘ朝鮮労働党書記ら、アジア大会閉会式で仁川へ
2015	8.15	平壌時間施行
2016	1. 6	第4回核実験、初の水爆実験成功と発表
	5. 6～9	第7回朝鮮労働党大会
	6.29	最高人民会議第13期第4次会議、キム・ジョンウンが国務委員長
	9. 9	第5回核実験
2017	5. 9	韓国でムン・ジェイン政権誕生
	9. 3	第6回核実験
	9.19	トランプ大統領、国連総会演説で北朝鮮を完全破壊すると警告
	11.29	大陸間弾道弾「火星15」型試射に成功、キム・ジョンウン、国家核武力完成を宣言
2018	1. 1	キム・ジョンウン、新年辞で南に協力呼びかけ
	2. 9	冬季五輪開会式に北側代表団キム・ヨジョン党副部長ら出席
	4.20	朝鮮労働党中央委員会第7期第3次全員会議
	4.27	第3回北南首脳会談
	5.26	第4回北南首脳会談
	6.12	シンガポールで初の朝米首脳会談
	9.18～20	第5回北南首脳会談・9月平壌共同宣言、ムン・ジェイン大統領白頭山訪問
2019	2.27～28	ハノイで第2回朝米首脳会談

（石坂浩一）

	10.23	オルブライト国務長官、訪朝
2002	1.29	ブッシュ大統領、北朝鮮を悪の枢軸と非難
	9.17	小泉純一郎首相訪朝
	10.16	米国務省、北朝鮮のウラン濃縮疑惑を公表
	10.25	北朝鮮、米国に不可侵条約を提案
	12.12	核施設の再稼動表明
2003	1.10	NPT脱退を宣言
	3.20	イラク戦争開始
	4.23	朝米中三者協議
	8.27	第1回六者協議
2004	2.25	第2回六者協議
	5.12	六者協議作業部会
	5.22	小泉首相再訪朝
	6.21	六者協議作業部会
	6.23	第3回本協議開始
2005	2.10	核兵器製造宣言
	7.26	第4回六者協議
	9.19	第四回協議妥結、共同声明合意
2006	10. 9	北朝鮮、第1回核実験
2007	2. 8	第5回六者協議
	10. 2～4	ノ・ムヒョン大統領、訪北　10.4北南共同宣言
2008	7.11	金剛山で韓国女性射殺事件、金剛山観光中断へ
	8月	キム・ジョンイル国防委員長、倒れる
2009	4. 5	光明星2号発射
	5.25	第2回核実験
2010	3.26	天安艦沈没事件
	11.23	延坪島砲撃事件
2011	12.17	キム・ジョンイル国防委員長死去
	12.30	キム・ジョンウン、朝鮮人民軍最高司令官に
2012	4.11	朝鮮労働党第4回代表者会
	4.13	最高人民会議第12期第5次会議、キム・ジョンウンは国防委員会第一委員長へ
2013	2.12	第3回核実験
	12.12	チャン・ソンテク、軍事法廷で死刑判決、即日執行
2014	5.29	朝・日ストックホルム合意

1971	7.	米中秘密接触、7.15ニクソン訪中発表
1972	7. 4	北南共同声明
	12.27	社会主義憲法採択
1973	8. 8	キム・デジュン拉致事件
	9. 4	キム・ジョンイル、朝鮮労働党書記に
1976	8.18	板門店ポプラ事件
1979	10.26	韓国のパク・チョンヒ大統領暗殺
1980	5.17	韓国で軍事クーデター
	10.10	朝鮮労働党第6回大会開催
1983	10. 9	ラングーン事件
	11.	第18富士山丸事件
1985	9.20	北南離散家族相互訪問
	12.26	朝ソ原子力平和利用協定調印
1987	11.29	大韓航空機爆破事件
1990	6. 4	韓国のノ・テウ大統領、ソ連のゴルバチョフ大統領と会談
	9. 5	北南首相級会談開始
	9.28	朝日三党（自・社・朝鮮労働党）共同宣言
1991	9.17	北南国連同時加盟
	12.13	北南基本合意書署名
1992	1.22	朝米、初の高官級会談
	4. 9	社会主義憲法改正
1993	3.12	核拡散防止条約（NPT）脱退宣言
	4. 7	キム・ジョンイル、国防委員長に選出
	6.11	朝米共同声明（第一ラウンド合意）
1994	6.15	カーター訪朝
	7. 8	キム・イルソン死去
	10.21	朝米枠組合意
1996	4.16	米韓、北朝鮮に四者会談呼びかけ
1997	10. 8	キム・ジョンイル、朝鮮労働党総書記に推戴
1998	8.31	咸鏡北道ムスダン里から光明星1号発射
	9. 5	憲法改正、キム・ジョンイル国防委員長として国家最高位へ
2000	6.13	キム・デジュン大統領訪朝、6.15南北共同宣言
	10. 8	チョ・ミョンロク特使、訪米

関連略年表

1945	8.15	解放
	10.13	朝鮮共産党北部朝鮮分局設置
1946	8.28	北朝鮮労働党創立
1947	11.14	国連、朝鮮での総選挙を決議
1948	4.19	平壌で南北連席会議
	8.15	大韓民国成立
	9. 9	朝鮮民主主義人民共和国成立
1950	6.25	朝鮮戦争勃発
	9.15	仁川上陸作戦、国連軍反撃
	10.	中国人民義勇軍参戦
1951	7.10	停戦会談開始
1952	4.28	サンフランシスコ講和条約発効により在日の旧植民地出身者が日本国籍喪失
1953	7.27	停戦協定調印
	8.	南朝鮮労働党系幹部粛清
1955	2.25	ナム・イル外相、日本に国交正常化を呼びかけ
	5.25	在日本朝鮮人総連合会（総連）結成
1956	4.23	朝鮮労働党第3回大会開催
1959	12.14	在日朝鮮人の北朝鮮への「帰国」第一船が新潟を出港
1960	4.	韓国で4月革命、イ・スンマン大統領下野
	8.14	キム・イルソン首相、北南連邦制統一案を提起
1961	5.16	韓国で軍事クーデター
1962	11.17	『労働新聞』キューバ危機でソ連を批判
1965	6.22	日韓条約調印
	6.27	北朝鮮政府、日韓条約の無効を主張
1967	1.	文化大革命の渦中で中国・紅衛兵のキム・イルソン批判始まる
	6～7	朝鮮労働党中央委員会で唯一思想体系確立
1968	1.21	北朝鮮ゲリラ部隊、韓国大統領官邸襲撃
	1.23	プエブロ号拿捕事件
1970	3.31	よど号事件発生
	11. 2	朝鮮労働党第5回大会開催

『アジア動向年報2005』、「核保有宣言の衝撃と6カ国協議の進展：2005年の朝鮮民主主義人民共和国」『アジア動向年報2006』、「国家核武力の完成宣言：2017年の朝鮮民主主義人民共和国」『アジア動向年報2018』（以上、日本貿易振興機構（ジェトロ）アジア経済研究所、2005年、2006年、2018年）などがある。

門間貴志（もんま・たかし）［VI-43］
1964年生まれ。明治学院大学文学部芸術学科教授。アジア映画史。主な著書に、『アジア映画にみる日本Ｉ　中国・香港・台湾編』（1995年）、『アジア映画にみる日本II　韓国・北朝鮮・東南アジアほか編』（1996年）、『欧米映画にみる日本』（1996年、以上すべて社会評論社）、『朝鮮民主主義人民共和国映画史――建国から現在までの全記録』（現代書館、2012年）がある。

山根俊郎（やまね・としろう）［VI-42］
1951年生まれ。韓国・朝鮮歌謡研究家。著書に、『カラスよ屍を見て啼くな――朝鮮の人民解放歌謡』（『在日朝鮮人運動資料集１』長征社、1990年）、論文に、「古賀メロディと朝鮮の関係」『韓国・朝鮮と向き合った36人の日本人』（明石書店、2002年）などがある。

◉**執筆者紹介および担当章**　(50音順、＊は編著者、[　] は担当章)

＊**石坂浩一**（いしざか・こういち）[序、Ⅰ-1～5、Ⅱ-6～12、Ⅲ-13～17、Ⅳ-18～25、Ⅴ-26～35、ブックガイド、関連略年表]

大島裕史（おおしま・ひろし）[Ⅵ-45]
1961年生まれ。ジャーナリスト。主な著書に、『日韓キックオフ伝説』（実業之日本社、1996年、同年ミズノスポーツライター賞受賞、集英社文庫、2002年）、『韓国野球の源流――玄界灘のフィールド・オブ・ドリームス』（新幹社、2006年）、『コリアンスポーツ〈克日〉戦争』（新潮社、2008年）、『魂の相克――在日スポーツ英雄列伝』（講談社、2012年）などがある。

太田修（おおた・おさむ）[Ⅶ-46～55]
1963年生まれ。同志社大学グローバル・スタディーズ研究科教授。朝鮮現代史、近現代日朝関係史。主な著書に、『朝鮮近現代史を歩く――京都からソウルへ』（思文閣出版、2009年）、『日韓交渉――請求権問題の研究』（クレイン、2003年、新装新版：2015年）、主な論文に、「朝鮮戦争停戦協定前夜、強化される植民地主義――第2次日韓国交正常化交渉での在日朝鮮人の法的地位と処遇」（『朝鮮大学校学報』Vol.24、2014年）などがある。

喜多恵美子（きだ・えみこ）[Ⅵ-44]
1966年生まれ。大谷大学文学部国際文化学科教授。朝鮮近現代美術史。主な著書・訳書に、『「帝国」と美術――1930年代日本の対外美術戦略』〔共著〕（国書刊行会、2010年）、鄭炳模『Korean Art Book 韓国の絵画』（共訳、藝耕、2011年）、主な論文に、「転向美術家と「朝鮮」「満洲」――村山知義・寄本司麟を中心に」（『あいだ/生成』第6号、あいだ哲学会、2016年）などがある。

布袋敏博（ほてい・としひろ）[Ⅵ-41]
1952年生まれ。早稲田大学国際教養学部教授。朝鮮近・現代文学。主な共編著に、『朝鮮文学関係日本語文献目録 1882.4～1945.8』（大村益夫研究室、1997年）、『近代朝鮮文学日本語作品集　1939～1945 創作篇』全6巻（2001年）、『（同）1939～1945 評論・随筆篇』全3巻（2002年）、『（同）1901～1938 創作篇』全5巻（2004年）、『（同）1901～1938 評論・随筆篇』全3巻（2004年）、『（同）1908～1945 セレクション』全6巻（2008年、以上、緑蔭書房）、主な訳書に、蔡萬植『（朝鮮近代文学選集4）太平天下』（共訳、平凡社、2009年）など、主な論文に、『解放後の金史良覚書』（『青丘学術論集』第19集）などがある。

文浩一（ムン・ホイル）[Ⅴ-26～35、Ⅵ-36～40]
1967年生まれ。朝鮮半島経済論・人口論。著書に、『朝鮮民主主義人民共和国の人口変動――人口学から読み解く朝鮮社会主義』（明石書店、2011年）、訳書に、金洛年『植民地期朝鮮の国民経済計算1910-1945』（共訳、東京大学出版会、2008年）、主な論文に、「朝鮮半島核問題解決の国際的模索：2004年の朝鮮民主主義人民共和国」

◉編著者紹介

石坂浩一（いしざか・こういち）
1958年生まれ。立教大学異文化コミュニケーション学部准教授。韓国社会論、日韓・日朝関係史。主な著書・訳書に、『日朝条約への市民提言——歴史的責任の清算と平和のために』（共著、明石書店、2001年）、『岩波小辞典　現代韓国・朝鮮』（共編、岩波書店、2002年）、『フレンドリー・コリアン——楽しく学べる朝鮮語』（共著、明石書店、2004年）、『トーキング・コリアンシネマ』（凱風社、2005年）、『北朝鮮は、いま』（監訳、岩波書店、2007年）、『現代韓国を知るための60章【第２版】』（共編、明石書店、2014年）、『祖国が棄てた人びと——在日韓国人留学生スパイ事件の記録』（監訳、明石書店、2018年）などがある。

エリア・スタディーズ　53
北朝鮮を知るための55章【第２版】

2006年２月15日　初　版第１刷発行
2019年４月25日　第２版第１刷発行

編著者　石　坂　浩　一
発行者　大　江　道　雅
発行所　株式会社明石書店
〒101-0021 東京都千代田区外神田６-９-５
電話 03（5818）1171
FAX 03（5818）1174
振替　00100-7-24505
http://www.akashi.co.jp/
装丁　明石書店デザイン室
組版　朝日メディアインターナショナル（株）
印刷・製本　モリモト印刷株式会社

（定価はカバーに表示してあります）　ISBN978-4-7503-4746-2

エリア・スタディーズ

1 **現代アメリカ社会を知るための60章**
明石紀雄、川島浩平 編著

2 **イタリアを知るための62章**【第2版】
村上義和 編著

3 **イギリスを旅する35章**
辻野功 編著

4 **モンゴルを知るための65章**【第2版】
金岡秀郎 著

5 **パリ・フランスを知るための44章**
梅本洋一、大里俊晴、木下長宏 編著

6 **現代韓国を知るための60章**【第2版】
石坂浩一、福島みのり 編著

7 **オーストラリアを知るための58章**【第3版】
越智道雄 著

8 **現代中国を知るための52章**【第6版】
藤野彰 編著

9 **ネパールを知るための60章**
日本ネパール協会 編

10 **アメリカの歴史を知るための63章**【第3版】
富田虎男、鵜月裕典、佐藤円 編著

11 **現代フィリピンを知るための61章**【第2版】
大野拓司、寺田勇文 編著

12 **ポルトガルを知るための55章**【第2版】
村上義和、池俊介 編著

13 **北欧を知るための43章**
武田龍夫 著

14 **ブラジルを知るための56章**【第2版】
アンジェロ・イシ 著

15 **ドイツを知るための60章**
早川東三、工藤幹巳 編著

16 **ポーランドを知るための60章**
渡辺克義 編著

17 **シンガポールを知るための65章**【第4版】
田村慶子 編著

18 **現代ドイツを知るための62章**【第2版】
浜本隆志、髙橋憲 編著

19 **ウィーン・オーストリアを知るための57章**【第2版】
広瀬佳一、今井顕 編著

20 **ハンガリーを知るための60章**【第2版】 ドナウの宝石
羽場久美子 編著

21 **現代ロシアを知るための60章**【第2版】
下斗米伸夫、島田博 編著

22 **21世紀アメリカ社会を知るための67章**
明石紀雄 監修 赤尾千波、大類久恵、小塩和人、落合明子、川島浩平、高野泰 編

23 **スペインを知るための60章**
野々山真輝帆 著

24 **キューバを知るための52章**
後藤政子、樋口聡 編著

25 **カナダを知るための60章**
綾部恒雄、飯野正子 編著

26 **中央アジアを知るための60章**【第2版】
宇山智彦 編著

27 **チェコとスロヴァキアを知るための56章**【第2版】
薩摩秀登 編著

28 **現代ドイツの社会・文化を知るための48章**
田村光彰、村上和光、岩淵正明 編著

29 **インドを知るための50章**
重松伸司、三田昌彦 編著

30 **タイを知るための72章**【第2版】
綾部真雄 編著

31 **パキスタンを知るための60章**
広瀬崇子、山根聡、小田尚也 編著

32 **バングラデシュを知るための66章**【第3版】
大橋正明、村山真弓、日下部尚徳、安達淳哉 編著

33 **イギリスを知るための65章**【第2版】
近藤久雄、細川祐子、阿部美春 編著

34 **現代台湾を知るための60章**【第2版】
亜洲奈みづほ 著

35 **ペルーを知るための66章**【第2版】
細谷広美 編著

エリア・スタディーズ

36 マラウィを知るための45章【第2版】
栗田和明 著

37 コスタリカを知るための60章【第2版】
国本伊代 編著

38 チベットを知るための50章
石濱裕美子 編著

39 現代ベトナムを知るための60章【第2版】
今井昭夫、岩井美佐紀 編著

40 インドネシアを知るための50章
村井吉敬、佐伯奈津子 編著

41 エルサルバドル、ホンジュラス、ニカラグアを知るための45章
田中高 編著

42 パナマを知るための70章【第2版】
国本伊代 編著

43 イランを知るための65章
岡田恵美子、北原圭一、鈴木珠里 編著

44 アイルランドを知るための70章【第3版】
海老島均、山下理恵子 編著

45 メキシコを知るための60章
吉田栄人 編著

46 中国の暮らしと文化を知るための40章
東洋文化研究会 編

47 現代ブータンを知るための60章【第2版】
平山修一 著

48 バルカンを知るための66章【第2版】
柴宜弘 編著

49 現代イタリアを知るための44章
村上義和 編著

50 アルゼンチンを知るための54章
アルベルト松本 著

51 ミクロネシアを知るための60章【第2版】
印東道子 編著

52 アメリカのヒスパニック＝ラティーノ社会を知るための55章
大泉光一、牛島万 編著

53 北朝鮮を知るための55章【第2版】
石坂浩一 編著

54 ボリビアを知るための73章【第2版】
真鍋周三 編著

55 コーカサスを知るための60章
北川誠一、前田弘毅、廣瀬陽子、吉村貴之 編著

56 カンボジアを知るための62章【第2版】
上田広美、岡田知子 編著

57 エクアドルを知るための60章【第2版】
新木秀和 編著

58 タンザニアを知るための60章【第2版】
栗田和明、根本利通 編著

59 リビアを知るための60章
塩尻和子 著

60 東ティモールを知るための50章
山田満 編著

61 グアテマラを知るための67章【第2版】
桜井三枝子 編著

62 オランダを知るための60章
長坂寿久 著

63 モロッコを知るための65章
私市正年、佐藤健太郎 編著

64 サウジアラビアを知るための63章【第2版】
中村覚 編著

65 韓国の歴史を知るための66章
金両基 編著

66 ルーマニアを知るための60章
六鹿茂夫 編著

67 現代インドを知るための60章
広瀬崇子、近藤正規、井上恭子、南埜猛 編著

68 エチオピアを知るための50章
岡倉登志 編著

69 フィンランドを知るための44章
百瀬宏、石野裕子 編著

70 ニュージーランドを知るための63章
青柳まちこ 編著

71 ベルギーを知るための52章
小川秀樹 編著

エリア・スタディーズ

72 **ケベックを知るための54章**
小畑精和、竹中豊 編著

73 **アルジェリアを知るための62章**
私市正年 編著

74 **アルメニアを知るための65章**
中島偉晴、メラニア・バグダサリヤン 編著

75 **スウェーデンを知るための60章**
村井誠人 編著

76 **デンマークを知るための68章**
村井誠人 編著

77 **最新ドイツ事情を知るための50章**
浜本隆志、柳原初樹 著

78 **セネガルとカーボベルデを知るための60章**
小川了 編著

79 **南アフリカを知るための60章**
峯陽一 編著

80 **エルサルバドルを知るための55章**
細野昭雄、田中高 編著

81 **チュニジアを知るための60章**
鷹木恵子 編著

82 **南太平洋を知るための58章** メラネシア ポリネシア
吉岡政德、石森大知 編著

83 **現代カナダを知るための57章**
飯野正子、竹中豊 編著

84 **現代フランス社会を知るための62章**
三浦信孝、西山教行 編著

85 **ラオスを知るための60章**
菊池陽子、鈴木玲子、阿部健一 編著

86 **パラグアイを知るための50章**
田島久歳、武田和久 編著

87 **中国の歴史を知るための60章**
並木頼壽、杉山文彦 編著

88 **スペインのガリシアを知るための50章**
坂東省次、桑原真夫、浅香武和 編著

89 **アラブ首長国連邦（UAE）を知るための60章**
細井長 編著

90 **コロンビアを知るための60章**
二村久則 編著

91 **現代メキシコを知るための70章【第2版】**
国本伊代 編著

92 **ガーナを知るための47章**
高根務、山田肖子 編著

93 **ウガンダを知るための53章**
吉田昌夫、白石壮一郎 編著

94 **ケルトを旅する52章** イギリス・アイルランド
永田喜文 著

95 **トルコを知るための53章**
大村幸弘、永田雄三、内藤正典 編著

96 **イタリアを旅する24章**
内田俊秀 編著

97 **大統領選からアメリカを知るための57章**
越智道雄 著

98 **現代バスクを知るための50章**
萩尾生、吉田浩美 編著

99 **ボツワナを知るための52章**
池谷和信 編著

100 **ロンドンを旅する60章**
川成洋、石原孝哉 編著

101 **ケニアを知るための55章**
松田素二、津田みわ 編著

102 **ニューヨークからアメリカを知るための76章**
越智道雄 著

103 **カリフォルニアからアメリカを知るための54章**
越智道雄 著

104 **イスラエルを知るための62章【第2版】**
立山良司 編著

105 **グアム・サイパン・マリアナ諸島を知るための54章**
中山京子 編著

106 **中国のムスリムを知るための60章**
中国ムスリム研究会 編

107 **現代エジプトを知るための60章**
鈴木恵美 編著

エリア・スタディーズ

エリア・スタディーズ

144 パレスチナを知るための60章　臼杵陽、鈴木啓之 編著
145 ラトヴィアを知るための47章　志摩園子 編著
146 ニカラグアを知るための55章　田中高 編著
147 台湾を知るための60章　赤松美和子、若松大祐 編著
148 テュルクを知るための61章　小松久男 編著
149 アメリカ先住民を知るための62章　阿部珠理 編著
150 イギリスの歴史を知るための50章　川成洋 編著
151 ドイツの歴史を知るための50章　森井裕一 編著
152 ロシアの歴史を知るための50章　下斗米伸夫 編著
153 スペインの歴史を知るための50章　立石博高、内村俊太 編著
154 フィリピンを知るための64章　大野拓司、鈴木伸隆、日下渉 編著
155 バルト海を旅する40章　7つの島の物語　小柏葉子 著
156 カナダの歴史を知るための50章　細川道久 編著
157 カリブ海世界を知るための70章　国本伊代 編著
158 ベラルーシを知るための50章　服部倫卓、越野剛 編著
159 スロヴェニアを知るための60章　柴宜弘、アンドレイ・ベケシュ、山崎信一 編著
160 北京を知るための52章　櫻井澄夫、人見豊、森田憲司 編著
161 イタリアの歴史を知るための50章　高橋進、村上義和 編著
162 ケルトを知るための65章　木村正俊 編著
163 オマーンを知るための55章　松尾昌樹 編著
164 ウズベキスタンを知るための60章　帯谷知可 編著
165 アゼルバイジャンを知るための67章　廣瀬陽子 編著
166 済州島を知るための55章　梁聖宗、金良淑、伊地知紀子 編著
167 イギリス文学を旅する60章　石原孝哉、市川仁 編著
168 フランス文学を旅する60章　野崎歓 編著
169 ウクライナを知るための65章　服部倫卓、原田義也 編著
170 クルド人を知るための55章　山口昭彦 編著
171 ルクセンブルクを知るための50章　田原憲和、木戸紗織 編著
172 地中海を旅する62章　歴史と文化の都市探訪　松原康介 編著

——以下続刊

◎各巻2000円
（一部1800円）

〈価格は本体価格です〉